掌控产品管理中的颠覆与创新

——连点成线-珠联璧合

[德] 克里斯托弗·福克斯（Christoph Fuchs）
弗朗西斯卡·J. 戈伦霍芬（Franziska J. Golenhofen） 著

王 钢 译

机械工业出版社

在当今的信息世界，创新的速度前所未有。如何能够跟上时代，在颠覆的浪潮中保持不败？如何能够把握住机会去创造颠覆性创新？

本书在理论上深入地分析了颠覆性创新的本质，对颠覆性创新的发展演变过程做了细致的描述，包括通过市场细分、设计思维、价值设计等产品管理的原理，利用我们的同理心去了解市场，理解客户的需求，通过创新，甚至是颠覆性创新来不断增加客户的价值。

本书还介绍了在产品管理中常用的方法和工具。通过模块化的设计，读者可以根据自己的需求将不同的要点连接起来解决实践中的问题。

本书可供从事产品体系管理、产品管理、研发管理、架构设计等工作的人员，以及负责企业战略决策的人员阅读参考。

First published in English under the title
Mastering Disruption and Innovation in Product Management: Connecting the Dots
by Christoph Fuchs and Franziska J. Golenhofen
Copyright © Springer International Publishing AG, part of Springer Nature, 2019
This edition has been translated and published under licence from
Springer Nature Switzerland AG.
北京市版权局著作权合同登记　图字：01-2020-0524号。

图书在版编目（CIP）数据

掌控产品管理中的颠覆与创新：连点成线-珠联璧合/（德）克里斯托弗·福克斯，（德）弗朗西斯卡·J. 戈伦霍芬著；王钢译. —北京：机械工业出版社，2022.9（2025.6重印）

书名原文：Mastering Disruption and Innovation in Product Management
ISBN 978-7-111-71740-9

Ⅰ. ①掌…　Ⅱ. ①克…②弗…③王…　Ⅲ. ①企业管理-产品管理-研究　Ⅳ. ①F273.2

中国版本图书馆CIP数据核字（2022）第205436号

机械工业出版社（北京市百万庄大街22号　邮政编码100037）
策划编辑：林春泉　　　　　责任编辑：闻洪庆　刘一霖
责任校对：郑　婕　王明欣　封面设计：马若濛
责任印制：张　博
北京机工印刷厂有限公司印刷
2025年6月第1版第2次印刷
184mm×260mm · 15印张 · 367千字
标准书号：ISBN 978-7-111-71740-9
定价：99.00元

电话服务　　　　　　　　　网络服务
客服电话：010-88361066　　机　工　官　网：www.cmpbook.com
　　　　　010-88379833　　机　工　官　博：weibo.com/cmp1952
　　　　　010-68326294　　金　书　网：www.golden-book.com
封底无防伪标均为盗版　　　机工教育服务网：www.cmpedu.com

译者序

近年来,中国经济快速发展,中国制造加快向更高质量和更高性价比发展。创新,特别是颠覆性创新已经成为从"中国制造"到"中国创造"的强大的动力引擎。越来越多的企业家意识到企业可持续发展和生存的基础是持续创新,只有不断持续创新,才能满足客户日益变化的需求,为客户带来更多的价值。产品管理在企业完整的价值链中的作用越来越受到管理者的重视。产品管理不仅关注产品生命周期流程管理,而且关注如何通过创新创造更多的客户价值。创造客户价值也不是简单地在产品中不断增加功能,而是增加价值,要全面深刻地了解市场和客户的需求,全面考虑功能背后带来的成本增加,特别是产品生命周期成本。产品经理的重要任务是了解市场及趋势,理解客户的真实需求,理解客户要完成的工作,进而优化产品的功能,而不是简单地堆积功能。产品经理要和企业的管理层一起来确定产品的概念,并尽早让研发团队介入,共同应对产品功能和目标成本的挑战,以便能够制定出引导产品走向成功的产品架构。

本书介绍了创新的类型、创新的基因、创新的方法论,以及在产品研发过程中常会用到的工具。本书的作者具有20多年的研发创新经验,并亲身经历了其所在公司的大的变革。书中介绍了颠覆性创新对现有企业的巨大影响,以及作者所在公司如何去关注并积极准备,通过不断地创新避免被颠覆浪潮所淘汰。

在翻译时,书名直译为"掌控产品管理中的颠覆与创新",而"连点成线"则是本书的独特之处。所谓"点",就是书中介绍的创新的类型、创新的基因、创新的方法论,以及在产品研发过程中常会用到的工具和诸多形象、简单、易懂的示例。当读者了解了书中的这些"点"后,就可以根据自身的实际情况,将相应的点连在一起,来帮助解决产品开发过程中遇到的实际问题。正是出于这个原因,译者在"连点成线"的后面增加了"珠联璧合"。"日月如合璧,五星如连珠。"希望读者通过本书,能够开发出满足客户需求、创造客户价值且优化成本结构的畅销产品。

王 钢

原书序

21世纪的前20年，我们看到了世界经济和社会以史无前例的速度发生着变化。我们持续地通过互联网相互连接，其月流量呈指数级递增，从2000年的 8.4×10^4 万亿字节到2016年的 9.6×10^7 万亿字节。中国已经成为全球主要市场和制造国。中产阶层在亚洲崛起，而在北美、欧洲等地区的发达国家，人口老龄化成为主要的挑战。1999年在美国营业额排名前20的公司，到2016年只剩下6家还在前20名的队列中。我们已经进入了真正的乌卡（VUCA，Volatile，不稳定；Uncertain，多变的；Complex，复杂的；Ambiguous，模糊不清的）时代。

基于上述的状况，是否还能够开发出成功的产品或服务，并且长盛不衰？这个问题对于超越纯软件解决方案、需要复杂的硬件和物理基础设施才能实现的情况尤其重要。

什么是真正的颠覆性创新？什么是真正的渐进式创新？在对这些概念进行细化之前，作者对创新进行了深入和细致入微的观察。作者特别通过区别具有相同基因或不同基因的颠覆性创新，来解释为什么在成熟的市场，许多初创企业会对很多业界的领导者带来巨大压力。

对于这个问题，这本书采用了全新和全面的方式，通过"连点成线"方式来解释当今世界在产品开发过程中的挑战。这本书中有两个非常独特的方面。

首先，作者并没有介绍另一种用于设计新的产品或服务的工作框架，而是令人信服地将诸多著名的和成功的范例连接在一起。如果孤立地去看这些范例，它们只涵盖了产品开发过程中的一个特定方面。然而，如果将这些点连接起来，一个清晰的、更加实际的画面就呈现出来了。

这些方式包括形式服从功能（Form follows Function）、系统架构（System Architecture）、设计思维（Design Thinking）、价值设计（Design to Value）、模块化（Modularization）和敏捷设计（Agile）等。作者把这些方法编织成一幅高度相关的挂毯，让那些想要或需要理解如何掌控在越来越动荡的市场中进行颠覆和创新的人们能够看到一幅清晰的画面。

本书的第二部分包含诸多实用的工具和方法，可在实践中用于高水准产品的开发。书中的这部分内容既可以无缝地连续阅读，也可用"看单点菜"（选读）的方式，在新设计或再设计项目中根据需要来查阅核心原理、方法和工具。作者正是基于模块化和敏捷的哲理，在本书采用了这种结构设计，非常方便地将不同的元素以适当的深度快速组合。

其次，作者Christoph Fuchs和Franziska J. Golenhofen是产品创新和开发领域的专家，具有丰富的经验。作为西门子公司内部的资深咨询顾问，他们成功地将这些方法应用于不同的工业领域。通过来自通信、轨道交通、能源、汽车和医疗设备等业务部门的那些精简且生动的案例，我们能够了解到市场的领导者所拥有的市场份额和利润是如何在一夜之间就遭遇到巨大的挑战的。这本书讲述了一个乐观的故事，如何通过设计思维和真正深入了解客户需求使得主导企业和初创企业能够成功地拥抱，而非拒绝颠覆性创新，坐以待毙。

读者可以在这本书中找到熟悉的，以及许多新的观点，比如将长期的颠覆趋势和短期的创新周期叠加，从而将诸如传统的技术 S 曲线与克里斯滕森的颠覆性创新理念相结合。在不同时间标尺上重叠创新波浪，甚至可以用来预测特定市场何时会出现重大创新。

本书在最基础的层面将顺序打乱。

目的是将不同的和高度相关的设计方法带入一个互补的画面，而不是以竞争的方式呈现解决相同问题的不同方法。产品的设计师、产品经理、咨询顾问、学者以及学生们无疑可以将这本书的价值延伸到日常工作中。

奥利维尔·德韦克　博士
麻省理工学院航空航天学及工程系统教授
Systems Engineering　主编

鸣谢

我们对所有帮助构建本书的各位同仁表达我们衷心的感激、欣赏、赞誉和感谢。本书的整体效果大大超出各个单独部分的总和。如果不是充满激情的你们敞开心扉，探讨和分享深刻见解，本书或许就会大不相同。

虽然编写本书是一项要求高且时间紧的工作，但在整个过程中，你们探讨其论题时流露出的激情，以及那些产生疯狂想法和"四面出击"的瞬间（见图1），让我们受益匪浅。

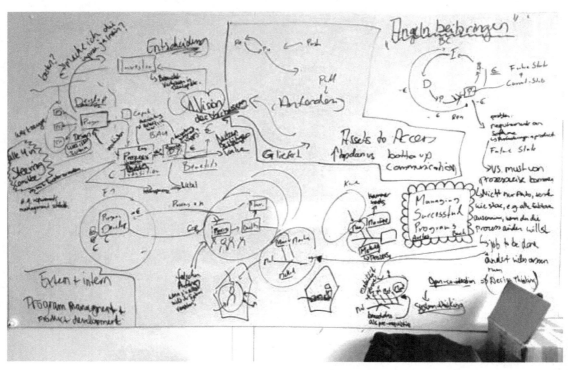

图1 当充满激情地开始关联各种主题时，疯狂的想法犹如泉涌

通过你们奉献出的宝贵时间和思考、提出的批评和建设性的反馈与想法，本书内容在编写过程中不断迭代和优化，我们也在探讨中逐渐成长。正是你们的投入，使得我们能够细化、澄清和改进在方法论、结构、内容、清晰度和易懂性方面的概念。在此我们感谢 Torsten Betz, Christian Bub, Thomas Dehler, Florian Golenhofen, Tobias Lamm, Frank Ibach, Mona Karl, Morten Lange, Sabine Mittrach, Filomena Oliviero, Dirk Petershagen, Christian Schlütter, Alfred Schmidbauer, Georg Scholz, Ralf Spateneder, Burkhard Tolks, Marion Wittman 以及 Peter Zimmer。

我们也在此感谢书中那些精彩插图的设计者 Marie Kollarczyk。

还有许多人在本书编写的完整旅途中给予了我们最真诚的支持。

特别感谢 Marko Brammer 博士对内容改进和编辑做出的细致入微且极具价值的建议；同时也很感谢 Tobias Wedig，除了非常有价值的头脑风暴外，还在市场细分章节中提供了有益的帮助，并且对解释"待完成工作"理论背后的概念做出了贡献。我们也衷心地感谢 Klaus P. Galuschki、Bahram Hamraz 和 Michael Schneider 三位博士在早期策划概念的阶段提出的具有影响力的建议。感谢 Bettina Maisch 博士和 Silke Sasano 在设计思维章节中添加了闪闪发光的内容以及发人深省的片段。带着心悦诚服的心情，我们要感谢 Clemens Dachs 跨学科的整合和对各个方面的系统化思考，Robert Neuhauser 博士在"颠覆性创新"一章贡献了鼓舞人心的想法和极具价值的反馈。最后，感谢我们的部门主管 Jürgen Kirsch 对我们的支持和激励，尤其是在完成书稿的最后阶段。在此我们还要感谢我们的高管们。

弗朗西斯卡向睿智的老师和导师致以深深的感谢：帮助我成长，提供指导和帮助，并让我反思自己的发展。你们教会了我要有勇气和信念，塑造了我的思维方式。谢谢你们，你们知道我指的是谁。

我本人还要向三位对我的思维方式有很大影响的人表达深深的谢意：Albert Krupp 在我咨询生涯开始就塑造了我的"形式服从功能"原则，Christian Stanek 是我现代平台和模块化方法的老师，Rudolf Schwarz 是我多年来的忠实合伙人。

曾经有许多让我们微笑的时刻，也有批判性的、开放的反馈，促使我们卷起袖子，让本书演变成现在的样子。我们希望本书反映了我们通过与你们所有人一起经历的对话和集体智慧而成长的过程。

克里斯托弗·福克斯
弗朗西斯卡·J. 戈伦霍芬
德国慕尼黑
2018 年 4 月

目录

译者序
原书序
鸣谢
1 导言 ································ 1

第一部分　紧迫性和基本概念

　参考文献 ···························· 6
2 颠覆性创新 ·························· 7
　2.1 内容介绍 ························ 7
　2.2 定义相关术语 ··················· 10
　2.3 关于克里斯滕森颠覆性创新理论的
　　　补充思考 ······················· 11
　2.4 颠覆性变革的基因 ··············· 14
　2.5 不同基因的颠覆性创新 ··········· 16
　2.6 相同基因的颠覆性创新 ··········· 17
　2.7 颠覆波理论或颠覆调制论 ········· 19
　2.8 对颠覆一致观点的益处 ··········· 22
　2.9 颠覆相对论 ····················· 25
　2.10 颠覆性威胁的典型预警信号 ······ 25
　2.11 小结 ·························· 27
　参考文献 ···························· 27
3 形式服从功能：系统工程 ·············· 29
　3.1 形式服从功能 ··················· 29
　3.2 功能常常服从于形式 ············· 31
　3.3 定义概念和架构 ················· 33
　3.4 实现产品的架构 ················· 36
　　3.4.1 架构的过程 ················· 36
　　3.4.2 系统或产品架构师 ··········· 37
　　3.4.3 两种架构类型：集成式或
　　　　　模块化 ····················· 39
　3.5 小结 ··························· 41
　参考文献 ···························· 41

第二部分　工作框架

4 市场认知 ···························· 43
　4.1 我们了解我们的客户！……真的吗 ·· 43
　4.2 了解你的市场 ··················· 46
　　4.2.1 多重业务问题的市场细分 ····· 48
　　4.2.2 多维度判断标准下的市场细分 · 49
　　4.2.3 确定一个客户的"待做工作" ·· 52
　4.3 区分市场细分和设计思维 ········· 54
　4.4 如何进行市场细分 ··············· 55
　4.5 小结 ··························· 55
　参考文献 ························· 56
5 通过设计思维创造客户价值 ············ 57
　5.1 简介 ··························· 57
　5.2 什么是设计思维 ················· 57
　　5.2.1 像设计师一样思考 ··········· 58
　5.3 何时使用设计思维 ··············· 60
　5.4 什么是全面理解 ················· 62
　　5.4.1 定义理解 ··················· 62
　　5.4.2 理解的不同水平 ············· 64
　5.5 设计思维的各个阶段 ············· 66
　　5.5.1 对于个人的同理心 ··········· 66
　　5.5.2 B2B业务环境中的同理心 ······ 69
　　5.5.3 定义 ······················· 72
　　5.5.4 构思 ······················· 73
　　5.5.5 原型和测试 ················· 74

| 5.5.6　规模化 ························· 76
| 5.6　小结 ····································· 77
| 参考文献 ·· 77

6　价值设计
6.1　价值和价格不同吗 ··················· 79
6.2　在产品开发中定义价值 ············ 80
6.3　生命周期成本 ························· 82
6.4　价值设计的框架 ······················ 84
  6.4.1　价值设计的基本工具箱 ······ 85
  6.4.2　测量价值 ························· 86
  6.4.3　价值设计与价值定位设计的
     对比 ····························· 89
  6.4.4　何时应用价值设计的框架 ··· 90
6.5　如何应用价值设计的框架 ········ 92
6.6　小结 ······································· 93
参考文献 ·· 94

7　模块化设计和平台
7.1　模块化设计和平台的简介 ········ 95
7.2　什么是模块化 ························· 96
  7.2.1　什么样的产品可以模块化 ··· 97
7.3　模块化：创新的战略杠杆 ········ 97
  7.3.1　模块化架构为何且如何能够
     赋能颠覆创新 ················ 98
  7.3.2　为什么会出现集成架构 ······ 99

  7.3.3　产品何时成为商品 ············ 100
  7.3.4　如何避免商品化陷阱 ········ 101
7.4　平台 ······································ 102
  7.4.1　核心平台与包容性平台的对比 ··· 102
  7.4.2　关于平台设计的三个常见误解 ··· 103
  7.4.3　正确的道路：模块化平台 ··· 105
7.5　词汇和定义 ···························· 105
7.6　实施模块化平台 ····················· 107
  7.6.1　组织机构方面 ··················· 107
  7.6.2　战略方面 ························· 110
7.7　如何应用模块化框架 ·············· 111
7.8　小结 ······································· 112
参考文献 ·· 112

8　机电一体化和硬件的敏捷开发
8.1　敏捷开发简介 ························· 114
8.2　什么是敏捷开发 ····················· 115
8.3　敏捷开发项目管理 ·················· 116
  8.3.1　连接各点到其他工作框架 ··· 118
8.4　机电一体化与硬件的敏捷宣言 ··· 118
  8.4.1　硬件和软件之间的差异 ······ 119
  8.4.2　适应机电一体化和硬件的敏捷
     宣言 ····························· 120
8.5　小结 ······································· 125
参考文献 ·· 125

第三部分　框 架 教 程

9　框架教程
9.1　市场细分：深度挖掘 ·············· 127
9.2　同理心：技能和技巧 ·············· 134
  9.2.1　换位思考 ························· 135
  9.2.2　建立信任 ························· 136
  9.2.3　同理心倾听的深入探讨 ······ 137
  9.2.4　面谈与深层对话 ··············· 138
  9.2.5　观察力 ···························· 139

9.3　价值设计 ································ 140
  9.3.1　价值设计工作框架的主要步骤 ··· 140
  9.3.2　深入研究和案例分析 ········ 147
9.4　模块化 ··································· 154
  9.4.1　模块化工作框架的主要步骤 ··· 154
  9.4.2　深入研究和案例分析 ········ 158
参考文献 ·· 163

第四部分　工　　具

10　强有力的工具
10.1　质量功能展开 ······················· 165
  10.1.1　什么是质量功能展开 ······· 165
  10.1.2　为什么使用质量功能展开 ··· 167
  10.1.3　如何进行质量功能展开 ···· 167
  10.1.4　实用技巧和成功因素 ······· 170

10.2　设计空间探索或基于集合的设计 ······ 171
  10.2.1　什么是设计空间探索 ······· 171
  10.2.2　为什么使用设计空间探索 ··· 172
  10.2.3　如何进行设计空间探索 ···· 172
  10.2.4　实用技巧和成功因素 ······· 174
10.3　设计结构矩阵 ······················· 175

10.3.1 什么是设计结构矩阵 …………… 175	11.2.3	模块化功能部署 …………… 197
10.3.2 为什么使用设计结构矩阵 ……… 176	11.2.4	洋葱皮模型 ………………… 201
10.3.3 如何开发设计结构矩阵 ………… 176	11.2.5	多样化设计 ………………… 202
10.3.4 实用技巧和成功因素 …………… 181	11.2.6	客户导向访谈组 …………… 205
参考文献 ……………………………………… 181	11.2.7	奥斯本检查清单 …………… 207

11 必备工具箱 ……………………………… 182

- 11.1 关注需求 ……………………………… 182
  - 11.1.1 卡诺（Kano）模型 ……………… 182
  - 11.1.2 成对比较 ………………………… 185
  - 11.1.3 需求管理 ………………………… 186
  - 11.1.4 树状图 …………………………… 190
  - 11.1.5 同理心图 ………………………… 192
- 11.2 关注概念 ……………………………… 193
  - 11.2.1 功能建模 ………………………… 193
  - 11.2.2 形态矩阵/形态盒 ……………… 195

- 11.3 成本控制 ……………………………… 209
  - 11.3.1 目标成本法 ……………………… 209
  - 11.3.2 措施进度表 ……………………… 212
  - 11.3.3 生命周期成本模型 ……………… 213
  - 11.3.4 针对产品系列的复杂性成本
    计算 ……………………………… 216
  - 11.3.5 商业计划书 ……………………… 218
- 参考文献 ……………………………………… 221

作者和贡献者 ……………………………………… 223

词汇表 …………………………………………… 225

导言

1

写作本书最早的想法大约产生在 4 年前，因为事实一遍一遍地证明了通过讲故事的方式能够让人们更容易地理解项目的主题（为什么、是什么、如何做）。我们在一家创新领域的高科技公司工作了 20 多年，走过了一条漫长的道路，也是一个伟大的旅程。与其说写一本专家对专家的书，不如和那些想要了解如何"连点成线"的人们分享我们多年来积累的经验。本书作为穿越创新和颠覆之旅的旅行指南，我们的目的是培养人们对"点"深刻理解，使其具有与实际应用结合的能力。因此，我们共同启动了这项目，目的是为广大读者讲述一个鲜活而生动的旅行故事：从初创企业到大公司，所学到的知识可以应用于各种企业。在阅读的同时，我们希望你们能够看到我们的旅行格言：简化复杂性，让形式服从于功能。

本书讲述了什么内容？

本书的目标是回答两个最重要的问题：我们如何才能使创新流程和环境有利于成功的产品设计？以及，假如我们的产品无法满足客户需求，我们如何才能在产品开发方面实现重大的、必要的转变？

为了长存和茁壮成长，个人和企业都要努力进取。进取的意思是在不断地学习和发展中成长。优化的流程和环境是关键，因为成长是一个不断进化的过程。真正的魔力来自于所获得的技能、经验、心态、理解力，尤其是直觉，能够针对在特定环境下的业务挑战，在正确的时间、正确的地点，将正确的点连接起来。从根本上讲，最必要的基础工作是对需求有一个透彻的、系统化的理解。

本书能够成功地引导读者走过贯穿于每一个特定产品开发的旅程，从最初始的想法到产品最终上市。我们在书中参考了许多看得见摸得着的实际产品。当然，产品也可能是无形的，比如服务、复杂系统、业务理念甚至是我们自己对生活的设计。因此，我们的目标是使读者具备必要的理解能力，以最适合他们手头具体情况的任何方式达到既定目标，并且为实现目标提供足够的指导。

幸运的是，在我们心里都有一个共同的目标，就是在长期和短期都能保持客户的满意度，这就要求我们具备这样的能力，既要能够理解客户的真正需求，又要懂得如何战略性地设计产品或服务。这就意味着我们"航行"在同一个方向上。然而，每一种业务情况都是独一无二的。由于需求和环境在不断变化，就不会有一种能够永远具有竞争力的产品。如何才能知道什么时候走一条人迹罕至的道路更为明智，因为它毕竟可能是最快的线路？假如有一个导航员可以提前告诉你，"现在就掉头并重新考虑你的决定，继续走下去不是一个好主意"，这不是很好吗？好消息是，这个人是存在的：就是你自己！用积极主动的姿态塑造未来会有许多好处，而不是在被迫和在必要时才做出反应。

为了能够应对未来不确定性，我们在本书中对产品开发至关重要的那些话题做了深入的研究，这些话题包括颠覆性变化的现象、"形式服从功能"（系统工程），以及市场理解、设计思维、价值设计、模块化和敏捷开发的主要框架。结合起来，这些工作框架提供了许多工具、方法、技能以及心态，这些尤其是在产品开发的概念阶段对解决特殊的问题会有所帮助。

来解释一下本书的结构，我们是从探索两个基本且必要的理论和概念开始。首先是"变化发生了"。探索颠覆性变化取决于克莱顿·克里斯滕森（Clayton Christensen）提出的开创性思想，我们旨在利用其思想对变化进行探索和细化。我们在他的概念中添加了一些补充和新的想法，即区分相同和不同基因的颠覆变化，以及长期和短期颠覆性波浪的叠加。

其次是"形式服从功能"。该原则是本书的核心，几乎存在于本书的各个方面，非常高效和有效地发挥着作用。在自然界的任何地方，都会出现和谐的解决方案，以创造轻松和舒适的环境，同时管理极其复杂的系统，这些系统包含极其复杂的相互依存关系。很自然地，这个原则也是创新领域的核心哲学，因为我们也关心持续进化和创造新事物。因此，系统工程或产品架构就像一个载体帮助我们把创新构想和最初概念转化为有形的真实产品。本书涉及的框架总览如图1-1所示。

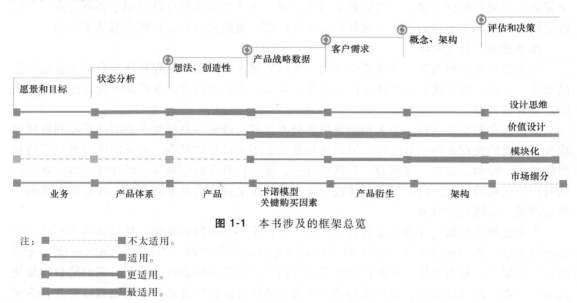

图1-1 本书涉及的框架总览

在这两个基本理论和概念的基础上，我们接下来将探索主要的核心框架。像个人旅行一样，在产品开发的旅途中，哪种框架可以最好地帮助我们完成每个阶段中特定工作，也是会变化的。这些框架之间的切换和交互为成功掌握产品开发早期阶段的所有相关步骤奠定了坚实的基础。

产品开发的旅程始于一个想法，并从最初的概念转变为有形的体现。用简单的术语来说，图1-1中的梯形说明了一个产品开发过程中的构思阶段最基本且众所周知的步骤。产品的概念阶段，始于最初的想法，到定义产品的描述文件并最终设计出产品的架构，这种架构奠定了该产品或服务在动荡的市场中成败的基础。在阶梯的下方，说明了主要的核心框架及其相互作用。在框架不同阶段的线宽表示了其各自的重点和主要应用领域。

将主要的工作框架放大，我们看到"设计思维"和最初的市场细分关注的是了解客户的需求，或更具体地讲是了解客户"要完成的工作"。这些早期步骤需要适应探索者和富有创造力个人的创新思维，他们不断地寻求想法和解决方案来应对所面临的挑战。在之后的旅途中，我们则需要那些人的贡献，他们有很强的能力，将从构思到需求，到现实，将那些主宰技术世界的点连接起来。这里，我们需要将概念翻译成工程师们可以理解和实现的形式。在翻译和实施阶段，价值设计和模块化的框架会起到主导作用。总的来说，第一个阶段是关于理解什么是"正确的事"，后一阶段是关于如何把"正确的事"做正确。

纵观整个框架，图 1-1 所示的流程根本不是线性的和连续的；在此我们强调是一种更为动态的、不断迭代和快速的方法，通过在每个不同步骤上用 ◎ 标记来表示。尽管敏捷方法在软件领域是众所周知的，但很少有关于在硬件和机电一体化中应用敏捷的文章。通过第 8 章"机电一体化和硬件的敏捷开发"，我们旨在缩小这一差距。

本书有哪些独到之处？

由于本书对每个所提到的框架都有详尽的描述，因而就没有描述这些框架在整个产品开发流程中那些更宏观和系统化的部分是如何相互作用的。从长远来看，看似小的决定所产生的后果会是很重要的：因此，如果一个人有兴趣创建有影响力的产品或服务，那么这个人可以掌握的最重要技能就是学习如何在正确的时间、正确的时机连接那些正确的点。这不是难事。本书试图与你分享其背后的系统性。当然，经验很重要，但只有你把基础打好，能够沿着正确的方向航行时，经验才能起作用。所以，这本书就像地图和指南针，帮助读者浏览产品开发整个过程。它回答了"我在哪里"和"我们如何最好地从这里向前迈进"的问题，并帮助你同时看到森林和树木。

最后，探究和理解需要转化成切实的具体行动。本书的另一个独特方面还在于它的结构：首先侧重于增强理解力，然后是如何应用这些新的理解力，最后为有经验的读者提供实用的工具包。本书的后半部分重点关注之前所探讨材料中的"如何做"，并且包含一个实用的工具包，其中包含了那些由业务环境（也是业务痛点）的经验教训建立起来的最基本和最有用的工具。

如何阅读本书？

在此旅程中，你可以依靠我们，但我们确实需要你成为一名关注路况的驾驶员。当你知道如何最好地旅行时，效率和效力就会在你明智的选择中出现。乘飞机旅行，可能是更快和更便捷的旅行方式，你只需要订一张飞往目的地的机票。那些准备开车旅行或徒步旅行的人们一定要记住准备更详细的地图。如果你始终只使用一种旅行方式，那么你的灵活性和适应突发变化的能力将受到极大的限制。有时，你还需要巧妙地组合多种旅行方式才能到达目的地，或者找到替代方案。我们要从 A 点移到 B 点时，但有的时候甚至不清楚 B 点是什么，或者 B 随着游戏规则的变化而不断变化。只有作为掌控信息的驾驶员或握着舵轮的船长的你，才能知道什么是该做的事情，而我们能帮助你掌握所有知何如（Know-how）、知何是（Know-what）、知何处（Know-where）、知何因（Know-why）的能力，这些能力能让你更容易地做出明智的决策。如果你能直接注意到阅读地图人的指挥，且仍保持对外围或外部环境的警觉，那么你能够对变化采取适当的且相应的措施：你必须能够既看到大局，也能看到局部。了解那些你需要关注的交互作用和接口也非常重要，因为它们可能从根本上改变一切。

本书诚邀你拥抱跨学科性，并通过学习如何利用多种解决问题的方法来化解复杂性。你了解得越多，你在不同的思维方式和不同的视角或方法之间进行切换的能力就越强。通过掌握更多解决问题的方法，你不仅可以针对特定情况选择最佳解决方案，而且更有可能了解我们正在运作的更大系统和更广的局面。你的知识不断增长意味着你拥有更多的点来理解整个系统：无论你深入产品生命周期的何处，你都更能够意识到那些独特的挑战和需要考虑的重点。

本书为谁所著？我们希望和谁同行？

本书是一本必要的指南或基础工具包，适用于任何参与到产品或服务的开发、营销和销售流程的人员。咨询顾问、企业家和专家们，既能够利用那些在各个章节中解释的工具对论题之间的联系进行延伸，也可以借此对客户强调基于设计思维的模块化设计的益处。对于各种机构的经理们和学生们，本书提供了产品开发流程中的关键概述，以及关于企业集团如何应对创新和产品管理的轶事。本书旨在激励和赋能于那些愿意为之付诸努力，能够巧妙地将路障变为机会的人们，去发现新的甚至是更加令人兴奋的路径。

总而言之，所有方法的核心都是一些通用原则，这些原则作为指南贯穿于整本书中，我们旨在强调以下几点：

（1）客户及其要完成的工作是关注的焦点，而不是部门或公司要求完成的指标和目的。

（2）跨学科性是关键：创建一个在不同部门、人员和方法之间理解的共同基点，是对问题进行全面审视的基础。如果无法从多个来源汲取灵感和理解，就不可避免地出现以下问题：

1）总是以相同的方式思考和解决问题。

2）缺乏根据特定问题的特殊形式，综合和正确使用工具的能力。

3）寻找答案的效率极低，完全没有意识到所有材料就在身边。

（3）一个系统内部相互关联并具有闭环反馈的整体方案能让我们更有效地应对复杂性。它还使得我们保持谦虚，保护我们不会傲慢或狭隘。在最坏的情况下，对问题错误的定义可能会导致有些人陷入解决错误问题的危险中，从而造成不必要的资源、时间和精力损失。

（4）没有成功的灵丹妙药。而对多种工具、各种技能和心态的巧妙组合和掌握，以及知道最佳的应用时机，将会帮助我们促进颠覆性创新的成功。

暗自里我们还希望能够鼓励读者成为系统架构师：他们是为开发出用户喜欢的产品、服务、体验等，致力于简化复杂性、分辨歧义并且专注于创造力的专家。我们鼓励读者与我们分享他们的经验，并提供改进的建议。我们期望通过以下的电子信箱听到你们的声音：mastering.disruption@gmail.com。

第一部分
紧迫性和基本概念

变化正在发生

变化发生了。不论我们想要还是不想要，变化只是我们生活的一部分。如果我们能够理解变化是自然的，我们就能够更好地理解如何从颠覆性变革中学习并与之适应。有时，通过讲故事能够很好地传递核心信息，以至于重复地讲述不仅是一种乐趣，而且实际上是最有效果的。有鉴于此，《谁动了我的奶酪?》是纽约时报的商业畅销书，它已帮助数以百万计的人在工作和私人生活中理解和反思如何应对变化。其核心主题是如何克服对未知的恐惧（这种恐惧通常伴随着巨大的变化）。我们旨在提倡和诠释的核心信息是通过不断的学习、适应和勇敢地寻找新机遇，帮助我们以能让我们快乐的方式主动地去塑造未来。我们应该在适当的时候走出自己的舒适区。这个商业寓言既是对乐观的呼吁，也是拒绝屈服于让人安居于舒适和安全的错觉中的自然趋势。它鼓励我们通过学习进化的过程去发现稳定性，而不是与进化抗争，必要的和潜在的增长诱发改变。

故事情节 两只小老鼠（Sniff 和 Scurry）和两个小人（Hem 和 Haw）生活在迷宫中，并寻找奶酪。故事中奶酪是一个隐喻，指的是使他们快乐或在生活中想要的任何事物，例如健康、稳定的工作、组织结构的成功、恋爱关系、物质等。那个迷宫是他们寻找奶酪的地方。为了描绘出一幅生动的画面，我们来陪同这四个生物，看看他们是如何应对剧烈的且改变人生的状况。当奶酪突然消失的时候，他们将如何适应新的环境？

为了找到奶酪，小老鼠们的策略与小人略有不同。一方面，老鼠的大脑很小，但是发现奶酪的本能非常好。小老鼠 Sniff 已变得非常擅长快速地嗅出奶酪，而小老鼠 Scurry 更善于时刻准备奔跑，以获取新鲜的奶酪。另一方面，小人们的大脑非常复杂。他们不愿相信自己的直觉，而是喜欢利用自己的脑力并利用指南手册或地图在迷宫中寻找道路。当奶酪突然消失后，小人们的反应是生气、沮丧、无能为力和绝望，说："谁动了我的奶酪?!"。对于他们来说，快速和灵活地适应变化并不容易。然而，在那个时刻，小人 Haw 愿意放弃得到陈旧奶酪的幻想，在克服了最初的恐惧并开始寻找新奶酪时，他就开始相信美好未来的可能性，并感到自由自在。摆脱了恐惧的束缚，他开始在他当前的世界，也就是迷宫中寻找新的奶酪。

在经过一番混乱的搜寻后，故事的最后以小老鼠 Sniff、小老鼠 Scurry 和小人 Haw 很高兴地发现了比以前更多的新奶酪收尾。小人 Haw 能够像老鼠一样更早地去学习和适应，而小人 Hem 却不能。

这个简短的商业寓言包含了许多深刻而睿智的见解。我们充分承认，一个人要离开其自然的舒适区需要很大的勇气，因为他要面对自己的恐惧，有时是相当残酷的现实。有时，我们需要我们周围环境的助推,一遍又一遍地质疑我们自己的信念,回忆那些已经被我们忘记的事情,或者在一步一步做事的过程中找回我们的勇气。因此,这个故事鼓励我们去反思,并问自己:"假如你不害怕,你会怎么做?"然后积极地去创造你想看到的变化。做到这一点的方法是对自己的命运负责,并有勇气通过克服自己的恐惧和信仰的局限性来塑造自己的命运(例如发现新的更美味的奶酪)。正如在故事中小人 Haw 所意识到的那样,当你改变自己的信念时,你就可以改变自己的所作所为。当你相信自己的所为,并按自己的所信去做,你就不再恐惧了。当你不再害怕去寻找新奶酪并开始尝试时,你实际上更有可能找到新奶酪并且为之兴奋。在故事中,小人 Haw 怀着对他的朋友 Hem 的良好意愿和热心,在墙上写下了一些精髓的见解,希望这些见解能帮助他的朋友在迷宫中找到道路。

这些见解如下:

"改变发生了,奶酪被不停地移动"。这表明变化是生活的常态。一个充满生机和活力的生态系统在不断地变化。强大的领导者视变革为人类不可避免的经历,并为此做好了准备。

"预见变化——做好奶酪被移动的准备"。能够尽早地意识到,并且注意到微小的变化有助于我们适应即将来临的巨大变化。

"监控变化——常去嗅奶酪的味道,以便你能够知道奶酪变质的时间"。巨大的变化可能会在一夜之间发生,但是常会有警示信号,我们可以通过监视我们的环境和与我们密切相关的系统就会辨认出这些警示信号。当然,我们必须事先知道所要监视的内容。

"快速地适应变化——越早地放弃变质奶酪,就能越早地享受新鲜奶酪"。让我们放弃过去,适应当前,并且为未来而奋斗。如果我们还生活在过去,情绪和信念的限制会使我们停滞不前。如果我们生活在太遥远的未来,恐惧可能会冻结并抑制我们的行动。因此,当我们生活在当下,并选择去观察真实的现实时,我们愿意意识到新鲜的奶酪正等待着我们去发现,但要发现它,还需要积极地采取进一步的措施,使得我们会有运气寻找到新鲜的奶酪。

"欣赏变化——尽情享受探险,享受新鲜奶酪的美味"。改变可以是一场去感知、发现那些新的增长机遇的愉快冒险。如果我们不畏恐惧,而专注于我们的价值观和那些赋予我们意义的东西,它们就会成为超越我们眼前境况的燃料和着迷于新鲜奶酪的梦想。

"时刻准备快速应对变化,并且享于其中——奶酪不停地被移动"。与变化相伴而生,和变化并进,要比拒绝变化和停滞不前会更加容易。

"去改变,并赢得胜利! 去有奶酪的地方"。精髓在于,为了找到新鲜奶酪,你需要去适应变化。如果你坚信自己所知,害怕失败和解决问题,就会阻碍你发现和鼓起进入那个崭新的未知领域的勇气。这里会有很多新鲜的奶酪,但是只有我们为之敞开心扉,我们才能获得! 结论是,在发现新鲜奶酪,以及积极应对变化的过程中所具有的信任,要比在那种所谓安全、稳定或现实的错觉中被动地等待更为睿智。你等待去适应变化的时间越长,你的惰性就越大、越不敏捷,且彻底改变你当前的方式的意愿也就越低。

参考文献

Johnson,S. (1988). *Who moved my cheese*. New York:G. P. Putnarn's Sons.

颠覆性创新

> 现有企业难以利用颠覆性创新的原因是,其流程和业务模式使其现有业务得心应手,而实际上在颠覆环境中拙于竞争。
>
> 克莱顿·克里斯滕森
>
> The reason why it is so difficult for existing firms to capitalize on disruptive innovations is that their processes and their business model that make them good at the existing business actually make them bad at competing for the disruption.
>
> Clayton Christensen

2.1 内容介绍

大公司为何会失败?

想象一下下面的场景:你的客户非常喜欢你提供的产品、服务和性能,你的竞争对手在性能上落后你很多年。你似乎是战无不胜的,因为单从销售数据上看起来,你的公司一次又一次地打破增长的纪录。的确,因为你的团队的卓越表现和你的产品为客户提供了价值,你就像行驶在一个持续幸运且成功的绿波道路上。真的从无论何处都看不出任何有可能出问题的迹象!或者至少你自己是这样认为的。

"我是最好的"这种自信心态导致的结果是致命的。问题在于,变化往往不期而至,这种变化可能是颠覆性的,几乎在一夜之间就发生了。现在你想象一下,你的核心市场被取代了,除了坐观"船沉",你无能为力。在颠覆性的巨浪冲击下,改变航线或旨在将业务恢复到原有水平的任何措施都为时已晚。在你能真正地做好准备之前,你可能已经被你一直没有认真对待的潜在竞争对手所替代或"杀死",现如今他们成了真正的威胁,因为他们仅仅改变了业内的游戏规则!尽管初创企业比起你的成熟业务要微弱得多且缺乏经验,但是他们还是会淘汰你,因为他们引入能够改变游戏规则的技术,或是以完全不同的、更为有效的方式来满足客户的需求。尽管结果让你很沮丧,你能做的似乎只有尝试去追赶新对手,重新学习,并使自己去适应新的环境。这时你会开始沉思,并问自己,这一切是怎么发生的?

在行为中和在组织机构中，那些自认为更好或纯粹傲慢的表象，恰恰导致了"大卫征服巨人"的现象发生。这个古老的故事，在当今用来描述一个弱者（即较弱、较小的对手）是如何面对逆境，最终取得成功；初创企业克服了一切困难，征服了一个似乎"不可战胜"的、老道且狂妄自大的巨人。初创企业选择了非同寻常且有惊人独创性的新路，引领了新的前进方向，但之前几乎没有人认为他们的战略是睿智的。与自然界中的求生之战一样，为生存和进化的竞争从未休止。竞争是为了用完全不同的方式来更好地满足客户的基本需求，其结果可能会非常惨烈，以至于你呕心沥血创建起的商业"帝国"会最终垮台。因此，那些公司的高管们需要考虑的不应该是其赢取丰厚利润的能力是否会转移，而是何时会转移（Christensen, Raynor, &Verlinden, 2001）。

实例：西门子公司错过了一个戏剧性的行业巨变机会

西门子公司首席执行官凯瑟（J. Kaeser）引用了一个故事来例证持续不断地去适应技术创新是多么重要（2016年）。"大卫与巨人"故事的精髓在这个著名的事件中得到体现，本人也是这个事件亲身经历者，它永久性地改变了全球电信业务的面貌。

场景回到1990年中到2000年初，故事情节如下：

西门子公司成立于1847年，其电信业务是西门子公司在过去150年来最具创新性和最成功的业务之一。在语音电话领域，电路交换网络已成为一种成熟且功能完善的技术。快速回顾一下其工作原理，电路交换网络在整个通话过程中为两个用户保留了专用的线路或通道。该方法类似于线连电话，其中声音的振动以非压缩方式从一端沿着固定线路传播到另一端。在这个极具吸引力的市场中，有很多电信巨头，如西门子公司、北电、朗讯、阿尔卡特和爱立信。那时，仅西门子公司在整个电信业务中就有数万名员工；电信业务是企业集团中最盈利的业务之一。西门子公司交换机，简称EWSD（德文：Elektronisches Wählsystem Digital，英文：Electronic Digital Switching System），当时已成为世界上最畅销的交换系统。到1990年后期，该公司提供的EWSD系统已为100多个国家和地区的2.5亿个客户提供服务。那时，西门子公司通信技术正乘风破浪，一切似乎都在掌控之中。

这是多么致命的错觉！

到1990年中后期，与语音传输没有关联的互联网技术出现惊人的增长。互联网背后的技术发展最初源于数据传输，而非语音传输。然而，互联网技术的飞速发展也迅速地改变了电信领域的格局。成立于1984年的创业公司——思科，推动了这项创新的发展。想象一下到了1990年年底，思科用正确的方式把互联网和电信这两点结合在一起，事实上已经垄断了这个快速增长的市场领域。就这样，西门子公司和其他巨头们除了坐观自己被思科颠覆外，几乎做不了任何事。

怎么可能会彻底地把市场份额占有了呢？思科所做的根本不同之处在于，他们将语音与基于互联网的数据传输技术结合了起来。思科利用互联网帮助客户采用截然不同的方法去完成相同的工作。如此，思科使用了根本上完全不同的技术作为其彻底创新的基础。他们是怎么做到的？互联网是基于数据包的交换。数据包交换网络是以小的数据块，即数据包来传输数据的。首先，来自发送者的原始信息被拆分成许多小的数据包。每个数据包内都含有一个最终接收者的目标地址。每个数据包都在网络中寻找最有效的传输路径，这意味着每个数据包的传输路径都有可能不同。接收到这些数据包后，数据包会被按照正确的顺序进行重组，以还原原始信息。

对于语音传输，将原始语音信号拆分为小的数据包会有一个小缺点（与电路交换相比，无法进行实时传输），因为那些"语音块"通过互联网传输时可能走不同路径，并且最终在接收方对这些数据包进行重组时会导致一定的滞后（或延时）。这也就意味着基于互联网协议的语音通信（VoIP），通话的质量不如电路交换网络好。那时西门子公司认为客户对语音质量的要求如此之高，以至于他们永远不会采用 VoIP 技术，因为 VoIP 技术永远不会像电路交换技术那样出色。结果证实这个想法是多么错误的。

在这个真实故事中最悲剧性的现实是，1980 年中期，三名来自加利福尼亚的年轻人来到了西门子公司在慕尼黑的总部，带来了这个很酷的想法。"通过互联网进行语音通话。你们感兴趣参与这项研究吗？"他们问。但是他们得到的却是怀疑、傲慢和拒绝。"这怎么可能行得通？假如 VoIP 是有可能的，我们自己早就发明出来了。"西门子公司代表回答说（Kaeser, 2016）。西门子公司只是不敢相信这项发明是可能的，因此错过了一个机会，导致之后其自身在电信业务中的垮台。后来，这三个年轻人在没有西门子公司的情况下，继续追求并实现了他们的理想，并改变了我们的世界。这三名来自加利福尼亚的年轻人后来成为思科的联合创始人。

那么，对于像西门子公司这样引领市场的公司来说，出了什么问题呢？西门子公司相信通过互联网的语音通话是行不通的，因而坚持其根深蒂固的信念，就是不相信这种疯狂的、打破常规的想法。西门子公司始终如一地遵循其既定的哲学，即对于语音通话，没有什么能比语音传输的质量更重要了。那些水平高且经验丰富的工程师甚至认为，由于质量和安全性原因，VoIP 永远行不通。因此，他们继续研究他们的电路交换技术，并对此不断做渐进式的创新。与此同时，涌现出诸如 ISDN（Integrated Service Digital Network，综合业务数字网）和后来的 ATM（Asynchronous Transfer Mode，异步传输模式）等新技术，这些技术允许同时进行语音和数据的传输，但仍然基于电路交换网络（ISDN）或虚拟电路交换网络（ATM）。对西门子公司来说，ISDN 技术在一段时间内是非常成功的，并且在 2000 年的初期和中期，VoIP 和 ISDN 并存。ATM 技术发展受到了诸如保持如语音品质之类的服务质量（QoS）的理念推动，许多电信专家认为 ATM 是才 Internet 的未来。

但是随着 VoIP 的语音质量被大多数用户认可已经足以满足他们的需求了，情况就发生了迅速的改变。VoIP 意味着更高的效率、动态带宽、更低的复杂性、显著地降低成本以及数据速率的极大提高。最重要的是，随着互联网数据流量以指数方式呈爆炸式增长，用户对性能的要求已经变为数据的速率，而不是语音质量。对在电路交换网络时代的巨人公司，如西门子公司和其他业内知名企业的最终裁决终于落幕了。VoIP 最终成为实现数字化，取代电路交换技术并且奠定了实现当今大规模互联网"冲浪"的基石，而今天在网上冲浪已经是一件非常普通的事了。

应该指出的是，这个故事非常特殊，因为西门子公司是为数不多的，并且能够在如此大规模的颠覆破坏之后恢复和重塑自我的公司之一。时至今日，这种失败的痛苦仍然根深蒂固地保留在公司的记忆中，并且整个管理层将其视为迫在眉睫的提醒和警示，以使类似的灾难不会再次重演。这也正是西门子公司当前之所以成功其背后的原因之一。今天，可以说西门子公司是在 B2B 业务领域引领数字化发展的公司之一。

2.2 定义相关术语

克莱顿·克里斯滕森（Clayton Christensen）教授提出的颠覆性创新理论，已成为通过创新推动业务增长的一种强有力的思维方式。自 1997 年问世以来，颠覆性创新和技术几乎成为所有商业词典的一部分，其应用呈指数级增长。在企业界，无论是大型跨国集团还是小型创业公司，颠覆性创新对任何业务及其相关的系统都会产生极端的后果。从西门子公司与思科的实例中可以看到，颠覆意味着总会有赢家和输家，而且通常，大型的、成熟的公司不得不让位给新兴的竞争者。到目前为止，我们将创新定义为做相同的事情，但做得更好，而颠覆指的是做完全新的事情，去淘汰陈旧的事物。在本章的后面部分，我们将对不同类型的创新进行精炼和细化，包括渐进式创新和颠覆性创新。

然而，为何颠覆性创新如此难以把握？为什么总会有人落入同样的陷阱？假如我们知晓保持竞争优势的重要性，怎么又能错过那些代表危险即将发生的信号呢？那些大公司，做的每件事看上去都是正确的，但为什么会失败呢？下面列出的问题自然会导出其他关联的问题，诸如：颠覆发生之前会有什么样的预警信号？颠覆会以什么样的形式发生？以及最终问题：在这个复杂性急速增长的世界里，我们如何知晓什么会发展成颠覆？什么只是一种趋势？本章探讨了用于解释颠覆性创新的机理和理论的模型，以及如何辨识并保护自己不被颠覆。

那么有哪些不同类型的颠覆性变革呢？各种业务都面临着诸多的威胁和风险。一个业务不同的死亡形式如图 2-1 所示。它们对于业务来说都是致命的，有致死慢的也有致死快的，有些死亡方式就像抽烟。

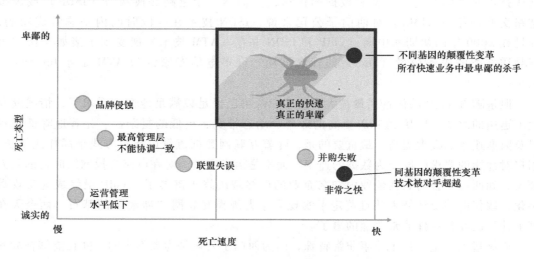

图 2-1 一个业务不同的死亡形式

可以说，业务所涉及的市场生态相当诚实，且可能在相当长的时间内伴随着致命的结果。另一方面，正是这些致命结果的威胁最终导致颠覆性变革的发生。有两种形式的颠覆性变革，都会导致业务快速毁灭。那些基因相同的变革是源于竞争导致重大的技术突破，这种技术突破使你的产品被淘汰。那些由不同基因诞生的颠覆性创新是最快速的和"最卑鄙"的杀手,因为它们可能以令人难以置信的速度杀死你并带来灾难性的后果。看起来,在遭受到突如其来的打击时,人们似乎没有为如此剧烈的变化做好准备,例如市场环境和市场需求的变化。如果你意识不到新的颠覆性创新正在发生,这些创新似乎往往会从背后打击你的业务,而不是从正面,或者这些打击同时来自四面八方。我们将重点探讨这类具有颠覆性本质的业务问题。为此,我们将首先探讨一些最具影响力的和最基础性的想法,这些想法有助于我们理解为什么那些大公司没有能够预见到剧烈变革的发生。

2.3 关于克里斯滕森颠覆性创新理论的补充思考

在本书中,我们对不同类型创新的定义和使用都是源于克里斯滕森的开创性思想。他在最新出版的《创新者的窘境》(2016)一书中阐述了那些彻底的技术创新是如何导致已经非常成功的公司最终垮台的。他创造了颠覆性创新这一术语,而他关于持续性和颠覆性技术的观点是理解这种现象为什么会不断出现的基础。基于对克里斯滕森理论的深刻见解,我们在随后的章节中提出了一些补充想法,它们对日常工作和产品创新与开发领域中去解释颠覆是非常有用的。因此,让我们马上来看一下克里斯滕森是如何定义持续性和颠覆性技术这两种类型的创新的。

大多数新的技术都促进了产品性能的提高。我称其为持续性技术。一些持续性技术的特性可能是不连续的或激进的,而另一些的本质则是渐进性的。所有持续性技术的共同点是对已经上市的产品在性能维度上进行改进提高,以前主要市场中的主流客户是以这些性能来评估产品的。在特定行业中的大多数技术进步都具有可持续性。本书揭示的一个重要发现是,即使是最彻底的、高难度的、可持续的技术也很少导致领先企业突然陷入失败。

然而,偶尔会出现颠覆性的技术,但其性能较差,至少是在短期内。具有讽刺意味的是,在本书研究的每个实例中,颠覆性技术都使得领先企业突然陷入失败。颠覆性技术带给市场与先前已有的完全不同的价值主张。通常,颠覆性技术的性能不及主流市场中已有的产品。但这些颠覆性技术却提供了一些小众客户(通常是新客户)所看重的性能。基于颠覆性技术的产品通常更廉价、更简单、更小巧,而且通常使用起来更方便。

因此,颠覆性技术改变了游戏规则,它们通过新技术创造客户价值,首先定位在低端客户的细分市场或全新市场立足点。从长远来看,它们能够以出人意料并且高效的新方式来满足客户需求。有关 VoIP 和思科崛起的故事深刻地诠释了克里斯滕森对持续性和颠覆性创新的定义。在这个实例中,电路交换技术被归类为持续性技术,而思科发明的 VoIP 被归类为改变游戏规则的颠覆性技术。

这种情况并不少见,如果经理们和那些参与产品研发过程的人们没有完全把握并且勇敢面对他们目前所处的戏剧性境况,换句话说,一种已经使他们处于被颠覆的过程中的境况。在实践以及我们日常的业务中,人们不一定能够充分理解克里斯滕森定义中的细微差别及其内涵。由于缺乏对当前境况之严峻性和危险性的理解,引发彻底的变革并成功地引导业务转型几乎是不可能的。对什么是或者什么不是颠覆性创新的定义并不明确,导致需要对其进行澄清(Christensen, Raynor, & McDonald, 2015)。问题是,如果你不能理解那些意味着会被颠覆的紧迫性和严峻性,那么你就越来越难以采取恰当的措施来应对。根据自己的经验,我们发现有必要去精炼我们的词汇定义,以便能够更好地向那些为之困扰的人们去解释不同类型的颠覆。

为了探究在实践中到底是什么导致误解或曲解,让我们关注两个例子。这些实例都很形象,也是很多工业界的表象,突出了我们常常面对的基本挑战。

示例 1:想象一下下面的产品,一列有 6 节车厢的列车,如图 2-2 所示。这家公司已连续多年成功地生产和销售这种列车,但"突然"发现该产品与其主要竞争对手相比,成本差距约为 30%。

要重新获得价格竞争力,通常会采用标准的解决方法。一个典型的最直接的解决方法就是考虑启动激进的削减成本的研发项目。然而,仅考虑降低成本就可以完全解决面临的核心问题,往往是一个幻想:为了准确描述所面临挑战的深度和严重性,我们必须承认该公司遇到了真正的麻烦。30%的成本差距意味着什么?要降低 30%的产品成本意味着需要通过生产和交付 6 节车厢的列车来保持客户满意度的同时,还必须节省掉 2 节完整车厢的生产成本,减掉 30%总生产成本的结果如图 2-3 所示。

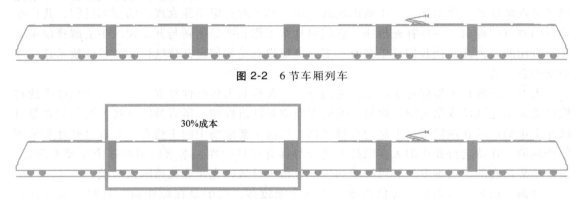

图 2-2　6 节车厢列车

图 2-3　减掉 30%总生产成本的结果

想象一下,在这个例子中,我们谈论的是一个成熟的、精益的产品。该产品已经经历了多轮成本优化,包括多维度的降低成本的研发项目。我们可以非常肯定地说,启动一个经典的成本设计(DTC)的努力根本无法有效解决此类问题,因为该问题需要提升到系统层面上解决。如果承认竞争者在一些基础层面已经做得更好,就需要意识到一个事实,即当前的产品将不再具有未来。假如还要采取什么措施去做核心修复以维持业务的影响,那么仅仅部分解决问题肯定不是最佳选择。在那些为了能够留在相关市场所做的努力中,还有什么其他的选择吗?如果渐进创新不足以解决问题的话,那么答案就是彻底的创新。竞争对手已经设法通过他们的产品创造了一个显然更好的价值定位。因此,为了能够留在相关市场,彻底重新设计,甚至是以成本创新为重点的全新产品设计则是唯一的出路。

现在你可能问到这样的问题,该示例与持续性或颠覆性创新有什么关联呢?

这里有以下两个明显的事实:

- 有问题的产品已被竞争对手的产品所颠覆,且竞品具有非常显著的成本优势,不仅能以更低的价格销售,同时还能为市场提供等同的价值定位。
- 竞争对手的产品没有引入任何新的性能特征,也没有创造或改变任何新的市场细分,但他们颠覆了同一行业的业务。

competitor的产品所做的是通过提供具有相同甚至较低性能，但价格却低得多的产品，为客户提供了更多的感知价值。因此，颠覆源于价格的大幅度降低，而不是产品本身性能的提高。要指出的要点是，性能的降低只有在满足客户基本需求的情况下才是可行的。就拿列车的示例来说，竞争对手没有对其产品的性能做任何改进。相反对其产品进行了显著的成本创新，而成本创新通常源于更优化的产品架构。竞争对手从基础开始，采用了完全不同的方式，他们非常有效地把满足客户需求和期望转化为要在产品上实现的任务。

我们如何对市场上产品颠覆和替代的形式进行归类呢？这个例子会被定义或被视为是可持续的、渐进的、彻底的、突破性的、甚至是颠覆性的创新吗？根据克里斯滕森之前给出的可持续技术和颠覆性技术的定义，该示例不一定会完美地适用于这些类型中的任意一种情况。然而，克里斯滕森引入了一种新型的颠覆性变革，称其为"低端颠覆"（Christensen & Raynor，2003）。该术语最接近于准确地描述此类业务问题的本质。这个定义适用于目标客户群不需要那些在高端市场被看重的全面性能的产品。但是，不同之处在于我们在此所描述的颠覆正在同一工业领域里发生。然而什么名称更为贴切呢？我们将在稍后解开这个奥秘。

示例 2 想象一下，有两家公司正在争夺产品创新方面的市场主导地位。直到 2009 年，他们创新的速度都是相同的，如图 2-4 所示。他们各自的市场份额大致相等。在 2009 年，A 公司的创新速度突然翻了一番。从那个时刻开始，A 公司的市场份额几乎成指数增长，而 B 公司的市场份额却急剧下降。

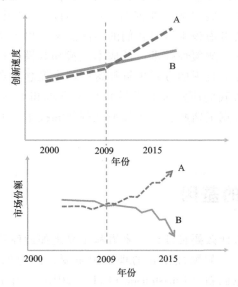

图 2-4 创新速度的提高伴随着市场份额的增加

B 公司基本上被 A 公司颠覆了。竞争对手是以两倍的创新速度出招。图 2-4 中的上方图显示了 A 公司大幅度提升创新速度，这是通过在不同细分市场推出新产品的数量来衡量的；下方图显示了 A 公司和 B 公司各自的市场份额。

是什么成就了这种改变游戏规则的创新速度？在这个示例中，使创新速度加倍的主要锦囊是 A 公司引入了模块化的架构。这使得 A 公司能够从根本上整合其产品体系，以便进行量身定制，同时也大大缩短了其产品的上市时间。

关键不在于卓越的产品性能，而是通过产品的模块化实现在速度、灵活性、可定制以及价格方面的竞争。在此示例中，客户价值因新推出的产品而异，由此看出，一旦产品的性能不再是创造客户价值的唯一衡量标准，模块化的产品通常会颠覆那些固定的、集成式架构的产品。如果你刚刚接触诸如模块化、集成等术语，请不用担心，我们将在模块化和系统工程两章中详细介绍。模块化方式使得 A 公司能够比 B 公司更有效地满足客户各种各样的需求，从而从根本上开拓市场并且获得竞争优势。克里斯滕森和威灵顿在他们的论文"Disruption, Disintegration, and the Dissipation of Differentiability"中也描述了模块化架构的影响（2002）。

我们的关注要点是，模块化不仅仅是一个可以用来管理内部生产和外部市场复杂性的方法论。正如我们在这里能够看到的，模块化应该与创新和颠覆联系在一起，因为模块化实际上是创新和颠覆整个市场的一种方式，尤其对那些已经相当成熟的市场！由此又引出了这样的问题：在引入了模块化架构后，独立模块内部的渐进创新是否也能被认可为创新？如果是的话，我们该将它视为可持续的、渐进的、彻底的、突破性的还是颠覆性的创新呢？

这两个例子都表明，克里斯滕森关于颠覆性创新的最原始的定义实际上并不能真正地适用于在此处探讨的两种不同类别的业务问题。近年来，克里斯滕森提供了新的术语和理论来解释并解决这种不匹配问题：他的模块化理论帮助我们理解了第二个示例，而通过低成本进行颠覆的想法则有助于解释火车示例以及相关的创新和颠覆的推动力。

为了使不同类型的创新的分类更加直观和清晰，我们提出了颠覆性变革的全新定义和分类。近年来，已有很多关于扩展"颠覆性创新"一词的辩论（见 Chase，2016），因而似乎很有必要在国际层面上重新考虑该术语对我们的实际意义。出于这种需要，我们确定，如果人们纠结如何理解可持续性、颠覆性技术、低成本颠覆和其模块化理论之间的差异和一致的大局观，那么必须要有一种更直观的方式来解释这些基本概念。在这个过程中，我们找到了一种方法，不仅可以用（按我们所发现的那样）更加直观和全面的清晰度来解释和分类不同的创新类型，而且可以将克里斯滕森关于颠覆性创新和技术 S 曲线的理论统一到一个包罗万象的模型中。

2.4 颠覆性变革的基因

到此会有人问，我们为什么要在理论、术语和定义上如此煞费苦心？

对于什么是，或什么不是颠覆性创新的理解很重要，因为如果不能理解创新的真正本质，我们就无法有效地实施创新（Christensen el al.，2015）。作者在工业领域有 20 多年的工作经验，参与过诸多与前两个示例非常相似的项目。很明显，大多数人没有意识到并且理解其严峻的处境——他们已经处在被颠覆的过程中了。通常，这些人拒绝面对严峻的现实和其真实问题，最终导致自己业务的终结和衰败。缺乏对基础理论框架的理解，就难以解释目前正在发生的状况以及为何业务会衰退。

能够理解克里斯滕森的颠覆性创新理论以及清晰地使用那些术语和定义是如此重要，可以让人们能够理解是什么导致了什么，以及为什么。在相关概念定义方面的明确性可以帮助经理们和所有参与产品开发过程的人员解释、理解、判断和预测其实际业务中的不同情况。

而一个最好的理论能够帮助我们从那些重复发生的模式中推演出含义,并有助于识别业务增长的机会,以及危险处境。因此,对理论的理解会使我们能够在实践中做出更好、更明智的决策,从而为你的业务的繁荣发展铺平了道路。

让我们来进一步区分什么是颠覆性创新,而什么不是?从何时起我们就将某项事物视为颠覆性创新?

颠覆性创新就是那些能使老旧事物被淘汰的事物。颠覆性创新就是去真正地改变游戏规则,专注于创造新的事物。谷歌的联合创始人拉里·佩奇(Larry Page)将"好10倍而不是好10%"的思维模式融入了组织机构的基因中,旨在激发彻底性的创新(Schulz,2017)。作为21世纪领先的科技公司之一,谷歌旨在创造出比原始产品好10倍的新产品——任何不够10倍的创新都是不够彻底的。融入科技巨头的理念中的是一个核心信念,它需要一个紧迫性的理由,才能在员工中生存并且得以实施。这一核心信念不仅要影响公司愿景和价值观,还必须在实践中得以实现。佩奇认为,事实上更小的目标(如渐进式创新)是不足以产生紧迫性的,因为从一开始,它就没有足够大的潜力去快速地解决我们这个时代所面临的巨大挑战。渐进式创新也不能够像谷歌在其产品和服务方面所做的那样,真正变革市场。彻底改变世界往往需要彻底的创新。

为了能够产生对业务的影响,我们对发现创新和颠覆的本质和严重性很感兴趣。那么,对于颠覆性创新的本质,我们能讲些什么呢?就像猫和虎崽的爪子,从它们出生的那一刻就有区别一样,我们能否在早期就发现颠覆性创新的不同类型?答案是肯定的。对于颠覆性创新,我们已经制定了区分两种类型的术语。

1. 相同基因的颠覆性创新

这些创新是指从根本上优于"原始"产品(即大约要好10倍)的创新。我们认为这样的创新值得被认为具有突破性的本质,因为它们从根本上重新界定了我们相信是可能或不可能的界限。对于"相同基因"一词,我们希望承认这类创新仍然存在,并且正在与其原始概念相同的产品类别或细分市场中进行颠覆。例如,对于轿车用内燃机的创新(如图2-5所示),将油耗从8L/100km降低到0.5L/100km是一个具有相同基因的颠覆性创新,因为它将从根本上优于最初的产品,但仍然采用与最初产品相同的技术(使用内燃机是汽车的传统概念)。

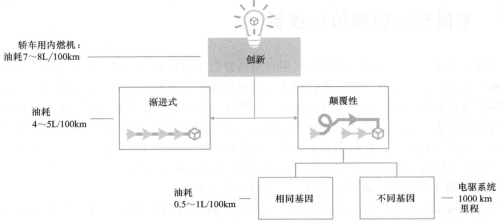

图2-5 技术的发展使得不同类型的创新成为可能

请注意：之前列车和工业的两个例子也属于这一类。它们都是通过低成本的颠覆或创新，或通过模块化体系架构提高的创新速度，来拉动其颠覆性的本质。它们都具有颠覆性，而且在同一类别的产品和细分市场中发挥作用。

2. 不同基因的颠覆性创新

基因完全不同的那些产品、服务、体验或概念才是彻底的创新，其架构的基本单元与目前市场上已有产品的完全不同。因为这些产品建立在不同的和全新的技术之上，所以它们具有完全不同的本质。具有不同基因的颠覆性创新符合克里斯滕森对颠覆性创新的定义。思科发明 VoIP 的故事就是此类创新中一个发人深省的实例。一项新技术能使电动汽车的续航里程达到 1000km、无需维护或设法用完全不同的方式帮助客户实现由 A 地移动到 B 地，也属于这一类型的创新。与 VoIP 一样，只要新技术还不足够好，大多数客户都会坚持使用现有技术。一旦新技术能够达到足够好的程度，消费者自然会切换到这种新技术。

是什么阻碍了企业去做彻底的创新，而只是鼓励做渐进式创新？正如我们将探讨的那样，具有不同基因的颠覆性创新在初始阶段所产生的利润对于那些着眼于短期收益的人来说是微不足道的。市场领导者们为了规避业务环境中的风险通常不允许在一开始就追求不同的基因的颠覆性创新。现有企业也一直面临着资源分配的窘境。去开发那些疯狂的新概念势必占用本来就稀缺的资源。特别是在大型、成熟企业中，大多数决策者个人很难冒险支持一个可能会失败的项目，因为这个项目所涉及的市场尚不存在，或者由于对这个市场还没有足够的了解，而不认可这是个新想法。这带来的结果是，通常只有那些最具创业精神的人，不仅想出了全新的解决方案，而且有勇气和胆量去尝试。

那些具有不同基因、开箱即用的解决方案大多能在动态环境和创新中心中找到其立足之地，那里会积极地倡导去发展那些疯狂的想法，并对其进行快速测试和开发，以便让它们快速失败，并看其是否具有一些市场潜力。

另外一个问题就是自满。许多公司拥有着领先的知识和技术，然而只有当他们已经被相同或不同的基因的创新所颠覆时，他们才会从根本上重新思考自己的实现方法。颠覆性创新需要有胆识的行动力和领导力，而不是基于恐惧的决策。假如大幅降低 30% 的成本是实现转机的唯一途径，那么就要从根本上重新设计产品概念，从而创造出全新的产品。

2.5 不同基因的颠覆性创新

为什么大型公司会失败？我们如何用克里斯滕森创建的模型去解释具有不同基因的颠覆性创新？由于具有不同基因的颠覆性创新与克里斯滕森对颠覆性创新的定义相同，所以我们可以应用他的模型来解释这种类型的创新。克里斯滕森对颠覆性创新的解释如图 2-6 所示。

克里斯滕森（2016）认为，颠覆性创新源自低端市场或立足于新市场，只有在其性能达到主流客户的标准后，这些创新才能在主流客户中流行。图 2-6 对比了现有企业和初创企业的产品性能轨迹（用实线表示，描述了企业的产品或服务如何随着时间而改进）和客户需求轨迹（用虚线表示，显示了客户为性能付费的意愿）。

现有公司推出更高质量的产品或服务（高端产品）以满足高端市场（其利润率最高）。这样的做法使得其产品超出了低端客户和许多主流客户的需求。这恰恰为初创企业留下了一

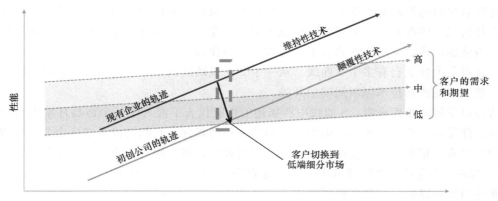

图 2-6 解释颠覆性创新
注：由 Christensen (2016) 改编。

个机会，让他们在现有企业所忽视的那些盈利较少的领域中找到了立足点。处于颠覆性轨道（图 2-6 中下方实线）的初创公司提高了其产品的性能，向高端市场迈进（对他们来说那里的利润也是最高的），并且挑战现有企业的主导地位。当初创公司的产品性能足以满足客户的基本要求时，就会出现临界点。在这个点上，客户们开始迅速从现有公司的产品转向初创公司的产品，这最终导致现有公司的衰落（参见西门子公司和思科的例子）。初创公司几乎总能取胜（Christensen，2003）。初创公司来自低端市场，常常被忽视、低估或没人理睬，因为他们的产品看起来太疯狂、太与众不同，以至于没人会相信他们会成为对现有企业真正的威胁。由于初创公司关注的是客户的基本需求，所以它们和有着更高性能的现有企业相比，具有更高的成本优势。

2.6 相同基因的颠覆性创新

通过克里斯滕森的颠覆性创新理论，我们可以理解具有不同基因的颠覆。那么问题来了，用什么理论能够解释"具有相同基因的颠覆性创新"？为了解释具有相同基因的颠覆性创新，我们可以求助于 S 曲线理论。

S 曲线的概念解释了某个行业生态系统中技术或产品的成熟度水平。单一的 S 曲线解释了一个成功技术或产品，从早期被接受到市场饱和，具有共性的演变过程。S 曲线模型如图 2-7 所示，它显示了多个 S 曲线，用于描述创新趋势，垂直轴表示客户价值或性能，水平轴表示时间。那么，那些成功的公司是如何在较长时间内保持其竞争优势的呢？高性能是由这些公司定义的，他们在 S 曲线之间不断地实施跨越和爬升（Nunes & Breene，2010）。在每一个单一 S 曲线的最开始，技术或产品性能的发展往往是缓慢的，没有达到快速程度。在这个阶段里，仍有大量资源用于开发和研究如何对新技术进行改进。在下一阶段，技术开发已经克服了大多数主要的障碍和屏障，第一批客户（或早期接受者）帮助这些技术或产品实现"起飞"。这一阶段的市场具有快速增长的特点，伴随着这种增长，技术或产品的性能也得到了快速的提高。在单一 S 曲线的末端，产品性能达到了成熟的状态。由于客户的口味和偏好随着时间的推移而不断变化，客户在某个时间点上不再能够感知当前产品的性能对其价值有任何显著的提升。这个时候产品也可能已经变得过度设计或过于复杂，不再遵循那个精益、敏捷的形式服从功能的真言了。通常，就是在这个末端，一个产品会被另一个产品所颠覆。这就是为什么会有多个 S 曲线，从一个 S 曲线跳跃到下一个技术或产品的 S 曲线，表示了一轮新产品或新技术创新周期的开始。

从公司发展的角度来看，S 曲线中所描述的性能代表了嵌入于某个市场环境中特定业务的前景。性能通常不是一个单一的参数，而是一系列指标，它们构成了在这个业务领域中的关键购买因素。想象一下，在这个业务中一端有客户，另一端有供应商，此业务的客户形式可能是 B2B（企业对企业）或 B2C（企业对客户）的，在这个由客户与供应商组成的链路中，业务当然会以特定的业务模式为中心。

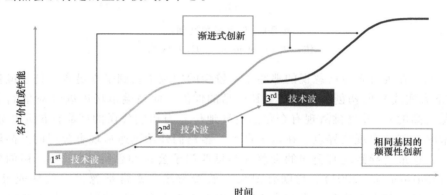

图 2-7　S 曲线模型

从这一观点来看，S 曲线模型中描述的"性能"显然必须满足客户的购买标准和真实需求，因为业务的目标是通过其技术应用和产品增加客户的感知价值（从而增加销售量）。

产品、体验和服务之所以存在，是因为它们能使客户的生活变得更好、更愉快，从而增加客户的价值。为了更明确地描述价值因素，我们建议，与原始 S 曲线模型不同，用垂直轴表示客户价值，而非性能。这里的价值是指一个特定的人或公司愿意为能够满足其需求的产品或服务而支付的最高金额。随着这一细微变化，很明显，连续的 S 曲线和这样的创新总是朝着增加客户价值的方向发展。这些新产品和创新把顾客放在关注的中心。我们珍视的另一个方面是，通过把垂直轴改为价值，确认了不仅通过性能的提高会带来更高的客户价值，而且通过降低成本也会增加客户价值。因此，如果成本创新（即那些低成本的颠覆）能够显著地增加客户价值，那么它们同样可以被视为颠覆性创新。

人们真正关心的是什么？它们又是如何随着时间和环境的变化而变化的？理所当然地讲，功能性远不止于性能或技术指标。功能性与产品的感知价值有关，即产品是如何满足顾客的深层需求以及他们的情感需求的。相比之下，当今世界具有社会日益繁荣，人们不再只关心生存和安全的特点。越来越多的人开始重视价值体验，这种体验为我们的生活增添意义，使其丰富多彩，并且显然是有用的和需要的。我们将在"价值设计"一章中深入探索价值，我们在这里只是提及这个改变，并说明为什么将 Y 轴作为外部客户价值而不是产品性能会更为有用。

一件事情从什么时候开始属于渐进式创新？从何点开始，我们认为它是具有相同基因的颠覆性创新呢？客户价值、性能或成本的微小改进都发生在单个 S 曲线上。这些都属于渐进式的创新。大幅度的技术改进，在性能、成本或客户价值方面的彻底的改进或技术突破，都会导致产品从一个 S 曲线跳到下一个 S 曲线。我们将 S 曲线上的这些跳跃定义为具有相同基因的颠覆性创新，因为其技术的根基仍然基于 S 曲线链中的最早的那条 S 曲线。与具有不同基因的颠覆性创新相反，具有相同基因的颠覆性创新可以扼杀或颠覆一些产品、产品系列或者甚至那些单一的公司，但它不会颠覆整个细分市场，以及消灭所有的业务提供商（就像 VoIP 的故事）。无论是具有相同基因的渐进式创新还是颠覆性创新，由单个 S 曲线构成的 S 曲线链都会在一个业务的生态系统中出现，其中，客户、技术、产品、供应商、竞争对手等在特定的市场环境中相互作用。创新一直存在于同一产品类别或细分市场中。

利用这些对相同或不同基因颠覆性创新的定义，我们可以很容易地对前面给出的例子进行分类。低端或低成本颠覆性创新属于具有相同基因的颠覆性创新。这种类型的创新通常不会在其技术基因内去改进性能，而是更好地优化成本状况，使得公司能够为客户提供更好的价格，从而为客户提供更多的价值。这类创新通常沿着其 S 曲线向上移动，或者通过渐进式创新，或者通过颠覆性创新，跳到下一条 S 曲线。在拥有相同基因的技术中，我们认为低成本的颠覆要比仅基于性能提升的颠覆更具攻击性。现有企业善于在性能上进行创新，但由于其内部的成本结构和复杂的流程，他们往往不能与正在进入他们主宰市场的那些低成本解决方案进行竞争。最危险的心态是，那些低成本的产品往往不被认为是颠覆性的变革、颠覆性的创新。但现实恰恰相反，这些产品非常有能力颠覆现有企业。

如前所述，基于以市场为导向的模块化架构创新，通常也属于相同基因颠覆性变革的范畴。模块化架构通过提高开发速度、产品的灵活性和客户的定制化进行竞争，并有足够的能力去颠覆那些成熟的、具有集成架构的产品。但是模块化架构甚至可以将这两种类型的颠覆性变革结合起来。这种模块化架构中的主体通常是由基于相同基因的创新（渐进式或颠覆性）所驱动的，而且可以同时集成那些由不同基因创新主导的模块。考虑到这一点，很明显，模块化架构不仅仅是对市场复杂性的一个回答。模块化架构在应对动荡的市场、不断加快的创新周期和当今乌卡（VUCA）世界的需求方面已经成为成功的关键要素。

2.7 颠覆波理论或颠覆调制论

> 创造性的摧毁是产业变革的一个过程，它持续不断地变革内部的经济结构，持续不断地摧毁陈旧，持续不断地创造新生。
>
> 约瑟夫·熊彼特
>
> Creative destrnction is a process of industrial mutation that incessantly revolutionizes the economic structure from within, incessantly destroying the old one, incessantcy creating a new one.
>
> Joseph Schumpeter

S曲线理论可以用来描述具有相同基因的渐进式创新和颠覆性创新。克里斯滕森的颠覆性创新理论描述了具有不同基因颠覆性创新的概念。正如克里斯滕森在《创新者的窘境》（2016，第41页）中描述的，用S曲线图来描述现有业务生态系统中具有不同基因的颠覆性创新是不可能的。因为具有不同基因的颠覆性创新源自完全不同的业务生态系统，在这个生态系统里，那些能够实现客户价值最大化的可能是其他的标准。在一个已建立的业务生态系统中，只有实现了客户的最低价值标准并达到临界点时，具有不同基因的颠覆性创新才会渗透到这个现有的系统中，从而将其颠覆并切断现有S曲线。

接下来，我们针对不同类型的创新提出了一种新的观点，实际上它使我们能够将之前探讨过的两种理论结合起来。这个合二为一的理论可能有助于更加清晰地理解颠覆的总体现象，使其更适合真实的业务环境。建立这个模型的想法是，我们不会像S曲线和克里斯滕森的理论那样，基于时间坐标来描绘价值或性能。相反，我们使用随时间推移的销售额，通常是指技术产品、系统或服务的销售额，并且将其作为参考，因为它使我们之后能够对来自不同业务生态系统的概念进行比较，以了解随着时间的推移，这些概念是如何在这个合二为一的模型中相互作用的，从而（重新）塑造未来。

某一市场中不同产品在连续时间坐标上的生命周期内的销售额（以百分比表示）如图2-8所示。每个单一的半正弦波是一个特定产品的生命周期。对于特定的产品，其最大峰值始终为100%。有许多产品，用P1，P2，P3，…，Pn来表示。每种产品的销售额从0开始上升到100%。产品Pn的衰退和产品P$n+1$的增长之间的重叠部分并没有在图2-8中表示出来。由于创新关注的是改进和进步，所以产品的发展总体上是提供更多的客户价值。随着更好的创新出现，产品的销售额达到峰值，然后各自的销售额再次下降，直到这个产品退市，并最终被下一个创新产品完全取代。

是什么在推动产品的销售？必须指出的是，每一个时代的环境状况、空间和时间以及那个时代的技术发展，在很大程度上决定了哪些产品将在市场上取得巨大成功，哪些产品将逐渐被淘汰或被视为过时。想一想从石油和天然气到可再生能源的根本转变，或者从模拟到数字的替换。在这些时间段内，产品种类繁多，但当可再生能源成为既存现状时，那些建立在老旧、过时的技术波次之上的产品在市场上就不再具有真正的竞争力。正是由于这种类型的颠覆，一些文章宣传说真正的颠覆性创新"出人意料地罕见"（Hutt，2016），因为这种彻底的颠覆和技术发展并不会经常发生。

所有产品都基于特殊技术或特定商业模式。对于作为上述产品基础的各种技术（基

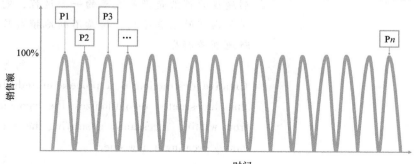

图2-8　不同产品在连续时间坐标上的生命周期内的销售额

因），都可以用相同的概念来表述其随时间的发展，并可以用波形来表述，时间轴上的技术生命周期如图 2-9 所示。技术和商业模式也有自己的生命周期，但是它们的生命周期不同于产品生命周期，而且要比产品生命周期更长。

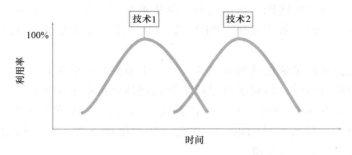

图 2-9　时间轴上的技术生命周期

如果我们现在将产品的生命周期与技术生命周期叠加在一起，就能得到一个由不同创新波形合成的波形（调制）。我们还可以导出一个合成的模型，通过这个模型可将不同时代（波次）的技术及其各自的产品一览无余！为了简单起见，让我们来把这个问题分解成更小的、可以理解的部分。我们将逐一描述每一组曲线，然后将它们重叠以生成一个包含所有信息的综合曲线集。所有类型颠覆波的叠加模型如图 2-10 所示。

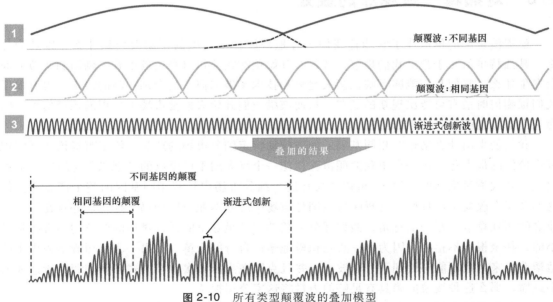

图 2-10　所有类型颠覆波的叠加模型

为了简化图 2-10 中的解译，我们假定各波的周期（或频率）保持不变。当然，每一个新的颠覆出现总是需要相同的时间是不现实的，这种将技术生命周期作为一个不变定值的假设只不过是粗略的估计，特别是对于不同基因的颠覆波。随着创新的速度在总体上不断加快，彻底的技术进步似乎随时间的推移出现得更快。尽管如此，这种视觉描绘背后的基本思想和结论仍然成立，因为尽管颠覆的时刻仍然是未知且可变的，但变革和颠覆性创新将一次又一次地随着时间的推移而发生。

第一个曲线组显示了基于不同基因的颠覆波。在本章开头给出的思科（Cisco）示例中，第一个波表示电路交换时代，第二个波表示基于互联网（IP）的时代。就像 S 曲线模型所解释的那样，第二个曲线组显示了相同基因的颠覆波。每一个较小的波都描绘了在 S 曲线上从一种技术到另一种技术的跳跃。再以电路交换技术为例，在电路交换时代，也出现了不同的技术演变：从模拟交换、数字交换、ISDN 到 ATM。每一次演变都是电路交换技术这个基因组内部的颠覆。

第三个曲线组表示的是渐进式创新曲线。每一个新的半正弦波代表了一个新产品。这些新产品都不具有颠覆的本质，但对于通过逐步推动创新来创造进步来说是至关重要的。每一项新的创新都旨在增加客户价值。当一个产品进入市场时，其销售额会增加（从 0 开始，最大销售额为 100%）。随着产品的退市，并在市场的推动下被一个不同的、更加创新的产品替代的，每个曲线都会再次下降。

最后一个曲线组是之前所描述所有曲线组的叠加（即调制）。它说明了销售给客户的那些真实产品（B2B 或 B2C）。每一个峰值描述一个单一的产品。这些产品在自己的技术窗口内渐进发展。对于每一种产品，由相同和不同基因所造成的颠覆都会影响那些在市场上最需要的产品。总之，图 2-10 中最后一个曲线组综合了所有之前的知识及曲线。

2.8 对颠覆一致观点的益处

颠覆波理论的价值在于它能让我们更好地理解什么类型的创新会导致什么，以及为什么。其独特价值在于帮助我们理解、解释并开始预测在公司自身业务中有关创新和颠覆方面会发生什么。它使我们能够了解社会大趋势和技术突破如何影响个别产品的需求，也有助于我们预测何时最有可能出现新的颠覆，从而鼓励我们开始去察觉市场上出现的预警信号，因为它们自然会随着时间不断出现。

我们能得出什么结论？相同基因的颠覆推动特定细分市场的产品在给定市场模式下实现客户价值的最大化。每一个单独的颠覆波就像一个巨大的不可思议的"颚波"（想象一下大白鲨张开大嘴时推出的巨浪），可以杀死在这个细分市场中具有相同基因的整个产品线。但这不会完全改变游戏规则。这意味着该细分市场中的基本业务模型仍然存在，并且在现有企业之间相互竞争。好的消息是，假如部分颠覆性创新足够早的话，对你的业务的伤害将是最小的，甚至根本不存在，因为你一直在积极地塑造自身的变革。如果一家公司既不积极主动地塑造未来，也不能够跳到下一个波次，并且克服在当前波次中渐进式创新和调整所造成的小碰撞，那么这种波浪的确具有足够的力量将这家公司扼杀。

为了知道需要用什么样的心态来成功应对相同基因的颠覆，让我们想想优秀的冲浪者会做什么：他们一刻不停地观察着海浪的变化，同时对周围环境保持高度警觉，熟知自己的优势和局限；他们知道要去追逐何种海浪并且在何时何处进入这个海浪；他们坚定、勇敢，知道如何抓住一个海浪；然后全力安全地驾驭那个危险的海浪，且不会超出他们的能力所及；他们在面对惊人的挑战时能够保持冷静和放松，适应且快速反应以确保生存；如果受到轻微的打击，他们会表现出无畏的韧性，且有能力快速恢复到正常的力量水平；最重要的是，他们知道在被海浪击倒之前，何时以及如何跳下海浪或跳上下一个海浪。

具有不同基因的颠覆波可以比作海啸，海啸重新定义了我们对海浪的认知，它们会危及更加众多的人。它们拥有巨大的能量和力量，并且比正常海浪持续的时间更长。它们也殃及更为广阔的区域，带走它们能触及的一切。这样的海浪创建了产品和技术的一个新纪元或"物种"。如果他们自己没有足够快地驾驭这股毁灭的浪潮，它一旦出现，将会改变现有的细分市场，且具有能够杀死之前细分市场参与者（就像西门子公司的电信业务）的力量。对于那些创造了这股浪潮的人来说，这是一股充满机遇并可能成为主导的浪潮。对于那些不得不屈服于这种自然力量的人来说，这是一个大规模毁灭性的来源。当然，这种类型的颠覆更加稀缺，所以那些公司不能坐以待毙，坐等这些巨大的破坏浪潮来临。他们还需要对克里斯滕森的"持续创新"（Hutt, 2016）进行投资，目的是能够足够接近要害，以实现此类技术的突破或发明。在审视这种波浪模型时，克里斯滕森术语"创新者的窘境"的契合性变得清晰起来。现有公司必须能够通过渐进式创新来驾驭相同基因的浪潮。为了留在这场游戏中，他们也必须能够从一个波浪跳到下一个相同基因的波浪。为能驾驭这些浪潮，他们必须投资于具有相同基因的技术，以进行渐进式的创新，如果可能的话，进行颠覆性的创新。由于对相同基因技术的巨大投资（研发、营销、制造、服务等）往往阻碍了公司将稀缺资源投入到不同基因的技术上，因此，这些公司确实陷入了一个难题：是投资于更稳妥的相同基因的创新，还是投资于根本未知的领域？如何确保不会错过那些完全不确定的和新的想法，它们真的会突然成功，从而颠覆了现有的对手吗？

如前所述，当具有不同基因的技术首次出现时，由于它们服务于微小的小众市场，对现有企业来说似乎无利可图。此外，由于创新的周期过长，那些具有不同基因的技术往往得不到重视。技术突破还很遥远，或者具有不同基因的技术甚至不可能实现，因而还无法危及自己的业务是致命的错觉。将这一点与本书第一章导言中"谁动了我的奶酪"的故事联系起来，各家公司都在设法停留在他们熟知的环境中，并在寻找新鲜奶酪。过去的经验使他们错误地相信，一旦市场复苏，新鲜奶酪很快就会重新出现。唉，想象一下，当他们真的清醒过来后，才意识到奶酪已经消失了，并且这一次是永远消失！创新就是变革。变革既需要适应，也需要进化，通过不断地学习来和颠覆性变革相向而行，而不是与之对抗。

我们深度探讨的两种颠覆性创新总结见表2-1。

表 2-1 两种颠覆性创新总结

相同基因的颠覆性创新
创新的跳跃是在同根技术的基础（基因）上
发生在一个业务生态中
建立在现有的客户价值模型上
适用于 S 曲线理论
较短的生命周期
能够杀死一些产品和那些单一的竞争对手
快速"死亡"
有可能恢复，但需要快速和果断的反应

（续）

比喻为"颚波"（危险的巨浪）

不同基因的颠覆性创新
创新的跳跃是在异根技术的基础（基因）上
始于不同的市场并且侵入现有的业务生态系统
典型地改变客户的价值模型
适用于克里斯滕森理论
更长的生命周期
能够杀死所有业务供应商，并且改变市场
快速"死亡"
通常不可能恢复，需要重塑自己

比喻为"海啸"

2.9 颠覆相对论

纵观这个统一的颠覆理论，很明显颠覆是相对的，参见 Christensen（2016）。一项技术的创新对于一家公司自己的业务模式来说，可能是渐进式的，而对于另一家公司来说，同样的技术（源于相同或不同基因）可能是颠覆性的。在商业环境中，观点是会变化的，观点的变化取决于指导你公司行为和思维的不同商业模式。由于思维驱使行为，现实对于企业中的每个管理者、领导者或个人来说也是主观的，你如何真切地感知变化取决于你的参照点、程序化思维和过去经验的引导。

让我们以汽车工业中的电动机为例。对于一家只专注于生产传统燃油发动机的传统制造商来说，电动机和电池可能是颠覆性的。对于另一家生产电动机的公司来说，电动发动机和电池却是具有相同基因的创新。这是因为他们自己的产品非常相似，甚至向前推动了新的技术创新，所以他们不会认为这会从根本上威胁到他们的核心业务。对于某个在发动机及其产品系列中采用了模块化架构的汽车制造商来说，这种新产品可能被视为一种混合型创新。新的电力牵引系统对他们来说可能是真正革命性的，这意味着与到目前仍在使用的燃油模块相比，它可能是具有不同基因的颠覆。但是这个模块可以集成到他们更大产品的整体产品架构中，从而成为更大产品的一个子元素。如果我们的参考产品不只是一台混合动力发动机，而是将整个汽车视为一个产品而发动机是其中的一个模块，那么这种仅针对电动机或电池的创新将是一种具有相同基因的颠覆性创新。因为汽车制造商仍在开发和生产汽车，这与其自己的商业模式有着相同的基因。

请注意一件有趣的事：一个冲浪者或一艘船，在远离港口且开阔的水域遇到了海啸，就不会认为海啸是危险的，这就像颠覆相对论；然而，一旦你被它的全部力量击中并且被迫与之抗争，它内在的力量将会无情地摧毁一切它触及的事物。海啸是如此巨大，以至于"潜入"海浪，或者等待它过去，这种以保护自己免受其破坏为目的的策略是根本不可能的。

2.10 颠覆性威胁的典型预警信号

上一节介绍的显性模型是一种非常有效的方法，可以帮助领导者和管理者在管理产品体系方面做出更好的选择和决策。了解到这种创新浪潮的存在和重叠，各家公司可以去搜索颠覆性浪潮的模型。通过这种做法他们就可以回答此类问题：某一个技术趋势是否在相同基因所形成的颠覆波浪之内，或者这种趋势是否会最终导致来自不同基因的彻底颠覆。在识别出潜在的技术波浪后，下一个问题是分析自己的公司和其他竞争对手目前处于波浪的哪个点上。如果你当前是成功的，那么你目前处在那个波浪的哪一个部分？就像我们应根据我们最有精力的年龄段来规划和调整自己的生活一样，老年人会更好地管理渐进式变化，而不是彻底的颠覆性变革，产品体系的决策取决于我们在某个特定的波浪中所处的位置。

如果你驾驭在相同基因的波浪上，那么你是需要更多地专注于渐进式创新，还是准备并且去适应一个颠覆性的趋势？能否回答好这个问题就决定了你是否能够保持市场竞争力。假如你处在一个基于不同基因性质形成的巨大颠覆波浪的末端,那么面对现实是很重要的。我们认为没有人可能抵抗住这样的颠覆,那就像你站在海滩上想象海啸会和你擦身而过而不会伤及你一样,这是不可能的。假如在这样一种情况下,这种颠覆性的浪潮出乎意料地冲击了你的业务,并且没有给你足够的时间走出危险区,那么唯一的办法就是制定一个淘汰旧技术的战略,并且去投资那些基于新基因的技术和商业模式。

由此你可能会问自己,我们如何能够看到那些可能影响到自身业务的,来自潜在颠覆性威胁发出的预警信号呢?潜在颠覆性威胁的预警信号和危险区域如图 2-11 所示,有三个要点需要考虑。

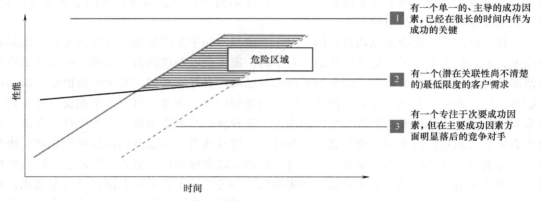

图 2-11 潜在颠覆性威胁的预警信号和危险区域

第一,颠覆者们会想出全新的方式来取悦客户。这意味着一个主要的成功因素(比如性能)可能会被另一个因素(如移动性、便携性、价格)完全取代。那些性能和客户体验价值因素的重要性会随着时间的推移而变化,新的创新可以突如其来地从根本上重新定义什么形式最能满足客户的需求,以及最低的产品预期。

第二,客户最低要求不明确,甚至被误解。正如在本章开头提及的西门子公司和思科的例子,西门子公司没有意识到语音质量实际上可能变得如此不重要。之前的最低客户要求(语音质量)的重要性大大降低了,以至于让位于新定义的最低客户要求:既可以在互联网上冲浪浏览,也可以通过互联网通信,因为客户开始更在意数据传输量和更低的总体价格,而不是完美的语音质量。

第三,竞争对手更专注于次要成功因素,因为他们在主要成功因素方面明显落后。在西门子公司和思科的例子中,数据传输速率是次要的成功因素,而语音传输则成为颠覆性因素,因为它满足了客户的基本需求。

不同基因的颠覆者通常建立与现有企业大不相同的商业模式。这意味着,他们的价值流与那些服务于更高端市场的公司有显著的不同,这些公司正处于被颠覆的过程中。成功因素的切换会随着技术进步而迅速改变。例如,设想用平台生态系统取代线性价值流,这是近来最成功的颠覆方式之一(Parker, Alstyne, & Choudary, 2017; Moazed & Johnson, 2016)。由数字化手段能够取代之前由硬件实现的解决方案已经成为一种更广泛的新趋势。

颠覆实际上是需要时间的,不会一夜发生。问题在于,现有企业往往忽视早期预警信号和未来的颠覆者。有时,颠覆者开始服务于一个看似不重要或"不危险"的小众客户群体,从而导致现有企业错误地认为没有必要全力反击。这种情况并非单一的事件，但公司往往是缺乏对这种情况的回应，一个公司的发展可能导致另一个公司的崩溃。随着客户最低要求的变化，达到了临界点，就可能发生各种快速变革。因此，不能识别最低的客户要求就会导致最为快速的变化发生。

2.11 小结

所有产品都需要满足客户的基本要求才能具有吸引力。关注客户真正的需求和价值，让产品成为这些需求的答案，不要去增加也不要去降低需求。一个常见的错误是在标准功能上投入过多的精力和资源（如资金），而这些额外的投资不会带来更高的客户感知价值，反而会不必要地增加产品的复杂性和成本。超出最低客户需求且只服务于高端客户是有危险的，因为这会造成市场缺口，从这里，初创企业可以进入并瞄准主流和低端客户。持续创新，就像驾驭波浪，创新的 S 曲线是必然的，因为那些曾经是新的和令人兴奋的产品特性，如手机的触摸屏，在 S 曲线的某个点上已经是任何手机的正常期望；这个需求本身已经变为客户的最低需求。当了解了客户的最低需求后，就可以更容易地设计出满足这些需求的解决方案，决定哪些功能不那么重要，发现哪些细分市场可能仍然没有被覆盖和服务到。

在本章中，我们介绍了一种更细致的方式来思考创新。我们探索了不同类型的创新，即相同和不同基因的创新。这些不同类型的创新使我们不仅能够更清楚地理解不同的经典模型，如 S 曲线和克里斯滕森的颠覆性创新理论，而且能够将它们结合成一个统一的概念。我们探讨关于颠覆波的独特性有助于我们理解长期和短期颠覆趋势的叠加，并可能用于预测未来的创新趋势。

总体上，我们可以说产品的设计应该为客户创造价值。在设计此类产品的过程中，满足客户的最低要求，并以可能最高效且最有效的方式取悦客户是关键。这在实践中意味着什么？下面我们将探讨的"形式服从功能"的基本原则会指导我们如何成功地设计出具有这种性质的产品：简化复杂性以创造客户价值，即不要多也不能少。

参考文献

Chase, R. (2016). *We need to expand the definition of disruptive innovation*. Boston: Harvard Business Review Publishing Retrieved from https://hbr.org/2016/01/we-need-to-expand-thedefinition-of-disruptive-innovation.

Christensen, C. M. (2003). *Disruptive innovation and creating new market growth: Capturing the upside while avoiding the downside.* [PDF Slides]. Retrieved from https://sdm.mit.edu/conf04/Presentations/cchristensen.pdf

Christensen, C. M. (2016). *The innovators dilemma: When new technologies cause great firms to fail*. Boston, MA: Harvard Business Review Press.

Christensen, C. M., & Raynor, M. E. (2003). *The innovators solution: Creating and sustaining successful growth.* Boston: Harvard Business Review Press.

Christensen, C. M., Raynor, M. E., & McDonald, R. (2015). *What is disruptive innovation?* Boston: Harvard Business School Publishing Retrieved from https://hbr.org/2015/12/what-is-disruptive-innovation.

Christensen, C. M., Raynor, M., & Verlinden, M. (2001). *Skate to where the money will be*. Boston: Harvard Business Review Publishing.

Christensen, C. M., Verlinden, M., & Westerman, G. (2002). Disruption, disintegration and the dissipation of differentiability. *Industrial and Corporate Change*, 11(5), 955-993.

Hutt, R. (2016). *What is disruptive innovation*? World Economic Forum. Retrieved from https://www.weforum.org/agenda/2016/06/what-is-disruptive-innovation/

Kaeser J. in Handelsblatt. (2016). *Siemens hat in 80er Jahren Idee für VoIP abgelehnt*. Retrieved from https://www.golem.de/news/startups-siemens-hat-in-80er-jahren-idee-fuer-voipabgelehnt-1605-120754.html

Moazed, A., & Johnson, N. L. (2016). *Modern monopolies*. Spokane, WA: Griffin Publishing.

Nunes, P., & Breene, T. (2010). *Jumping the S-Curve: How to beat the growth cycle, get on top, and stay there*. Accenture. Retrieved from https://www.accenture.com/_acnmedia/Accenture/Conversion-Assets/DotCom/Documents/Global/PDF/Dualpub_23/Accenture-Jumping-S-Curve-POV.pdf

Parker, G., Alstyne, M. V., & Choudary, S. P. (2017). *Platform revolution: How networked markets are transforming the economy and how to make them work for you*. New York: W. W. Norton & Company.

Schulz, T. (2017). *Was Google wirklich will Wie der einflussreichste Konzern der Welt unsere Zukunft verändert-Ein SPIEGEL-Buch*. München: Penguin.

形式服从功能:系统工程 3

> 这是一个普遍的法则,适用于所有事物——那些有机的和无机的、物理的和超自然的、人类的和超人的,那些真正由头脑、心脏、灵魂证明的,那些生命在其表达中可以辨识的,永远是服从于功能的。这就是法则。
>
> 现代架构之父,路易斯·沙利文
>
> It is the pervading law of all things organic and inorganic, of all things physical and metaphysical, of all things human and all things super-human, of all true manifestations of the head, of the heart, of the soul, that the life is recognizable in itsexpression, that form ever follows function. This is the law.
>
> Louis Sullivan

3.1 形式服从功能

当研究所有工作效率极高的系统时,我们会发现一个令人着迷的模式:它们的形式(形状、结构、大小、所使用的材料)总是源于一个特定的功能(保护、移动、存储、激励)。在这些示例中,形式自然而然地源于试图最大程度上去满足一个核心目标,而非相反。这种"形式服从功能"的法则似乎是成功的自然战略。功能不仅仅必须是实用的;一个热水壶必须具有加热水的技术功能,然而设计一个非常有艺术感的热水壶的意图是让人一看到就喜欢,如果一个观看者发现它有价值,而且这个设计让他产生了共鸣,那么这还是遵循了形式服从功能的真言。在这种情况下,热水壶的形式完全符合其设定的功能,遵守了形式服从功能的法则。

这个法则也适用于生物界。想象一场从无停歇且适者生存的斗争。保持竞争优势不仅需要明智的生存策略,还需要更高的效率并能够利用所有可用资源。动物的物种已经自然地进化到使其形态不断地适应功能。当资源稀缺时,始终不渝地遵循形式服从功能的法则有助于决定将资源投向何处。例如,一只美洲豹所需的柔韧性和速度来自它的体型,因此它们经过进化而变得越来越瘦，肌肉越来越发达。它身体的整体设计支持某些功能，许多必需的功能又构成了它的体形，这在很大程度上使得这个相互连接的系统获得成功。形式服从功能的法则自然地存在于我们周围并与我们共存。一旦我们选择去看它，就会发现它无处不在。

每一个公司就像一个巨大的生物体，都在以最佳方式去努力创造能够使自己长寿和繁荣的条件。当形式和功能融合在一起时，其内在的和谐会带来更高水平的适应性、韧性和长期成功。这时，解决问题的有效性可以容易且毫不费力地得以证明，这似乎是自然而然的。然而，当公司的目标不再聚焦于问题的核心时，就很难保持这种有效性来应对外部需求带来的挑战。

请注意：功能和形式之间的内在和谐还会产生美学。歌剧院演奏大厅的建筑形式经过优化设计，能使其产生令人惊叹的纯正音质，能够让听众陶醉于优美的音乐中。这个大厅不仅仅是为了成为一个众多人聚会的场所而设计，一个足球场也不是只为了看上去漂亮而设计。如果考虑到歌剧院演奏大厅的主要用途和所支持的功能，以聚会和漂亮为目的所设计的任何形式都是欠优化且不够和谐的。

是否有可以复制到日常工作中处理形式服从功能的有效方法呢？有！我们复制自然进化的模型也会使我们的业务生态系统更好地运转、适应和进化。那么系统化产品架构（系统工程）就像是正确地构建产品的基因和骨架，这个基因和骨架是创造具有客户价值产品的本质和核心。因此，我们可以说形式服从功能的原则是开发宏大概念的基础。

另外一个原则与形式服从功能的思维模式相互交织，那就是系统思维（system thinking）。系统思维提出了一种思维方式的范式转变，它诠释了不同元素之间的相互依赖和反馈闭环。这个原则让我们从井底之蛙式的孤立思考转变为跨部门协作和相互关联，并从中获得利益，因为它使我们更有效率。

系统思维的六个基本概念如图3-1所示。正如我们在图3-1中所看到的，一个具有相互依赖网络的系统，其中的事物之间不是孤立的，而是相互联系和相互作用的。互动的复杂性当然会产生多余的结果，需要加以纠正和解释。以这种方式思考有助于我们理解，那些所有人都需要处理的最烦人、最难以协调的问题是如何产生的。不是认为A导致B，而是要意识到系统中正在发生的反应、相互作用和交换，都会对正在发生的事情产生重大影响。以著名的蝴蝶效应为例，一个小小的蝴蝶会对像天气这样看似毫不相关的因素产生巨大的影响。

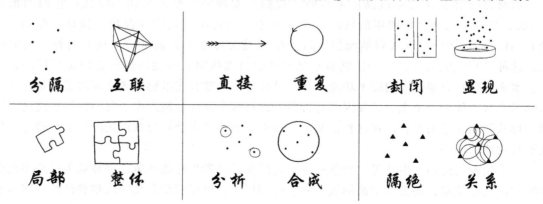

图3-1　系统思维的六个基本概念

（资料来源：Acaroglu, L. （2017） Disrupt Design，插图：Segal, E.）

系统思维就是要把短期思维过渡到长期的总体思维。它需要我们研究何时且如何（重新）设计产品的架构，以实现短期目标与长期目标的平衡，而非采取过度简单的实现方式。它是关于如何利用众多人的集体智慧和观点。如果我们能够考虑到人们由于观察系统的视角不同而有不同的观点，我们就能对系统中正在发生的事情有一个全面的了解。通过坦诚地从失败和反馈中学习，就可以不断地进化、变得更好。

3.2 功能常常服从于形式

形式服从功能的原则是如此合乎逻辑，以至于我们一定会发问它怎么可能会反过来呢，难道是客户需求推动产品需求和功能，然后据此来确定产品的设计和形式吗？请注意，这里我们使用产品一词是因为它很容易可视化，当然它也可以是服务或其他概念。回归现实世界会让我们变得更加现实。这是因为在实践中，形式服从功能的原则常常被很不幸地打破。我们经常发现很多公司和个人都自以为他们知道客户想要什么，因而会直接去关注形式。他们不想花时间去探索概念背后的核心目的和需求。然而，如果那些公司不打算首先找出什么是需要解决的真实问题，那么形式就不会服从功能了。因此，第一重要的事情是了解客户和市场，这会帮助我们确定产品或流程的功能，然后再确定实现的形式。

当前使用技术创建 APP 的偏好是一个很恰当的例子。本着"让我们做一个 APP 吧！我会去找出他们的需求，你们其他人就开始编制代码吧！"（破坏形式服从功能的示例如图 3-2 所示）的心态，在功能确定之前形式就被确定了。创建一个 APP 通常被视为在商业案例中首选的解决方案，由于 APP 制作简单且受众范围宽，各种解决方案可以被快速延伸。

图 3-2 破坏形式服从功能的示例

然而，所有这些活动的目的都没有明确定义，就是说这个企业家意在解决一个甚至还没有定义的问题。有谁知道一个 APP 是否能够真的充分满足客户的需求呢？或者也许是对客户更有意义、更有效的另一种形式呢？一旦把形式放在首位，有效地解决客户的痛点就不再是驱使行动背后的目标了，也不再具有最高优先级了。当功能服从形式之后，许多公司往往最终设计出低效率的、过于昂贵的、无用的或过度设计的产品。这种模式的危险在于客户的需求没有得到满足，最终的产品在竞争激烈的市场中失败。因此，在实践中，我们经常面临这样的问题：

-为什么项目会失败？

-我们为什么没有考虑到重要的架构决策？
-建造一个成功的产品是一门复杂的艺术吗？只有火箭工程师或大师才能把控？
-我们如何知晓什么是重要的事情？
-在复杂性极高的情况下，我们应该关注什么？

虽然产品设计师们可以创造出伟大的产品，但我们目的是要强调把产品基本骨架和基因做正确非常重要，为此值得写一整本书。如果去描绘每一个管理失误，将其反映到产品的架构上，会是管理复杂性的失误、不去倾听客户的声音、自认为知道客户的需求，或者是对那些有意义的、有持久影响的事情漠不关心。用适者生存的法则来解释，假如你创建了违背形式服从功能的产品，最好的情况是你的竞争优势会下降；最坏的情况是你会在市场上快速甚至马上被毁灭。

下面是来自 Brian Foote 和 Joseph Yoder 关于创建一个良好架构的重要性的名言，其中包涵了诸多的智慧和惨痛的教训：

如果认为好的架构太贵了，那你就试着做个差的吧。

在你开始搭建架构时，就要搭建一个正确的架构并且把架构做正确。根据产品的本质，看看在项目的开始阶段就在时间、精力、思想、材料和资金上多一点投入是否会更为明智。如果在项目的开始阶段不考虑产品架构就可能会导致整个生命周期产生更高的关联成本、做出根本错误的设计决策、生产具有瑕疵的产品或从一开始就功能失调的基因。决策不可逆转的程度也关系到产品是作为硬件、软件、小型、大型、简单还是复杂来设计和生产。因此，在流程中过早地限制创造力是危险的。

与客户共同创建解决方案概念，并真正了解用户的需求之后，会得出什么结果呢？毫无疑问是产品的架构，它在一个不确定、动荡的市场环境中，极大程度上决定了产品未来的成败。从本质上说，所有的方法，诸如设计思维（design thinking）或市场理解（market understanding），都是为了帮助我们花时间去获得那些必要的见解，使得产品的基因正确。

创造伟大的产品或启动业务转型项目通常需要人们的共同努力。形式服从功能的真言具有基础性，它不仅适用于产品开发的技术方面，而且适用于整个生态系统。因此，生态系统中组织机构的形式也应服从其要创造的产品。在人员管理方面，也应让那些能够创造最高功能性的人来决定团队的文化和形式。如果形式服从功能的愿景能够实现，则一切都将协调一致，使得总体愿景得到共识，并且为实现目标所采取的行动将更为有效。令人悲哀的是现实往往并非如此。试想一下在机械式的组织机构中，例如"书面"上的最高优先级任务可能是设计最好的产品或启用最好的团队成员，然而，不成文的现实是，解决方案实际上是为了满足政治议程或个人自我。一旦缺失了本真的意图和目标所驱动的领导力，就不得不耗费大量不必要的资源去管理随之而来的抵制和对改变的不情愿。这种现象不仅在大型机械式的组织机构中存在，小公司和个体企业家也会遇到。

当然，产品架构需要在其整个生命周期中进行设计和管理，但是在早期设计阶段确定正确的基调是非常重要的。那么我们怎样才能做到最好呢？

再造一流的产品需要那些能够察觉到形式已经不再服从功能的人们进行巧妙的推动，然后通过建立必要的心态、技能和工具来改变现状。在探讨技术的同时，还需要不断地对问题进行反思，比如，你为什么要做你正在做的事情？是什么信念和恐惧让你如此做事，而不做相反的事？是什么阻碍了你成为最好的自己，阻碍了你的公司成功地设计出最好的产品？创新就像进化，是为了让你变得更好、寿命更长、更有活力。没有人愿意被颠覆或死亡，这意味着要挑战我们自己，不断地学习、适应和再创造。

我们已经明白了形式服从功能的原理：在持续变化的市场中创造一种敏捷、警觉的状态自然就会带来更大的灵活性和效率去适应不断变化的市场条件。本书和本章现在的重点是让读者获得相关的知识，以及如何在实际的产品开发过程中全面地诠释和实现形式服从功能的真言。

3.3 定义概念和架构

"功能"是指一个产品需要去完成的事，通常是个动词（保护、移动、存储、输送、激励）。"形式"是指解决所定义功能的答案，是通过一个概念或架构来实现的。

为了在产品设计中能够实现形式服从功能的原则，引入"概念"和"架构"两个术语是非常重要的。一旦有了一个想法，下一步要做的就是将其概念化。如果你不能为如何实现这个想法制订一个可实施的计划，并且最终将产品架构设计成计划中的样子，那么之后什么都不会成为现实。对我们来说定义这些术语非常重要，因为它们根据情景语境被广泛使用，可以使人们将不同的事物与应包含的内容联系起来，例如通过统一的概念将不同过程联系到一起。由于不能清晰地沟通而导致实现完全错误的产品也就不足为怪了。确保产品从各种构想开始就能有效地沟通，可以避免在之后的开发阶段遇到更大的问题。

概念（Concept）。概念是指对解决方案的精简描述，它表述了一个产品是如何满足客户"要完成的工作"的需求的。它是对产品形式的近似描述，并勾勒出了其基本工作原理和主要技术。它可以由短且简单的句子或草图组成，用以传达项目或想法背后的主要设想，并着重关注那些为了实现它所涉及的解决方案或相关技术（De Weck, Simpson, & Cameron, 2013）。你可以为几乎任何事物开发一个概念，比如一个产品、一项业务或服务等。还有一点需要注意，再好的概念在开发阶段的后期也有可能执行得很差，但一个糟糕的概念通常无法取得成功（Ulrich & Eppinger, 2012）。

架构（Architecture）。在设计了初始概念之后的概念开发阶段，一个重要步骤就是定义产品的架构。关注产品的架构就是将其概念中起决定性的因素的部分放大。架构是有形产品的抽象模型，也是一种手段，我们借此可以对要实现的概念、替代方案和决策的合理性有更好的理解，即为什么产品的形式要如此设计。这里的主要任务是将各项功能映射到对应的有形形式中。产品架构并不是一个详细的设计，而是对产品的基本构成及基本构成相互之间的互联接口的确定。它关注在功能转化到解决答案和特定的有形形式的过程中，那些不可缺失的最基本和最关键的因素。这样的物理形式共同构成了产品或产品系列的基石。因此，正确地设置产品的架构是一门真正的艺术，它将极大地决定产品是否能够取悦客户。值得注意的是，一个概念不一定是一个架构；但是，一个架构总会是一个概念或总体概念的一部分，因为它是对如何实现产品所做的更详细的描述。例如，在硬件产品（与软件或服务产品相比）中，功能被映射到通过某种物理的形式来实现。

我们能否让这些模糊的定义具有生命？希望随后的示例有助于澄清概念和产品架构的定义。

示例 1 想象一下你的原始创意是创造一个轻型列车。由此形成的挑战是将列车的重量降至最低。

概念

为了实现这个构想，你的基本概念可能就是一个简单的语句，例如，那个列车将采用轻量的悬挂系统（车轮）和轻铝车身。

架构

图 3-3 展示了两个不同的列车架构以及它们如何在将来创造出轻量列车。我们能够非常清晰地推断出两个列车的主要区别体现在车轮的数量和车厢的数量上。

许多项目没有在最基本的概念层面上去思考哪些是真正重要的事情，而是一下就跳入了详细设计阶段。他们采纳了第一个他们所认为是最好的想法并展开研发，而没有将真实需求对应到架构的形式上。因此，实践表明，许多项目不去处理产品的架构，这意味着他们没能有效地打开足够大的早期设计空间，从而得出最佳的解决方案。问题在于，最初的想法对于面临的问题往往不是最佳的解决方案，因此要能够为产品架构的多重解决方案、应用场景和选项提供空间是必要的。例如，决定列车使用多少个高成本的悬挂系统是一个关键的架构决策，因为它可能是这个新列车概念之所以能够更好地实现低总体成本的关键因素。所以，花时间思考初步的概念和架构对整体的成功是至关重要。

图 3-3 两个不同的概念和它们各自的产品架构的示意图

示例 2 想象一下将物体从 A 地运输到 B 地的拖车。这个产品需要完成的任务（功能）就是运输物体。这个功能是通过它的物理形式，也就是拖车来实现的。

概念

拖车的概念是对未来如何实现它的一个简短且粗略的描述，诸如它有两个使之运动的轮子、宽敞的货物空间，并且具有用于防护的车篷。

架构

如果架构是最终物理产品的模型，那么拖车的两种可能架构可参见如下描述：

模块化和集成架构的对比如图 3-4 所示。在图 3-4 中，我们可以看到用于实现拖车的两种不同类型的架构。在左边的是一个模块化架构，因为每个功能都是通过一个物理部件（模块）来实现的。在右边的那个则是集成架构，因为它的物理部件被赋予了多个功能，如果改变其中一个部件就会影响多个功能。正如我们在这里所看到的，以不同方式组合各种物理部件（即形式）决定了产品或产品系列的基因。当然，重要的是，模块之间的系统互连性使这两种架构类型得以实现，尽管这些简图使我们能够更容易地聚焦于集成架构中的互连性。也就是说，所有元素都需要协调工作，才能实现完整的功能；不能仅仅因为集成架构有更多的互联性（或连线）就意味着整个系统没有必要为正常和最有效地运行而协调一致。

示例 3 就产品的范畴，一个架构不局限于那些机械产品，也适用于软件、服务，甚至

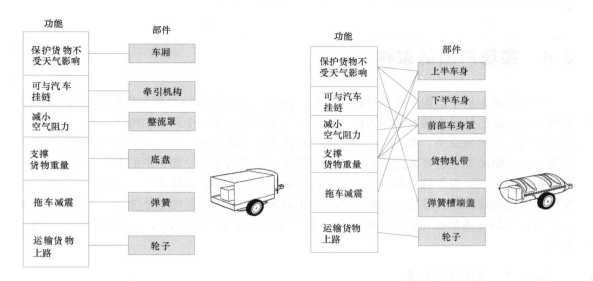

图 3-4 模块化和集成架构的对比
（资料来源：Ulrich，1995。）

是一本书。在写这本书的时候，我们的目的是使产品开发过程中的各个要点与设计思维、价值设计、模块化等不同框架之间相互连接，以便加深理解。

概念

概念聚焦于内容（本书中许多章节可以解读为构成本书的技术部分，来佐证之前给出的定义）和使其获得生命的过程。为了将有关如何构建这本书或每一章节的最初设想进行概念化，我们使用了图表、图画和涂鸦。我们还就我们认为重要的主要章节和核心原则创建了初步的注解。

架构

这里架构所关联到的问题是，如何最有效地描述每一方面，由此能够更加精细地决策各个章节的结构和论题。例如，决策之一就是本书更多地采用模块化架构而不是集成架构。这对一本书来说意味着什么？一个模块化架构对一本书来说意味着将各种工具的描述安排在一个单独的章节中，而不是在摘要和总体（比如平台）框架中。对于本书来说，这意味着，例如，"卡诺（Kano）"模型这个工具并不是连贯地交织在每个框架章节中（即市场细分、设计思维、价值设计、模块化），而是作为一个单独的章节，以便读者之后可以结合其他章节去参考和应用。作为作者，这种模块化使我们更具灵活性，如果我们有新的想法，我们不必重新编写整个章节，而是可以在编写过程中添加合适的主题、想法和工具。对于读者，我们希望模块化的方式让他们的阅读体验更加轻松，先去理解共性、具有最基本重要性的"核心平台"框架，然后再深入理解特定的、模块化的附加论题和各种工具。对于之后的应用，这种方法还可以更容易地找到恰当的工具，这个工具与某人开发的产品在发展周期中所处的特定位置和他所推进项目的特定状况息息相关。

总之，产品架构是概念阶段最重要的成果。它在最早的阶段就在推动整体设计，对产品的整个生命周期具有高度的影响。架构也是确定产品形式的决定性因素，这个形式可以最有效地完成产品特定的功能。

3.4 实现产品的架构

一旦形式服从了功能,架构过程就需要考虑在整个产品设计过程中那些最重要的问题。想象一下,你已经对市场有了深入的了解,脑海里已经有了一个产品的解决方案,并且已经建立了第一个快速原型。那么,怎样才能真正让你的想法变成一个技术上切实可行的解决方案呢?这个解决方案需要既能满足内部生产需求,又能满足客户和市场的需求。在这里,我们将探讨两个至关重要的基本因素,它们是将每一个概念都能设计正确的关键:一是对系统架构师角色的理解,二是建立正确的基础和正确的产品基因所需的必要知识,用来做出正确架构(即模块化或集成化)的决策。下一节"架构的过程"对这两个方面都进行了详细的阐述。

3.4.1 架构的过程

我们如何能够从头开始来开发优秀的产品架构呢?答案就是把关注重点放在整个产品开发过程中应该提出并且考虑的那些问题上。

表 3-1 清晰地概述了在产品生命周期管理的漫长过程中需要考虑的要点。以系统的方式解决每一个提到的要点将有助于制定必要的红线和结构,并确保实施者不会错过在产品的整个生命周期中那些重要的、对于产品设计起决定作用的因素。

从理论上讲,系统架构可以实现所有的梦想。考虑表 3-1 中所有要点的目标就是设计一个和谐的产品形式,使其能够近乎自然完美地实现各项功能。有如此这样一个产品架构,你的任务肯定可以完成,并且它会自然而然地提供灵活性、可扩展性、可靠性、高性能、低成本等任何你想设定的产品需求。本质上,本书中介绍的所有框架和付诸的努力都只是手段和工具,旨在使我们能够创建一流的产品,也就是意味着创建一流的产品架构!由于产品的成本也非常重要,我们可以说产品架构是整个产品生命周期的基因并且决定了产品生命周期的成本。我们将在介绍"价值设计"和"生命周期成本核算"的章节中对这个元素进行更详细的探讨。

表 3-1 为确保形式服从功能真言能够顺利实现所要思考的问题

在产品开发阶段	· 功能如何实现 · 如何确定产品的各种成本 · 需要投入多少开发资源 · 如何再利用且完成标准化 · 如何划分开发工作(组织机构和团队) · 部件和模块的边界在哪 · 在设计中有多大的关联风险 · 确定上市的时间
在生产系统的设计阶段	· 受影响的装配顺序 · 设施和知识的再利用 · 用于柔性化的规划 · 共享设施以匹配所需产能

(续)

在生产和装配阶段	·客户的订单是如何满足的,即相互关联性、地点 ·在哪里生产 ·如何应对不可预测的需求模式(即后期的差异化需求)
在产品的使用阶段	·如何提供服务 ·如何实现生命周期成本(即能耗、维护)
在使用之后	·产品如何升级 ·产品如何翻新、回收、报废处置

能够回答这些架构相关问题的团队应该是什么样子?为这些问题去寻求答案的团队应该是精益的、跨功能的、跨部门(产品管理、营销、工程、制造、销售等)的团队,他们拥有全部相关的知识,以及基本原则,能够对需要考虑的问题提供一个完整的观点。我们相信,原理、技能和知识让你有能力且能够设计出更好的产品架构。并非总有火箭科学家在身边,只要拥有技能互补的优秀团队就可以具有难以置信的能力来解决那些最棘手的问题。然而,如果在开始时团队的兴趣点和能力存在偏差,那么最后的结果将无法满足所有相关方,尤其是那些参与开发过程的部门。终极目标应该是始终根据(产品及其组成模块的)各种功能推导出能够完成这些特定功能的最有效的形式。一旦形式服从了功能,形式就必须根据外部市场需求和内部开发限制条件而变化和适应。团队需要始终考虑这些现实问题。

在实践中,如果没有系统架构师,通常需要跨部门的工作团队来代替。这就存在一个基本问题,在许多组织机构中不知道系统架构师的角色和职责,也不能确保布署这样的角色。当这种情况出现时,我们需要负责系统思维(system thinking)的人来确保表3-1中列出的问题得到充分考虑,并且协调不同的观点,以便在产品的整个生命周期中最有效地满足不同利益相关方的需求。

3.4.2 系统或产品架构师

1. 简化复杂性

这些术语很容易与外部环境联系起来,比如动荡的、剧烈变化的市场和千变万化的现代世界。然而,管理复杂性、化解歧义性和专注创造力与内部需求和系统化地制定产品架构具有同等的重要性。一个系统架构师应该能够确保产品架构这一主题总能出现在其应有的议程上。根据麻省理工学院对系统架构框架的定义,系统架构师"不是万金油,而是简化复杂性、化解歧义性和专注创造力的专家"(Crawley, Cameron, & Selva, 2015; De Weck, Simpson, & Cameron, 2013)。系统架构师是制定概念阶段的驱动力,因为她或他决定性地连接并集成了技术和市场领域之间的知识。一个系统架构师的成功在于她或他能够给出清晰的方向和愿景,帮助产品设计聚焦于重要的核心元素,保持尽可能的简单、去除不必要的复杂。

这与产品开发周期中的各个阶段有什么关联呢?在设计过程的早期,歧义程度非常高,必须有效地解决这种高度的歧义性。架构师不仅可以通过解决问题和做出限制选择的决策来减小这种歧义程度,还可以确保在制定产品架构过程的早期就能提出正确的问题。在这个早期阶段,对歧义程度的管理和收获由高度自由带来的利益,往往携手并进:创造性地解决问题、产生想法和设计产品,尽可能多地包含对客户有用的增值功能。在这个早期阶段仍然存在许多可能性和机会,可以显著改进下一个创新的概念和产品架构的成果。在随后的实施阶段，所需的创造力和当前的歧义程度会显著下降。在以后的各个阶段中，产品复杂性的管理水平不断提高，在系统架构师的头脑中也变得更加重要。当然，每个产品都需要一定程度的复杂性，但一般原则是稳固的功能性驱使了必要的复杂性。在这里，必要的复杂性是指所交付产品中的一系列功能所必需的复杂性，仅此而已。一旦形式服从了功能，那么产品必要的复杂性就来自于确定的功能。如果一项发明比那个问题所要求的更为复杂，那么这个产品就不再只保持必要的复杂性了，不必要的产品复杂性如图3-5所示。因此，管理复杂性是系统架构师的另一项任务，希望这项任务不会阻止她或他开发一个伟大的概念和产品架构。

图3-5 不必要的产品复杂性：当砸开坚果成为一个复杂的挑战
（资料来源：改编自欧洲专利局"发明家的七宗罪"）

由于这一角色对于确保产品具有正确的形式至关重要，因此我们首先介绍了麻省理工学院系统架构学科对系统架构师的角色概述，再归纳系统架构师的具体角色、职责和预期产出（见下节）。

2. 系统架构师的角色

系统架构师的注意力集中在产品的系统架构上。由于涉及不同的地点和部门，无论是制造、运营、工程还是销售，系统架构师基本上都要参与，去回答在这个过程中的何处（包括基本需求）和何如的问题。注意力的集中依赖于形式服从功能原则的实现。为了做到这一点，系统架构师仍然需要保持警觉性，特别是对何因（市场需求）和公司总体目标何为（市场策略）！要留心注意力和警觉性之间的区别。与经验丰富的驾驶员类似，系统架构师可以将注意力集中在道路上并做出准确的反应，但仍然可以对直接和较远环境中所发生的一切保持警觉。她或他甚至可以同时与他人进行讨论。请注意，一个线性的、连续的分配过程如图3-6所示。实际上，它们都是整体的一个部分，高度互联，并且有望通过每个阶段之间持续的反馈回路进行交互。

从高层的视角来看，系统架构师不仅关心最终的架构，还负责起草关键概念。为了确保形式服从功能，系统架构师在开发阶段通过创建相关概念来完成最抽象、最高层次的功能。如果后来证明这些概念使得架构具有清晰的形式与功能和结构的复杂性，那么说明系统架构师很好地履行了其职责，确保了在开发过程的早期做出正确的决策。因此，系统架构师是至关重要的战略角色，通过协同设计产品系列的平台和共同的战略，来确保产品体系和公司的长期成功。系统架构师还要特别关注接口的设计，以确保产品能够在相当长的时间内非常容易地适应市场的调整或变化。

图 3-6 系统架构师把功能分配到形式中

（资料来源：改编自 De Weck, et al, 2013）

系统架构师的职责可以概括如下：
① 定义系统需求、界限和功能（回答何如）。
② 创建概念并准备关于形式的决定性的问题（回答在何处）。
③ 分配功能并且定义接口和抽象化。
④ 简化复杂性，化解歧义性，并且引导创造性。
⑤ 整合分布在各个职能部门的各种知识，协调相关团队，以便实施最有效的故障排除、诊断、成本分析等。

系统架构师要提交的成果可以概括为创造以下内容：
① 一套清晰、一致、完整且可实现的需求（强调功能性目标）。
② 一个系统的功能描述，比如将一个产品分解为所有功能的子元素。
③ 一个产品或系统的概念和架构，勾画出整个产品如何在生命周期中实现和保持一个高的水准。
④ 一个产品形式的设计（至少有两个组成层）。
⑤ 确保在整个产品开发过程中的功能分解得以实施，并且还控制接口的形式，以便之后一旦采用模块化体系架构时，变得十分方便。

为了产生有意义的影响，系统架构师不仅应具备与业务、管理和方法相关的专业知识，还应具备特定产品所需的独特技术和相关工程问题（即必要内容）的知识。因此，系统架构师不仅仅是一个顾问、经理或引导师，她或他拥有技术专长且对何为（What）、何时（When）的重要性有全面的了解，甚至可以领导团队去回答诸如确定特定接口和产品系统架构相关模块的定义等技术问题。正如本书中介绍的那样，系统架构师是一个既知晓方法论也懂得使用工具的人。系统架构师还需要是一个拥有系统思维的人，她或他能够看到全局、必要的反馈闭环和所有相互关联行为的长期影响。

3.4.3 两种架构类型：集成式或模块化

一旦确定了一个特定的概念，就需要确定产品架构的技术类型。基本上有两种类型的架构，即集成式和模块化。系统架构师在一开始就必须做出一个关键决策，就是新产品是否应该有一个集成式或模块化架构作为产品的骨架。那么如何决策产品是否应该以模块化的方式构建呢？

首先让我们来区分一下集成式和模块化架构。用最简单的方法来描述就是，集成式架构是由一个部件构成，而模块化架构则更适合由多个可调整的部件组成。那么什么时候使用集成式架构更好，什么时候使用模块化架构更好呢？答案会在随后的表格中给出，并且取决于产品衍生的需求和产品未来变化等因素。从产品生命周期的视角看，集成式架构往往是从新产品和新技术的发展中进化而来。在这些新技术领域里，工程师们竭尽全力地拓展那些能够满足客户最低需求的性能的技术。正如Ulrich所说，模块化架构通常会迫使工程师在性能上做出妥协。在新技术发展的时代妥协往往是不可能的，这也就是集成式架构依旧存在且进化的原因。一旦产品的性能超出了主流客户的需求，研发项目的周期、产品或产品体系的灵活性、便利性和价格便代替性能成为客户的关键购买因素。而满足这些关键购买因素的核心就是模块化架构。因此模块化架构就成为产品成功的关键因素，特别是面对高度易变的、不确定的且复杂的动荡市场（我们将在第7章中做详细阐述）。

如果认定没有万全之策，那么什么架构类型，以及何时行动最有效呢？想象一下你正在做一个咨询项目，或者在管理你自己的企业，你必须，且能够决策产品的架构形式。那么在开发新的架构时，我们能够问自己哪些最基本的问题呢？这些问题通常会集中在：应该使用集成式架构还是模块化架构？如何将功能赋予元素？如果选择了模块化方案，如何将功能元素分配给相应的团队使他们可以独立开发？哪些功能元素需要外包？

根据产品的知识，表3-2可以用来定义、识别并检查哪种类型的架构最适合进一步开发的流程。

表 3-2　集成式架构和模块化架构的主要区别

	集成式架构	模块化架构
性能	能够量身定制以达到更高或最高的性能（例如尺寸、重量）	通常会对性能妥协（例如超尺寸）
产品定义	功能元素和物理元素的映射复杂；并且/或者元素间的接口耦合；接口定义不明确	一个物理元素实施一个或几个完整的功能因素；元素之间的接口没有耦合；需要明确的接口定义
产品变化	任何功能性的变化会对若干元素产生影响；难于变化	任何功能性的变化只影响携带该功能的元素；高度灵活性
生命周期	集成式架构通常在全新的技术发展阶段	模块化架构在技术超出主流客户的需求时通常会更胜一筹
组织、团队	紧密地与研发团队耦合	去耦合、独立的研发团队并行工作
产品变种	对单一产品有效，对产品系列无效	对产品系列有效，对单一产品无效
示例	集成式架构:元素高度耦合，一个元素的变化会影响整个系统	模块化架构:由物理因素构成独立的模块以及明确的接口

如果能让形式自然地服从功能,并且花时间去探索产品真正需要哪些功能才能满足客户的需求,我们就可以生存并且经历成功。一旦明确了以创建客户驱动型产品为目标,我们就能够创造出为客户生活添加意义的产品。总之,复杂的系统通常会在指数级的技术进步和全球化的共同作用下出现。系统和网络的高度互联需要那些回归简单性、降低复杂性的解决方案。

3.5 小结

总结一下本章的核心内容:产品架构的决策过程首先是真正理解市场并且获得客户的痛点、深度需求和期望。由此我们可以推导出一个产品需要实现哪些功能,随之开发出一个产品的概念和架构,并且探索如何通过特定的形式赋予这些功能生命。为了让产品具有正确的基因,我们就要决策产品的架构应该是模块化的还是集成式的,这个架构会帮助我们让产品成为现实。需要注意的是,巨大的改变会产生阻力,所以想要缓和改变的变程要从消除对改变的恐惧开始。

我们的目的是创造能够解决相互连接性问题的解决方案,创造对真正需求的核心修正。由于本书探讨的是全面完整的产品开发过程,因此对每一个相关的部分逐一进行的详细和分析会更有意义。研究它们,然后再将它们集成到一起,这样不仅仅能够更好地解释,让读者更好地理解,而且还可以应用所获得的必要知识,以指数的量级来创造影响力。利用全面的理解,我们可以创造出系统化的解决方案来解决系统化的问题。就像培养一个医生一样。他首先要学习常规的人体生理学,并且了解人体工作的每一个细节。有了这些基础知识,复杂的人体就不再模糊神秘了(然而人体的吸引力不但不会消退,反而会增加),并且之后的治病过程就不会再是试错。有学识的应用和深入的理解会带来更高的成功机会。

参考文献

Acaroglu, L. (2017). *Disrupt design*, Illustration by Segal, E.

Crawley, E., Cameron, B., & Selva, D. (2015). *System architecture: Strategy and product development for complex systems*. Boston: Pearson.

De Weck, O., Simpson T. W., & Cameron, B. (2013, July 22-25). *Product platform and product family design: From strategy to implementation*. [Course]. See at http://professional.mit.edu/programs/short-programs/product-platform-product-family-design

Ulrich, K. T. (1995). The role of product architecture in the manufacturing firm. *Research Policy*, 24, 419-440.

Ulrich, K. T., & Eppinger, S. D. (2012). *Product design and development* (5th ed.). New York: McGraw-Hill Higher Education.

第二部分
工作框架

市场认知 4

> *顾客买什么自有他们的理由，而非你的理由。*
>
> 奥维尔·雷·威尔逊
>
> Customers buy for their reasons, not yours.
>
> Orvel Ray Wilson

4.1 我们了解我们的客户！……真的吗

克莱顿·克里斯滕森指出，95%的新产品都失败了。原因是缺乏对市场的了解，比如使用了一个不起作用的市场细分机制（Nobel，2011）。问题根源甚至不是对客户本身的理解缺失，而是没有理解客户试图通过"雇佣"一个产品来完成的那个"工作"（Christensen, Hall, Dillon, & Duncan, 2016）。当我们还没有意识到或者忽视了更为隐蔽的客户需求时，我们就面临着产品设计的风险，这些产品可能根本无法帮助客户轻松地完成他们要完成的"工作"，因为我们根本无法解决他们所关心的事情。当我们失去了产品设计的整体目标，即构建客户喜爱的解决方案时，我们必然会陷入不和谐的状态。当然，我们的人性使我们错误地相信，我们属于大多数事情都能做正确的那个5%的群体，自认为能够直观地意识到，并且知道客户的真正需要是什么……但令人惊讶的是，实际上我们通常不知道客户为完成什么工作才去"雇佣"一个产品。我们完全误解或完全忽略了客户的基本需求，沿着错误的维度来衡量他们，或者把他们的需求与那些亮眼的更好的功能混为一谈。本章旨在从多个方位展示市场细分是如何应用在从产品的战略决策到产品架构决策的产品开发的各个阶段中去的。采用结构化的方式来挖掘客户待做的工作时所用的方法论是我们咨询团队综合了来自不同工业领域内所积累的丰富经验发展出来的。当然，这里所探讨的概念完美地补充了"设计思维"所关注的利用同理心来理解客户，以便创建一个完整的综合的画面，来描述一个特定市场中正在发生什么。

市场细分可以深刻地描述和显现为什么一个公司要力争进入相关市场，以及为此要做些什么。下面的例子说明了缺乏对市场的了解会导致愤世嫉俗的转变。为什么一家公司的创新会彻底失败？我们能否知道什么样的条件可以预先确定一个产品在市场上可能消亡？是的，我们可以，下面的例子将说明如何做到这点。虽然例子是假设的，但症状是真实的。

想象一下下面的情景。一家为露营车生产家具的公司开发了一个新的室内橱柜产品系列。对于他们的客户来说其独特的卖点（USP）有非常多的独特设计变化，比如可以选择特殊的材料和颜色。不同房车车厢内部的长度是变化的，为了提供灵活性，橱柜按照长度标准进行了模块化开发。每个橱柜模块的标准长度为 1.5m。因此，如果将两个模块排成一行，它们的组合长度将为 3m。

产品上市后，发现实际销量比原先预计的要低得多。即使采用激进的销售策略，客户也明显倾向于竞争对手提供的解决方案。经过一段时间证明这种产品显然无法吸引顾客。随着挫败感的增加，需要了解问题出在何处，咨询顾问分析了这些情况，开始探寻问题的根源。

下面该做什么呢？在类似的情况下，咨询顾问通常会直接考虑产品的问题，并开始对竞争对手的产品进行详细的且非常耗时的技术和营销对比分析。其他人可能会直接从成本、上市速度、性能或任何其他标准方面开始对产品进行优化。然而，我们如何知道我们是否在一开始就走到正轨上来了？为了做出明智的决策，我们是否有必要将这些问题与其所在的大系统一起来分析呢？我们难道不需要先退一步，用一个更大的视角来迅速地审视不断变化的市场本身吗？

通过瞄准镜，我们看到最基本的问题是研发团队已经完全忽视了关键的市场环境。市场有某些热点，就长度而言，它已经成为这个市场的标准。这样问题就变成了我们如何能够找出那些简单的事实，也就是让我们陷入当前困境的基本问题？

橱柜模块细分市场的长度变化如图 4-1 所示，它用简单的方法揭示出许多信息。

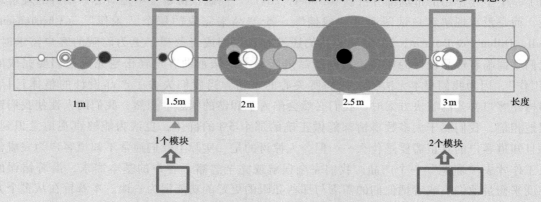

图 4-1　橱柜模块细分市场的长度变化

这张图轻而易举地揭示了新产品的核心问题，以及为什么这个产品会在其竞争的市场环境中戏剧性地失败了。每个气泡大小代表了竞争对手们的销售额，以及所对应长度方案上的差异。我们能够看到，竞争对手们是如何在 2m 和 2.5m 的市场热点上成功地销售他们的产品。相反，该公司新开发的长度 1.5m 的橱柜不能涉及市场热点，可能的原因是他们的长度与大多数露营车的尺寸不匹配。由于新产品的架构只涉及寻求 1.5m 和 3m 橱柜长度的客户细分市场。这家公司因而错过了最简单，但是最关键的要点。他们未能深入理解市场的基本需求，并据此建立了一个在市场上完全失败的模块化概念。真是一场灾难！

在这一点上有一个重要的提示，创新并不意味着我们总是要为当前的市场热点服务。然而，对客户基本需求理解的缺失，相比于去识别客户的痛点并通过开发一种全新的技术方案来满足客户的潜在需求，这两者之间天差地别。有一个很重要的例外，就是在市场的"无人区"投放新产品是合乎情理的。这种情况会发生在首次引入市场的颠覆性产品或解决方案（不论相同或不同的基因），并通过更好、更简单的方式满足客户的基本要求，为客户带来真正的附加值（另请参见"颠覆性创新"和"价值设计"章节）。

这样的产品可以帮助客户更轻松、更满意地完成工作，从而击中了客户的甜蜜点并且令其心悦。如果市场成功，这个产品将吸引许多新客户，竞争对手也将紧随其后。因此，这将是新兴市场的起源。新市场可以独立出来，并为细分市场带来全新的客户价值。在这种情况下，你的愿景解决了一项客户待做的关键工作，并创造了真正的客户价值。而另一种情况就像这个橱柜的例子一样，各种行为建立在缺乏对市场理解的基础上，成功靠偶然，更像是盲目地四处射击，只能偶然地击中或发现一些有价值的东西。由于我们更喜欢创新并且使成功变为可预期的，那就让我们来探讨一下，如何通过结构化的市场理解和确定客户的待做工作来做到这一点。

图 4-1 通过一个简单的图示展示了为什么一个产品会完全失败。如果这么简单就可以将失败的原因说明白，怎么会有企业错过这些基本的市场需求呢？假如负责产品设计的人知道市场现有的长度分类，他们就可以重新考虑他们的创新方法，并在项目开始时，就可以对长度提出那些基本的且在架构设计上起决定作用的正确问题。因此，我们需要确定市场细分的关键准则。但是应该怎么做呢？在这个例子中，似乎在产品开发的初始阶段没有人去问这样一个基本问题：

顾客为什么会考虑购买这样的产品呢？

在产品开发的初始阶段，这个问题并不旨在描述特殊的技术解决方案或详细的产品概念，而是对有关产品独特卖点（USP）以及如何与竞争对手的产品产生差异化的讨论。在上面的例子中，这类问题在产品开发过程一开始就被广泛讨论。然而，在关注复杂性的同时，却忽略了一个由市场决定的基本要求，就是"客户为什么会考虑购买你的产品"。这个问题很基本且过分简单，但是意义深远。这个问题也让我们重新考虑客户购买的最普遍的动机，什么样的需求（比如情绪的、社交的、功能的等）恰好激励了他们去考虑购买。因此，我们要做的是去了解客户，而不是分析和比对产品。我们要做的是避免在产品开发的初始阶段讨论技术方案，而是去开放解决方案空间，以便考虑你的产品能够为客户提供什么样的价值。当然，一旦你能够深刻了解市场，在之后制定技术概念时，就一定会考虑这些最基本的因素：客户的购买决策、产品的独特卖点（USP），并且会考虑这个概念如何与竞争对手的概念具有差异化。因此，当我们还不知道客户试图利用我们的产品、服务或提供的体验去完成什么事情时，一定不要在一开始就被销售和业务推动去讨论技术指标和方案。

这个例子令人印象深刻，它说明了当今世界是如此复杂，很容易导致我们堂而皇之地去解决错误的问题，开发出一个没有人想要的或没有需求的产品。大多数产品上市后失败最常见的问题和原因之一，是我们往往回避了谁会购买这个产品以及以什么价格购买这个产品的问题；你已经制造了一个"革命性"的产品，但它没有市场（Schneider & Hall，2011）。要解决这样一个棘手的问题，需要在产品设计过程中获得有价值的反馈，虽然听到反对意见可能是一种痛苦的经历。因此，最终真正理解那些能够真正引导客户去购买产品的标准则是产品设计和开发的基本工作之一。

> 从现在开始，使用这个文字框里的内容来回顾一下橱柜的示例，希望它能使你的阅读体验更轻松。回到正题上来，根据长度指标来分析市场似乎是如此显而易见且合乎逻辑的。但事后看来，这似乎令人惊讶，在整个产品开发阶段，竟然没有人真正按照这一重要指标进行详细的分析。许多其他的指标被认为是对客户很重要的，并在产品中得到了实施。但一个客户所期望能够得以满足的基本需求却恰恰被忽视了（见第11章的11.1.1节卡诺模型（Kano Model）——如何确定基本需求）。
>
> 橱柜的例子是存在于各个行业中许多类似悲剧性设计失败的症状。对于其他行业，如果把长度换为电压、电流、数据速率、效率、功率、分辨率等指标，我们也可以绘制出类似的图。也许你可以找到一个类似的案例，整个产品因误解市场需求而失败，事后来看，对客户基本需求的误解是最终导致产品设计出现问题的最简单的原因。

那么，我们如何才能确保正确地对市场进行了细分，并且确保对细分市场有正确的理解呢？这将是我们下面要探讨的内容。

4.2 了解你的市场

我们为什么要提倡具有影响力的市场细分，有什么好处呢？利用有效的市场细分方法就可以对市场进行深入的了解，便可以做出明智、主动的决策，而不是在问题已经出现后才被动地进行复盘。这意味着，我们应该在每一个新产品设计过程开始时就要实施这种主动的方法，而不是在产品开发结束时，才发现产品是失败的，才去分析"出了什么问题"并最终得出"市场已经变了"的结论。

为了能够使你对市场有一个深入的了解，一个市场细分就可以为你的各种疑问提供许多答案，即使这些问题的性质看起来非常不同。市场细分就像一个多用途工具，它可以解决业务战略、产品规格或产品架构等相关的问题，帮助我们思考那些最高管理层最关心的问题，以及那些对工程师们和参与产品设计或制造等日常业务的每个人来说真正重要的问题。如果应用得当，市场细分可以被视为一把多用途瑞士军刀，可以用在从最初的概念构思到产品投放市场的整个产品开发过程。正是由于这个原因，市场细分的话题会出现在本书的不同章节中，因此非常有必要了解它的真正含义，以及如何在实践中得以充分利用。

在讨论如何对市场进行细分之前，让我们简要回顾一下市场是什么。一般来说，市场是买卖双方交易产品、系统、服务和合同的地方。对价值、成本和价格的共识确定了市场供求关系。

你的产品可能被放在一个成熟市场，或者你像企业家一样，根据客户类似的需求来确定潜在的市场和潜在的客户。在探索新的市场机会时，你必须用一些新的方式去取悦客户，从而赢得客户，因为你可以帮助他们完成一个特定的工作，要比他们现在使用的产品做得更好。在这种情况下，与竞争对手相比，你的产品具有更好的价值。这里请注意，心态更重要，潜在市场无处不在，世界充满了挑战，它们等待通过有效的商业理念被解决。这并不是说"我想做点什么产品,瞄准亚洲市场。虽然我真的不知道客户关注的指标是什么或者他们的需求是什么,但还是让我们做一个产品吧,卖给他们。我相信到时候他们会喜欢的"。

市场决定了哪些概念会成功,而哪些不会。当我们的所做和所信与客户的所爱和所求达成一致时,我们会为之快乐。

从技术上讲,市场只是一种媒介,通过它,两方或多方可以进行经济交易。交易不仅限于商品,还包括信息和服务等。

你对未来市场设定的限制条件(比如市场容量、市场规则或对 B2B 业务的重点)将影响你的概念所能捕获到的市场份额。对应于一个特定的产品、一个商业理念或业务模式,我们需要一套共同的术语来确定市场潜力。尽管一些其他的术语和定义也有效并用在实践中,但图 4-2 中的下列术语在文献中普遍使用(Berry,2015)。常用的市场术语之间的关系如图 4-2 所示。

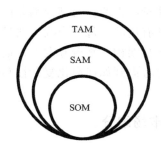

图 4-2 常用的市场术语之间的关系

- **TAM:总可用市场**(Total Available Market)是产品、服务或商品的市场总需求。假定世界上所有人都有一个特定的或类似的待做工作,而你的概念能够解决,从技术上讲,总可用市场涉及世界上所有人。
- **SAM:服务可用市场**(Served Available Market)是总可用市场的一部分,是一个公司的产品、技术或服务、业务模式和销售渠道可以触及的市场。它是总可用市场的一个或多个细分。
- **SOM:市场份额**(Share Of Market)是指一个公司利用其现有产品、业务模式、销售渠道实际能够捕获到的部分。你实际上可以服务的市场取决于你自己的潜能和能力,并且有可能受限于国家、竞争、发展趋势或自己的分销或销售渠道等各种规则或其他限制条件。SOM 才是你需要去瞄准的目标市场,要在此市场中争取最大的市场份额。

错过大发展的风险总是存在,因为可触及的和可捕获的市场会被重新定义,竞争对手也会通过新技术和创新,将其市场份额(SOM)扩充到你的领地,最终颠覆你。如果我们能够倾听和观察市场需求是如何演变和变化的,那么我们会成为创新者,且不被颠覆的可能性就会更高。

那么,按照这三个市场术语的定义,如何进行市场分析呢?市场分析的目的通常是探寻潜在的客户,而不是现有客户。从图 4-1 中的橱柜的示例看出,你要着眼于把产品卖到新市场,而不是你目前销售的地方。因此,要关注未被满足的需求和待做工作,而不是为了全球或本土市场的业务开展而预先定义产品。在实践中,一些咨询顾问会犯的一个错误是,没有把重点放在客户身上,而是基于公司内部可提供的不同产品技术去划分可服务的市场。这样的做法用处不大，因为这样你只能看到自己的产品能服务的市场。我们的目标是对整个市场有更深入的了解，从而获得那些影响全局的市场细分标准。

什么是市场细分？目标市场细分是非常有意义的，因为在细分市场中的客户们对什么是卓越的产品具有相似的定义，卓越的产品能够为之所用，并令其满意。因此，在一个细分的市场中，客户通常会具有相同或相似的购买倾向。我们把这些客户群体归纳为共同的营销目标、共同的产品开发（即根据所定位的细分市场中需求的差异化对产品进行模块化）或业务模式。对这些相似的购买倾向的归类被称为细分市场。将广阔市场划分为不同细分市场的过程称为市场细分，一个确定的细分市场所描述的是一个具有以下特征的客户群体：

① 他们具有共同的需求、兴趣和优先级。
② 他们至少有一个标准与其他细分市场的客户不同。

一旦细分市场是可测量的，体量巨大的，与其他细分市场有明显区别的，并且是可触及的和可以付诸行动的，它将是非常有用的。每一个确定的且可服务的细分市场都需要不同的营销方式或解决方案。例如，在产品架构或平台开发上，最终的产品架构形式应能够最大限度地满足客户需求。它还应当充分考虑到如何简化复杂性和标准化不同细分市场中那些重叠的共性部分或模块。

4.2.1 多重业务问题的市场细分

市场细分是一种典型的方法，可以把服务可用市场（SAM）划分为许多同质的子集，这些子集之间是异质的，即细分市场。进行市场细分要解决两个基本问题。

1) 什么是确定一类市场或细分市场的正确标准？在图4-1所示的例子中，正确标准是长度。

2) 根据选定的细分标准，可以识别出什么细分市场（客户分类）？在图4-1中的气泡代表了客户群体的分布和体量，让我们能够识别相关的市场分类和市场细分。

很遗憾，大多数工程师都认为市场细分仅仅是一种营销工具，并没有意识到它的重要性和作用，以及市场细分能够帮助他们解决自己的技术问题。他们不把市场细分囊括在自己的工具箱中的原因可能是，这样的市场分析方法在传统上往往与地理、人口、行为和心理等因素的细分相关联。然而，与许多事情一样，一旦我们有了更多的了解并对它的适应性有了全方位的认识，我们就会看到这样一个简单的工具是如何以多种方式来服务于我们多变的目标和帮我们应对各种各样的挑战的。

市场细分是一个真正的杠杆，用以实现具有重要影响的变革，且让那些必须改变的地方显山露水，因此我们强烈提倡每一个人将此工具用于产品开发的初始阶段！若能熟练应用，市场细分不仅可以作为业务战略和营销相关问题的决策指南，而且能够对与架构设计相关的各种各样的问题给出深刻见解——一旦超越市场细分的边界条件就可以大幅度提升客户的整体价值感知。

作为一个多用途工具，图4-3显示了不同类型的业务领域和假设的应用案例。所选定的业务领域涉及业务战略、产品体系决策、客户价值创造和产品架构决策，这些领域都可以应用市场细分网格。

在细分网格中使用的判断标准是不同的，它取决于你试图去解决哪个特定问题。关于产

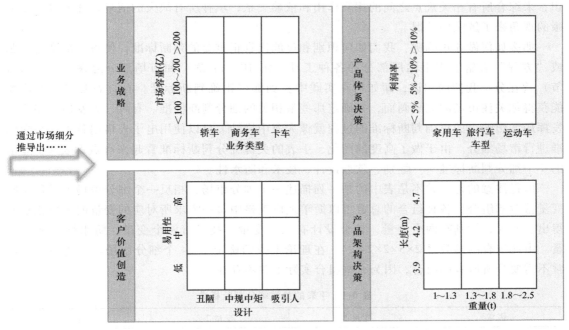

图 4-3 市场细分是一个多用途工具

品开发相关的问题越详细,判断标准就必须越具体,以便得到有效且有益的答案。所有细分过程中最基本的共性是,所有用于细分的判断标准都有自己的北极星(即客户的需要,以及在各种情况下客户必须完成的工作)和基准点。

图 4-3 的网格中显示的四个示例都各自使用了两个判断标准对各自的市场进行聚类。典型的业务项目是相当复杂的,通常需要考虑多个维度,而不仅仅只有两个维度。我们将在下一节中展示如何处理和可视化这些不同的维度。

4.2.2 多维度判断标准下的市场细分

我们如何构建、可视化和解读多维度判断标准下的市场细分?由于可以从无数不同的视角来观察一个市场,因此在一片混乱海洋中去理解、发现和挑选有用的信息是至关重要的。举个例子,众所周知,把鞋子的尺码作为手表市场的细分标准是毫无意义的。有可能每个人都很同意,但这不是细分手表市场要选择的最佳的判断标准。原因是鞋子的大小对消费者对手表的估价并不重要(即没因果关系也没相关性)。很明显,还有许多其他的判断标准更值得去考虑,比如性别、年龄、价格、尺寸大小、款型设计(简约、运动)、技术(模拟、数字)。很可能有这样的情况,不只一个,而是几个判断标准都是重要的。然而,像统计分析一样,如果市场调研是基于"错误"的判断标准或那些不会导致客户对产品价值的感知发生重大变化的判断标准,那么所付诸的努力将不会得出有用的见解。

我们可以从这个十分简单的例子中看出,理解一个市场就像完成一个多维拼图或解一个包含了多个变量的方程。因此,重点是确定有多少判断标准与你试图解决的特定问题相关。

当只考虑一个或两个判断标准时,它可能导致我们只看到整体情况的一小部分,或者错失了与做出业务决策相关的重要信息。结合系统思维,对市场全面的理解能够训练我们的意识，来综合所有相关观点之间的相互作用和依赖关系，填补所有缺失的信息，并通过高度清晰的视角来了解全面情况。

那么如何做才正确呢？我们如何识别和过滤出真正重要的判断标准，使得多维度的问题或"方程"有解？本书结尾部分的各种工具（第10、11章）和市场细分之深究（第9.1节）旨在分享我们的知识，即如何在实践中找到那些正确判断标准。有时需要多次迭代才能获得你关注市场的完整画面，并确定那些最相关的细分判断标准。有时，去发现那些能够发挥最大影响力的正确判断标准的过程就像大海中捞针。可以使用电子表格用若干个判断标准进行市场细分。由于做了高度的简化，手表的关键细分判断标准看起来有点像表4-1显示的4个细分判断标准——性别、款型设计、技术和防水性。

值得注意的是，并不是表中的某一列描述一个细分市场，相反一个细分市场可以是这些变量蓄意的组合。各种组合的总数可以简单地由表格中每一需求所对应的变量的个数相乘而得出。例如，性别有两个变量，款型设计有三个变量，技术有两个变量，防水性有两个变量。由此组合的总数是2×3×2×2=24。在理论上我们确定了24个细分市场。在实践中，通常不需要分析所有的组合，因为有些组合实际上并不存在。

表4-1 手表的关键细分判断标准

需求	变量1	变量2	变量3
性别	男	女	
款型设计	简约	运动	高雅
技术	模拟	数字	
防水性	10m	100m	

我们怎样才能让这些发现更为具体呢？可视化是一种很有用的方法，它能让最复杂的发现简单易懂（特别是对客户和管理层）。可视化可以帮助我们将复杂性降低到抽象的水平，使关键的信息变得一目了然。可视化的示图和图表让我们能够以多种方式传达信息，具体取决于哪种方式最容易被目标受众解读。

我们可以很容易地创建一个具有一个或两个维度的示图。考虑到三维示图已经变得很虚幻，由于复杂度的增加使其输出变得毫无意义，所以超过三个维度的示图根本无法描绘。因此，各种多维市场细分的解决方案都是树状图。可视化关键的细分判断标准树状图如图4-4所示它总结了对市场细分进行描述和可视化的各种可能性。在本书末尾的第11.1.4节中更详细地描述了如何构建这种树状图。因此，这里我们只是介绍存在这种特定的可视化技巧，因为我们将在不同的章节中进一步使用它。但在本章的内容中我们希望保持对核心问题的关注，即何因、何时、何故需要通过使用市场细分等工具来培养我们对市场的理解。

那么，如何把所获得的市场细分以及相关判断标准和颠覆与创新联系到一起呢？如果一个现任的市场领导者被竞争对手颠覆或超越，其原因可能就是之前关注了错误的判断标准。结果导致构建了一个形式疏于优化的产品，而且不能最好地满足客户的最低需求。对标一下竞争对手在同一（基因相同）市场的细分判断标准，就能很清楚地意识到我们被竞争对手超越的事实。令人高兴的是，我们还可以使用这种可视化来了解如何更好地进行创新。我们可以利用它们找出什么样的判断标准最具增值性，并据此来构建产品。一旦我们知道了什么

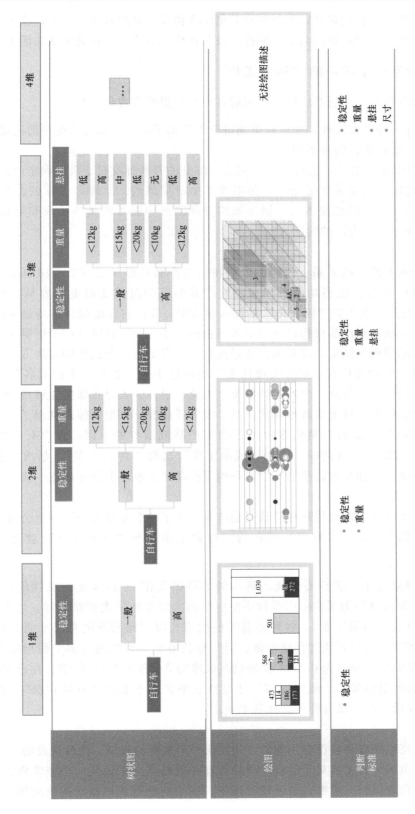

图 4-4 可视化关键的细分判断标准树状图

判断标准是最重要的，我们就可以将各种资源集中在构建产品的各种形式上，使之服从它们的既定功能，以满足典型的市场需求和期待。按照这样的方式，形式就服从功能了。

4.2.3 确定一个客户的"待做工作"

任何市场细分的关键问题都应该是：你的客户真正想要实现什么？

> 乍一看，在一开始根据橱柜长度对市场进行细分似乎并不能解答所提出的问题：为什么长度会是客户要做什么的答案呢？
>
> 尽管一开始长度与客户满意度无关，但这一细分的判断标准对于最终确定产品的架构和规划产品最终形式是至关重要的。正如第3章中所描述的，架构是"你的客户真正想要实现什么"这个问题的解决方案。因为架构是你脑海中愿景的具体实现和呈现，这个愿景就是要解决一个被确定的问题。

理解了这个重要的关联关系，就能够澄清在实现产品的形式上需要考虑的那些判断标准，细分的判断标准就会让将功能翻译成最终产品形式的过程变得更为容易。在第6章"价值设计"以及在第9.4节"模块化"的深入教学中，我们将详细探讨市场是如何推动架构设计的。这个关联正是产品架构设计中令人兴奋的工作之一，帮助我们了解哪些市场判断标准能够推动产品架构的制定，以及如何通过迭代使之发展为一个优化的解决方案。

让我们回到"你的客户真正想要实现什么"的问题上来。客户经常面对各种需要解决的问题，或者他们想要改善某一个特定的状况。为此，客户会去寻找那些能够帮助他们解决问题，或者至少能够改进状况缓解疼痛的产品、服务或体验。克里斯滕森整理了一个非常合适的措辞，来表达什么是通常驱使客户考虑购买产品或服务的原因：客户有需要完成的"工作"（Nobel，2011）。所谓的"需要完成的工作"也称"待做工作"，是指一个人在特定环境下真正想要完成和实现的事情。当客户购买产品时，本质上就是雇佣一些东西来完成这项工作。

需要完成的工作和客户的特殊环境状况相结合形成了一个细分市场。一个公司要开发一个产品或服务，那么去深入了解客户潜在的"待做工作"和"环境状况"就必须是最终目标。

> 在橱柜案例研究中，客户要完成的基本的"待做工作"，以及他们从其他厂家雇佣（购买）橱柜的原因就是为了在露营车较小舱室中最大限度地扩大存储容量。情境和个人偏好决定了客户的"待做工作"。各种露营车的舱室长度因露营车的总尺寸而有所不同。一个舱室的长度通常可以转化为存储容量，因为较长的舱室可以通过多个橱柜模块充填。竞争对手的产品的长度间隔为0.5m，能够满足长度为2m和2.5m的舱室，在已售出的露营车中这两个长度是最多的。舱室内部尺寸是新橱柜必须考虑的"环境状况"。很明显，例子中的橱柜在设计时并没有理解这些基本要求。

一般来说，克里斯滕森并没有用他的方法发明一个全新的领域。他所谈及的是一个公司最基本的领域：市场——尤其对于销售、产品管理和战略部门来说是一个非常熟悉的话题。然而，克里斯滕森意识到，想要正确地理解市场，一个问题是人们缺乏正确的词汇。通常，我们会遇到诸如"客户需要"或"客户要求"之类的表述，这些表述并不能帮助我们理解那些真正导致客户购买特定产品的原因。在这里，"待做工作"和"环境状况"的概念很有用，可以帮助我们了解事情的核心——何时、何地、何因客户会买你的产品。

根据这个"待做工作"的理论，我们可以使用"你的客户真正想要实现什么"这个原始的问题，并且通过去问"你的客户需要完成哪些不同的工作"来更加精准地表述出来。只有通过严谨的实践才能全面地回答这样一个问题。在多个细分市场上认真地提出并应用这个问题，就可以得出应该采用哪些判断标准来评估市场的答案。它将回答有多少市场你应该进入，哪些细分市场对你的业务最有价值。它还会回答，一个产品需要做什么才能让顾客喜欢，由此带来的消费体验应该有何感观和感觉？

举一个很流行的例子，乔布斯和公众对苹果 2010 年推出首款 iPad 的反响很好地说明了人们对市场和客户的"工作"缺乏了解。秉承着设计思维者的精神，史蒂夫·乔布斯（Steve Jobs）曾连续创造纪录，在 iPod 上做出了炫酷的创新（当然也快速而痛苦的失败了，但这是另一个故事）。他首先确定了真正的问题所在，即人们如果不带一行李箱的 CD，就不能听到上千首歌曲，为此他给世界提出了一个美妙的方案。和许多参与产品开发过程的人们一起，他以 iPod 这样圆滑简约的形式承载了梦幻般的答案，彻底的革命了世界。iPod 的成功在于满足了客户的真正需求以及"待做工作"，帮助客户实现了他们的愿望——用最简单的方式就可以听到大量的音乐。

然后是 iPad，一种不同的产品加入了到了公司的产品系列中。在产品首次在旧金山发布和展示后，许多消费者和专业人士在网站和印刷媒体上发表评论，表示他们对此不以为然，不相信这个产品会在市场上取得成功。他们甚至怀疑，到底有没有 iPad 的市场。《纽约时报》的记者大卫·波格综合了当时的总体气氛，他引用了一些科技博客上的评论："这种设备荒唐可笑""他们怎么能指望任何人不用鼠标就能完成电脑上的严肃工作？"（波格，2010）。相当多的人对 iPad 持有与后一种说法相同的想法。但事实上，认为它会失败的想法是错误的。众所周知，iPad 成功了，不仅如此，它还是一个巨大的成功。仅仅过了 80 天，苹果就卖出了 300 多万件商品。

他们为什么不认为这个新产品真的是一种创新产品，它开辟了一个全新的客户细分市场，并触及了客户的甜蜜点？首先，他们根本不了解或无法预测这种产品的市场前景。为什么或者谁会对这样的产品感兴趣？哪一个细分市场会对这样一种产品感兴趣到足以扩大规模并且大量销售的程度呢？

为了找到这些问题的答案，让我们采取不同的观点，通过镜头来观察雇佣一个产品去完成特定的"工作"，就能更好地理解为什么客户和市场非常好地接受了这个产品。那么人们真正想要去做的"工作"是什么呢？如果我们停止传谣，并且去思考和观察何时客户使用这个装置，我们就能容易地看到为什么 iPad 会如此成功。至少由两个独特的工作类别人们要雇佣移动设备来完成：第一个是去创造东西，比如制作一个胶片或者数字绘图。第二个是去消费东西，比如观看录像或网购。iPad 没有必要是一个新版的电脑，而是服务于其特定的客户群体，让他们消费和创造东西的过程变得容易，随时随地都可以完成"工作"。

显而易见的是，这个可以支持那些工作的装置，现在看起来大不相同了——不仅是其硬件特征，而且包括应用和软件功能。通过适当的键盘和文件管理器直接访问硬件设备（允许用户建立文件夹和文件结构）创造东西是十分容易的。而消费东西需要高度舒适且快捷地对音乐、游戏、图书、视频和互联网的新内容进行访问。由于苹果公司已经为 iPhone 开发了 iTurns 商城，即一个生态系统，可以非常方便地访问那里的新内容，并且可以在其他设备上使用。最终移走了键盘并且发现屏幕的尺寸可以令其更为舒适地观看电影，比一个笔记本电脑更为轻便。它成了完美的消费装置，特别是考虑到用户业已习惯的最通常的环境：躺在沙发上，乘火车或在汽车的后排座位上。这正是苹果公司的完美理解。他们关注了潜在的、没有被满足的需求，从而生产出让用户心悦的产品。

4.3 区分市场细分和设计思维

设计思维和市场细分的目的都是提升我们对市场的理解能力，以便设计出更好的产品。可能一些读者会问我们为什么将这两个内容放分别放在两个章节中，那么让我们快速介绍一下两者之间的相同点和明显的差别。

我们把市场细分视为一个工具，它可以用于产品开发周期中的所有阶段，从更为战略性的业务决策到非常细致的、具体的架构问题。也正是因为这个原因，本书中将市场细分和理解客户的章节安排在设计思维之前，因为它是一个可以真正适用于产品开发过程中所有阶段的分析工具。

这两个方法我们都需要，因为仅仅进行深入分析和了解客户是不够的。我们还需要了解生态系统、大环境以及客户工作生活的情境。为此，市场细分、定量数据分析和洞察力对于我们是至关重要的，就像通常利用设计思维的实践一样，通过定性研究和对客户世界的专注去发现关于客户的信息。

就方法论而言，设计思维能够非常有效地梳理创新前端的模糊状态，并细化为需要解决的问题。在后面的第 5 章 "通过设计思维创造客户价值" 中描述的同理心和原型概念是真正理解客户的基础，理解他们的 "待做工作"，他们所处的 "环境状况"。这里我们使用了各种工具，诸如客户要做的工作、同理心图、访谈、观察以及客户导向访谈组。作为补充，市场细分和克里斯滕森的 "待做工作" 理论是我们理解客户需求的另一种途径，能够系统化地帮助我们找到实施市场细分的正确判断标准。

当然，就心态和思维哲学而论，设计思维和市场理解是可比的，而且与敏捷设计有所重叠。这些方法在实践中实际上是类似的，它们会在整个开发的旅途中陪伴着设计人员，就像不会被一下关闭掉的心态；它们具有独特的优势使我们看到完整的画面；它们贡献了多种观点并且找出那些能够拼出成功产品所需的拼图块。

设计思维者们通过深挖和观察隐含在客户所说、所做及所想背后的原因，来识别出客户并不知晓的潜在需求。市场细分用于识别潜在的客户群体和对目前尚未覆盖到的细分市场。而设计思维特别适用于深入理解客户个体（由此得到关于客户群体的结论），通过市场细分来理解市场更多是关注于总体，理解客户细分市场的重要性在哪里，以便做出战略以及其他重要的决策。通过确定那些可以长期取悦客户群体的重要判断标准，两者都有助于我们了解应该把精力和资源聚焦于哪里。它们不会取代或竞争。相反，它们是相辅相成的。

这两种方法都有一个共同的主题，那就是通过对实施的方式给予指导，使创新过程变得容易，而不仅仅是为了"我们做对了"这样的一个良好感觉。它们不仅能够帮助我们不被迷雾遮挡，变得只看到我们所销售的产品，即当前细分市场中的我们自己的产品，而且能够帮助我们在这个更大、持续进化市场生态系统的全局中，意识到什么在发展，客户的需求是什么。

4.4 如何进行市场细分

在实践中"待做工作"和"环境状况"的概念，既可以用于推导把一个市场分解成不同细分市场的判断标准，也可以得到在每一个特定的细分市场中对客户需求的深入了解。通过将克里斯滕森的概念置于产品开发的方法论框架中，我们将探索和说明如何得出客户的"待做工作"和"环境状况"，并回答与技术和架构相关的问题。为了做到这一点，并使学习更具体，我们将使用案例分析来例证如何在实践中使用这些方法论。总体的方法论和实例来自荷兰自行车生产公司 Omafiets，它将作为本书第二部分深入探索的辅导材料，由推导客户的待做工作到制定架构相关决策的方法论如图 4-5 所示。

4.5 小结

市场细分是一个多用途的工具，可用于产品开发周期的所有阶段，从更具战略性的业务决策，到对非常精准、详细和架构相关的问题提供清晰的说明。本章的核心是展示，要设计正确的产品、提供客户喜爱的产品以及能够为客户的生活增添意义的产品，对市场的深入理解和对市场的正确细分是关键所在。如果能够用心使用，市场细分将有着惊人的潜力，可以有效地指导产品设计过程，使之获得成功。这样做将使开发团队能够瞄准真正的市场需求，并能够抓住在总可用市场（TAM）中当前"被错过"的增长机会。市场认知的缺失和错误的市场细分机制分往往是许多产品开发最终失败和终止的共同根源。

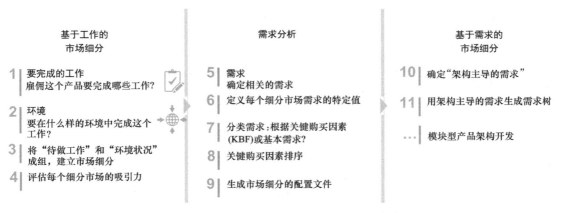

图 4-5　由推导客户的待做工作到制定架构相关决策的方法论

为了引导所有市场细分得以按正确方向发展，我们应该回答两个关键问题："市场细分的正确判断标准是什么"和"根据这些判断标准可以确定哪些细分市场"。通常，复杂的业务问题需要多个判断标准才能正确地对一个市场进行细分。本章教程中描述的"待做工作"理论有助于确定正确的判断标准，而树状图等可视化方法非常有助于将复杂的市场细分变得有形化。

参考文献

Berry, T. (2015). *Lean business planning: Get what you want from your business*. Melbourne, FL: Motivational Press.

Christensen, C. M., Hall, T., Dillon, K., & Duncan, D. S. (2016). *Competing against luck: The story of innovation and customer choice*. New York: Harper Business, an imprint of HarperCollins.

Nobel, C. (2011). *Clay Christensen's Milkshake marketing*. Harvard Business School Working Knowledge. Retrieved from https://hbswk.hbs.edu/item/clay-christensens-milkshake-marketing

Pogue, D. (2010, March 31). Looking at the IPad from two angles. *New York Times*. Retrieved October 1, 2017, from http://www.citationmachine.net/apa/cite-a-newspaper/manual

Schneider, J., & Hall, J. (2011). *Why most product launches fail*. Boston, MA: Harvard Business School Publishing Retrieved from https://hbr.org/2011/04/why-most-product-launches-fail.

通过设计思维创造客户价值

5

> 人生短暂，莫作无用之事。
>
> 阿什·莫里亚
>
> Life is too short to build something nobody wants.
>
> Ash Maurya

5.1　简介

众所周知，现代世界带来的业务挑战，已经不能再用传统的、直接的方法去解决了。在这些大起大落和动荡的环境中，标准解决方案往往无法满足预期，因为传统方法并非为解决此类不同的问题而设计的。面对欠佳的市场环境，我们渴望再次取得进展，渴望找到新的方式和成功的浪潮，将更加严峻的外部挑战转变为成熟、硕果累累的商机。为了达到这一目的，设计思维成为一种非常有用的方式，开启了一个创造突破性新概念的旅程。它有助于我们在充满不确定性和挑战的时代摆脱困境，使典型的创新前端的模糊状态变得更有条理、更有可能获得成功。回报可能是推出全新的、颠覆性的、有意义的产品、服务或体验，能让世界变得更加美好。全面的、以人为本的理解是任何创造性创新需要努力的出发点。在这种理解的基础上，我们才能用敏捷、迭代的方式针对所发现的问题来生成解决方案、制造原型并进行测试。我们的目标是通过结合克里斯滕森的"待做工作"、第4章关于理解市场、第8章关于敏捷的理论，探索如何通过设计思维更好地理解客户和他们的真实需求，从而对系统性的、复杂的问题提出有意义的解决方案。因此，我们现在将关注这个方法的一个核心优势和其第一个阶段：与项目中所涉及的利益相关者（如使用者、客户、外部或内部决策者）建立有意义的关系和沟通。这一点非常重要，因为只有全面深入地了解人们的需求，才能引导我们在初始阶段就能够确定要去解决的真正问题，然后帮助我们以能够真正产生有意义、有影响力的差异化方式来开发概念。

5.2　什么是设计思维

让我们通过关注词汇设计和思维在本文中的含义来分解设计思维一词。

为此，让我们来看看设计思维领域的领军人物之一蒂姆·布朗（Tim Brown）的观点。

作为设计和创新咨询公司 IDEO 的现任首席执行官,他完美地抓住了设计欲追求目标的精髓:"在最抽象的层面上,设计就是要精心打造我们周围的世界,以满足人们的需求。显然,如果你试图让任何事物(例如技术)尽可能地令人喜欢和实用,最显而易见的事情就是从了解人入手"(2014)。因此,设计思维首先是理解人,然后是精心制作产品、服务和概念,以满足这些人的真正需求。设计思维遵循形式服从功能的原则,强调以人为本和以目标为导向,它从了解人的需求入手,发现真正需要解决的问题。设计思维是指用协同工作来改善用户的生活和福祉,从尽可能多的不同角度来解决我们这个时代复杂、棘手的问题(Vianna, Adler, Lucena & Russo, 2012)。一旦了解了需求,设计思维就要以技术上可行且业务战略可为的方式来实现那些需求。设计不仅仅关于美学,还包括对产品在实践中是如何工作的透彻思考。因此,设计思维既是涉及概念的构思,也涉及其实现,它处于业务、技术和设计的交汇点(Kelley&Littman, 2001)。

在创造新的服务、产品或体验时,设计师的目的是确定客户的需求和渴望,制作解决方案的原型,并创造出足够灵活的产品,以便在这些需求发生变化时快速调整,确保你的持久相关性(Brown, 2017)。因而,设计思维是为了挖掘新的机会而保持好奇心和倾听,而不是假设你了解你的客户。为什么要反复强调关注需求,更具体地说是要强调关注客户的"待做工作"?我们常常相信我们知道客户想要什么。我们认为,我们已经了解他们的需求,或者他们需要解决什么问题。然而,我们很少质疑我们的假设和信仰!我们可以通过参与和潜入对方的世界来进行实验和核验,通过以客户的视角用同理心去观察、意义构建和深度倾听,我们可以从一开始就核验我们的假设。不完全的理解可能导致解决错误的问题,并导致诸多的业务上的低效率,设计思维试图确保从一开始就把正确的事情做正确。

设计思维中的"思维"一词是源于这样一个见解,即设计思维不仅仅是一个各种工具的集合,或者是一个团队在做更具创造性创新时需要执行的流程,它是一种远远超越了用以构建任何创造性创新流程的方法,不如说,它更是一种心态,是一种通过反馈闭环、有效沟通和即时反思而实现的,与效率并存,且一切源自实践的完整思维和存在方式,它与敏捷哲学相似,一旦我们因此理解了设计思维试图弘扬的核心原则和核心信息,那么它在日常生活中的应用也就无穷无尽了。我们不仅可以开始去看产品的生命周期,还要去看我们自己的生活,比如,去主动地设计并开发能够满足我们自己各种需求的事物,并利用由此得到的经验再次焕发活力,使我们的产品设计过程变得更好。按照工程和商学院的说法,像设计师一样思考是一种重大的转变,是从过分强调被动教学方法,转化到注重主动、基于实验和问题导向的学习方式(Glen, Suciu, Baughn & Anson, 2015)。

不管它看起来可能是什么样子,设计思维的原则和方法论都可以被看作一个帮助你主动地掌控并塑造自己的旅程的指南,设计思维所做的一切的目的是通过提供一个循序渐进的过程和价值观来支持你,而不是束缚你去遵循特定的规则。我们稍后将对特定的阶段进行探讨,但首先让我们确保我们能够清楚地知道其基本原则。可以说,这些原则比纯方法论本身更为重要。与敏捷哲学类似,对生活、工作和产品的设计更多的是理解和体会设计思维背后的心态,而不仅仅是将其视为可能帮助你进行更好创新的工具。

5.2.1　像设计师一样思考

因此,让我们首先把设计思维看作是一种建立在核心原则基础上的心态和哲学。这些核心原则的作用就像是思维和行为的指南,让设计思维过程中的各个特定阶段,变得更加实际、具体并且可执行。这些原则非常有价值，因为它们指导我们在增长和变革的时代中把控自己的生活和产品的生命周期。它们帮助我们在被复杂性束缚时摆脱困境，引领我们达到创造性的自信、有益的协同和适应市场变化的和谐状态。它们指导我们创造有效的解决方案，能够带来的真正价值，而且产生实际的差异化。联想到导言中"谁动了我的奶酪"的故事，一位设计思维者是一个善于适应（并且实际上是包容）歧义性、变化和不确定性的大师，他或她为了解决问题，着迷一样地去寻找更为简单、更好和更成功的解决方案。一旦你知道了你要寻找的是什么，设计思维能够帮助你提高发现新事物的速度。按照设计思维的逻辑，用于比喻的奶酪也可能变成了非常不同的东西，例如培根或火腿。

一些塑造了设计思维者的心态（Stanford d. School & Both，2010；Brown，2008；Burnett & Evans，2017）的核心原则如下所述：

1. 关注人的价值

在产品设计过程中，同理心是至关重要的，它能够帮助我们理解和发现使用者和客户的真正需求。"以人为本"的态度意味着对使用者和客户所关心的事情要有同理心和理解力，同时也意味着设计思维者将人视为一个完整的整体。设计思维者出于对潜在情感的兴趣，可以使用技术、业务等有形的形式来展现具有同理心解决方案，通过所有的利益相关方进行反馈闭环来验证这些方案的有效性。

2. 信奉实验

设计思维者们极具好奇心。他们以探险家的心态好奇地去了解他们周围的环境变化，为什么人们会以他们自己的方式行事，并且看到业务增长和让事情变得更好的机会，而对于其他人来说他们看到的往往是具有挑战性的或是令人沮丧的问题。设计思维者们总带着初学者的心态，他们乐于去问很多问题，而不是去预设答案。即使他们认为自己知道了最佳答案，他们还是喜欢通过提问来了解更多的信息，因为他们知到复杂的问题不会仅有一个解决方案。考虑到最初的想法很少是最好的，所以快速制作原型就成为边制作、边思考、边学习的一种方法。设计思维者们不是去想，而是去铺设前进的道路！快速地验证想法就可以确保我们能够避免花费了数年时间去解决错误的问题，然后面对现实做毫无意义的斗争或争论。

实验的方式与常规开发流程恰恰相反，始于宏大的梦想，然后确定欠优化的产品方案，通过体验，得出结果，改进，等等。实验是为了最大限度地满足和服务客户，通过迭代和渐进的方式，主动地设计产品和未来。

3. 行动导向

设计思维指的是要更多地去做，而非去想。说的是完成要做的事情，并且为向前推进而采取具体的行动；采取一些小步行动使你逐渐接近自己的目标，而不是在为下一步该做什么的思考中迷失方向。要做到这一点，既要勇于跳入你未知的世界，又要成为一个乐观主义者，将挑战视为增长、创新和变得更好的机会。设计思维说的是愉快、热情和兴奋地去创造更好的事物，而不是刚刚有一个欠优的产品形式就满足，变得停滞不前，并且为了阻止"资源浪费"在最大限度上减少投入。

4. 再构造

通常，精工细作的过程包含了再构造。要做到精工细作并且找到最佳解决方案就需要去问真正的问题，去确定需要解决的真正的问题。再构造是指从不同的角度看待事物。通过从另一个透镜来看待问题，我们就可以将紊乱的信念再构造成更为有用的范式。设计思维者们热衷于再构造。为什么呢？因为提出再构造的问题会导致问题陈述的迭代，直到找到真正的、可付诸行动的问题（似乎不再是无法解决的问题）。再构造让我们如此兴奋，以至于我们恨不得马上就去解决它。

5. 关注流程

关注流程的本质是以一种方式完成流程的每一个步骤，并有助于流程本身的改进。它强调的不仅是你要做的工作，而且是如何去做。这里关注的含义是指要有意识地去改进流程以及未来使用的方法。因此，创新更像是一次探险和旅行，一路上你需要专注，不错过关键的线索、迹象或一波又一波的机会。注意这个过程也意味着要知道何时应该顺其自然适应市场变化，什么时候选择放弃。它说的是利用一切把事情变得更好，并一步一步地发现应对复杂境况的最佳方法，以便不断地适应，并且不断向前取得进步。

6. 彻底的合作

这里的合作是指要利用最好的想法，而不是总认为你自己的想法是最好的。接受悖论是发展这种合作的一部分。对于一个复杂的问题来说，如果没有一个完美的解决方案，那么要试图去解决它，就需要彻底的合作和创造力，以便从所有可能的领域中汲取最佳的想法。设计思维依赖于在高度跨学科的设计团队中进行创造性碰撞所产生的创造力和魔力。将来自不同领域、背景和观点的创新者聚集在一起，就会从根本上增加由不同想法产生出火花的可能性和"惊喜"的时刻，从而诞生出突破性的想法和愿景。合作让你意识到你并不孤独，而是很强大，因为你可以从一个相互支持的社团中获得更多的想法。

设计思维者们不是天才，不会仅仅依靠自己来产生伟大想法，而是善于热情地将其他人聚拢到一起，创造出超越他们自己能力范围的影响。这与坐井观天或保护性的想法相反。为了使影响最大化而寻求跨部门、跨层级或者跨越任何边界的帮助，实际上也是好奇心的自然组成部分。

7. 演示而不是讲述

想法应该是可视化的，可以用有形的方式表达和演示出来就更好，由此就能够澄清这个概念是做什么的，它如何为用户工作，以及它的价值定位。因此，要把精力集中在那些能够把想法展示出来的方法上，只要这些方法是有意义的，充实的并且是有益于他人的，比如通过原型机、直观易懂的视觉图、动人的故事等任何其他方式。使用这些方式的目的不是为了通过炫耀或满天飞的术语来展示你有多聪明，而是力图通过简洁来创造清晰和美感，共同实现有意义的影响，最终建造出事物，尽管那时没有人被打动，尽管那时没有人看到你或者还没有人注意到你。

5.3 何时使用设计思维

尽管设计思维有其独特的价值，但它并不是解决所有创新挑战的最佳方法，使用设计思维或其他创新方法的选择标准见表5-1。设计思维特别合适于解决在下列条件下的问题：当问题涵盖了人及其需求时，当要处理的"棘手问题"处于十分复杂的环境时，以及当潜在的问题尚不十分清晰时。当状态不确定且尚需保持创造力、适应性以及高效率，还要克服看似无法承受的复杂性时，我们可以借助设计思维。如果一开始我们不能跳出框框去思考，而且当标准的解决问题方案失败时,再去使用设计思维是最不合适的。当我们已经知道我们想要的解决方案,比如我们已经了解了那些预设的场景,或者已有的产品,想要通过设计思维对其进行不断改进,设计思维就没有用了。设计思维源于解决具有特定类型基因的问题;当采用标准的、线性的解决方案失败时,就需要激进的方案。当不确定性如此之高,以至于你需要完全从头开始做创新时,设计思维是最好的方法。当然,它可以用来收集新的想法,以逐步改进现有的产品体系,但这不是它真正的使命。

表 5-1 使用设计思维或其他创新方法的选择标准

	设计思维适用	线性分析法适用
以人为本	需要深度了解实际涉及的人	问题及解决方案都与人无关
理解水平	理解水平低,许多未知数,现有数据极少并且市场环境变化极快	理解水平高,过去的趋势给出良好的未来预期
复杂程度	复杂度高。典型的棘手问题,各种元素相互依存相互连接,标准的解决问题方式无效	复杂度可控。标准复杂程度,标准解决问题方式适用
问题定义的清晰度	不清晰。需要解决的确切问题仍然没有定义	清晰。问题得到很好的理解并且我们确定这就是涵待解决的确切问题。
问题类型	设计问题:没有清晰的解决方案,且不止一个解决方案	工程问题:有关选件和工程的硬数据可以得出最佳解决方案
创新	彻底地、渐进式地创造新事物	渐进地对现有事物进行改进

总的来说,设计思维是一个非常有用的方法,它可以开发培养个人和团队的创造力和创新能力,以及在工业领域中推行客户导向的方式(Ge&Maisch, 2016)。

设计思维对于创造彻底的和颠覆性的创新尤为有用,因为它提供了一种在最终结果高度未知,且给定环境高度复杂的情况下,构建我们前进道路的方法。这有助于我们从根本上重新界定被视为普通的和意料之中的那些事物,使我们不必大海捞针般停止不前。这种方法尤其宝贵的是需要保持乐观和付诸行动的环境,需要以一种豁达和开放的方式思考未来的意愿。也就是说,利用设计思维,我们有时必须接受有风险且结果未知的想法,并且愿意为未知结果而奋斗(Brown, 2014)。尽管进入未知环境可能会是略感恐惧,但请注意,恰恰在这个空间里,会诞生出彻底的创新和伟大的想法,因为我们不再去做我们习以为常的那些事情并且必须做得更好。创新完全新的事物需要有足够的勇气和韧性,因为我们不断质疑现状,在其他人还没有行动的时候,就摆脱条条框框的束缚去思考。因此,一旦我们敢于推动传统的界限、花时间去挖掘深层的含义并跳出自己的舒适区时,设计思维是确实有用的。

如果我们的目标是为客户而创新,现有的知识是不够的,我们需要深入挖掘。深入什么能够打动和驱使人们,他们的动机、愿望和梦想是什么。要想对客户的有全面的了解,就要意识到他们所眼中有意义的和有用的解决方案是什么。考虑到了解客户的重要性,和我们自然倾向于说"我当然理解,这对我来说不是什么新鲜事!",那么,现在就让我们快速检查一下我们自己的假设吧。在下一节中,让我们确保"理解"一词的深层内涵对所有读者而言都是一致的。

5.4 什么是全面理解

> 任何傻瓜都知道。关键是要理解。
>
> 爱因斯坦
>
> Any fool can know. The point is to understand.
>
> A. Einstein

什么时候我们了解到某事,什么时候我们理解了?这里的细微差别很重要。关于全面理解的基本假设也是如此。在正确的时间以正确的方式将这些点与正确的人联系起来,从而产生新的想法,为客户提供价值。然而,相比于理解,获取知识往往被当作重点。例如,一个人可以为考试而学习,也可以阅读一首诗,但却不能理解其背后的信息、深度、意义、内涵,或者不知道如何将所学知识应用到新的情境中。

特别是对于工程师们,让我们再次指出这个事实:这个世界并不善于分析。通过数据或分析获得的知识,有时会被误解为已经获得了对一个客户的理解,然而这种思维方式过于简单化了,因为知识和数据集不能为我们提供了解全局所需的所有信息。导致的结果是,我们自然而然地为部分理解的问题去创建效率低下的解决方案。关键是,单靠硬数据、客户导向访谈组和分析论都不能让我们拥有了解客户和使用者所需要的洞察力。本质上:仅仅有知识并不意味着我们已经理解了,要充分理解,我们应该利用我们内部的所有的知识,包括显性的和更为隐性的知识。

5.4.1 定义理解

根据 Ritchhart(2015),我们赞同以下关于理解的定义:

理解需要知识,但超越了知识。理解依赖于丰富而完整且相互关联的知识。这意味着,理解不只是要拥有一套技能或孤立地收集事实;相反,理解要求把我们的知识编织起来,把想法一个一个地连接起来。这个相互连接和关联的网络成为一个媒介,用以推动想法付诸实践,并见证在异常环境下以及在创造新想法时的适用性。

根据这一观点,我们可以得出,理解就是抓住事物的根本核心,使我们能够将所获得的理解与其他想法混合编织在一起,从而能够创造出新的事物。Ritchhart 还谈及到理解不仅仅是纯粹的事实或知识,而是建立在知识基础上的深入理解。事实更像是冰山一角,理解要深入得多,需要掌握的不仅仅是表面上可见的东西。

在数字化时代,人们越来越错误地认为,只靠大数据就达成来对客户的全面理解(Christensen, Hall, Dillon & Duncan, 2016)。事实上,大数据和消费者特征仍然不能解释为什么你会在下午四点买香蕉,或者为什么你选择步行上班而不是骑自行车。如果我们的目标是理解,那么我们就必须理解人们为什么要做这些事情,用同理心来理解他们想要完成的工作。这也意味着我们必须对理解更大的环境背景感兴趣;理解所关注的不是数据本身,而是那些相互关联的事物,它们是如何相互作用和相互影响的。机器尚不能解释一切。如果我们的目标是看到全貌，我们就不能像机器一样思考，而必须寻找那个使我们成为独一无二的人类的成分，并培养我们对理解根源的理解。为达到此目的，创新不会总是按照我们预期的模式和数据分析而发生，而要跳出框框去思考，并且左顾右盼，通过那些我们最初认为与原始问题毫不相关的事物来窃取想法。希望下面两个示例能说明知识和理解之间的区别，并展示深刻理解是如此独特，以至于那些虽然知识渊博、但缺乏创造力的计算机尚无法掌握（Beck，2016）。这两个示例的目的是说明全面、综合的思维方式和对人类行为的理解远远优于那些由大数据分析得出的结果。

示例 1：为了区分知识和理解，让我们看看计算机和人的大脑工作的不同方式。椅子的概念性描述如图 5-1 所示。

将人类的理解与计算机学习相比较，事情变得更加复杂。通过联想和深入学习来识别椅子的模式如图 5-2 所示。通过一种深度学习的算法，训练计算机将椅子识别为一个物体，它具有四条腿、一块座板和靠背，并且让它可以分析数千张图片，得出结论是，如果某个物体高度符合（比如 98%）就可将其归类为椅子。

图 5-1 椅子的概念性描述

图 5-2 通过联想和深入学习来识别椅子的模式

根据给定的算法，现在的计算机可以以很高的确定性识别出图中上面一行列出的那些物体可以归类为椅子。为了识别上一行中的最后一个物体是椅子，算法必须更为先进，因为这把椅子没有四条腿，而是在一条腿上装有三个轮子。由于计算机不能进行联想而无法进行深度学习，因此图中下面一行中列出的椅子就不适合这种学习模式，也不会被识别为椅子。为了把下面一行的物体分类为椅子，深度学习算法就不得不变得更加复杂。从本质上讲，计算机必须扩展其知识，超越一把椅子都有"四条腿、一个坐板和一个靠背"这样的学习模板。

然而，人类大脑的工作原理与计算机有着根本的不同。一旦给出了椅子的图像，人类的大脑几乎马上就会明白，下面这一行的所有其他形状也能满足椅子的用途。这是因为人类能够理解椅子功能背后的主要原则和想法，例如，它的目的是"坐"。这样，基于我们对椅子基本功能的理解，我们就可以利用过去的经验和创造力产生新的联想，并且创造出各种新型的、令人疯狂的椅子来。因此，虽然图片中的球体与椅子概念的原始图案完全无关，仍然可以被我们识别为椅子。

示例 2：如果你知道 BREXIT（英国脱欧）一词的含义，你可以推断出 SWEXIT（瑞典脱欧)、FRAXIT(法国脱欧)、SPEXIT(西班牙脱欧)这些词的含义。你甚至可以理解出 BRETURN(英国回欧)的意思,而不需要获取任何进一步的知识(即从你一生中获得的所有知识中提取),因为你理解了这个单词联想游戏背后的主要概念。人类这种独特的能力计算机尚不能模仿,因为它们为了产生理解所采用的学习和信息处理的方式是不同的。

理解的主要信息(参见 Ritchhart,2015;Beck,2016)有以下几点:
① 理解指的是你如何利用信息来改变你的知识。
② 学到的东西可能会忘掉,但是理解的东西不会变得不理解了。
③ 在现场理解和获取知识是非常有用的,它让我们在真正需要的时候能够挖掘出我们的潜意识和潜在的知识。
④ 学习的重要性实际上被高估了。当然,深入学习非常好。但是深入的理解就更好。

为了能够在21世纪取得竞争优势,如何将我们探讨的话题与我们相关的考虑联系到一起?Pink(2012)认为,作为一个社会,我们已经从农业、工业和信息时代进入了一个称为概念时代的阶段。在这个时代,成功的不再是知识工作者,而是专注于培养创造者和同理心者技能的个人和企业。市场越来越繁荣(消费者有太多的选择)、亚洲崛起(一切都可以外包)和自动化(计算机化)的大趋势使得竞争的优势不再体现在消费品本身,而是人的创造力。因此,诸如同理心和设计思维的品质不再是模糊的术语,而恰恰是为了看清全局所缺失的东西,并且超越了逻辑和功能,让感觉、情感和直觉有效地参与创意。

同样,设计思维不仅仅只收集关于人的知识和数据,而是理解他们。意思是说,真正触及问题的核心,就是关于他们是谁,他们为什么会这样做,甚至解译他们有什么需要,尽管他们自己可能还不会进行梳理。知识与理解之间主要有两个维度的区别,第一个维度是理解可以培养创新、创造力、产生联想和创造新事物;第二个维度是情感和体验。此处主要探索第二个维度。

现在我们知道了我们所追求的"理解"的水平,我们对一个人的理解如何才能达到这种水平呢?在下文中,我们将采用一个侧重于沟通和心理学的模型,而不是一个纯粹的分析和有形的事实模型。

5.4.2 理解的不同水平

从上面的例子中我们可以看出,机器的学习和理解与人类学习理解的差别在于人类能够在数据集和电子表格之外进行更深入的挖掘和关联。情感也是一类数据,而且是一种重要的数据,可以帮助我们理解客户想要什么样的产品、服务或体验去完成他要做的工作。那么,我们如何理解那个完整的语境以及强烈的"人类"成分,从而获得关于用户情感驱动因素的知识和理解呢?

为了对一个人有全面的了解,从而解决真正的问题,我们就必须挖掘形成个人行为和思维模式的所有深度知识。如果我们的目标是了解客户、用户、顾客或重要的他人,那么所需的知识类型就涵盖了从显性的到潜在的知识。这就意味着知识有不同的类型和深度。这些知识涵盖了从显性的,到可观察的和隐性的,知识的结构如图5-3所示。想要真正地理解一个人,理解的内容往往超越了我们在表面上能看到的和人们告诉我们的。人们所做的并不总是与他们所说的一致。知识就是我们对那些不言而喻的潜在知识的编码。

因此让我们快速刷新我们的记忆,并确保读者对此处的含义有共同的参考基准

图 5-3 知识的结构

（资料来源：改编自 Vianna，et al. *Design Thinking the Book*，2012）

（Brown，2008）

知识（Knowledge）

显性的知识是指那些通过与他人交谈就能很容易传递和获得的知识，如某些技能和方法。隐性（latent）这个词的词源来自拉丁语"*latere*"，意思是隐藏起来。隐性的知识（Latent knowledge）是指那些被编码，且我们目前尚不能驾驭的知识，它隐藏在我们的经验史中，具有巨大潜能。隐性的知识是每个人固有的，是由你自己的人生经历和经验积累的形成的。让我们成为像我们这样的人所具有的习惯、直觉、下意识水平的，也就是主动地形成我们日常行为的，正是那些隐性的东西。要确定一个人所具有的隐性的知识是十分困难的，获取就也就更加困难。通过挖掘所有层次的知识，我们认识到人类存储并且拥有比我们想象更多的知识。隐性的知识是指在没有完全意识到的情况下可以拥有的知识和理解，因此无法明确地把他表述出来。然而，设计思维者肩负着创新解决方案的使命，由于客户通常不能明确表示他们会喜欢哪些解决方案，因此至关重要的是要深入到最深的层面使我们对客户有必要的理解（即不仅是知识），这一点至关重要。如果我们努力发掘客户新的所需和所求，那么我们就必须从表面开始更深地挖掘，一直挖掘到真正驱使行为的最深层面。

隐性的和显性的知识管理方式的对比见表 5-2。

对于从简短的总结到形成理解所需的知识水平的这个话题，我们希望现在大家能有一个共识，就是全面地理解某人，比如客户或用户，有时并不像我们想象的那样简单。它强调的是要理解人，就不能依靠硬科学，硬科学会自然而然地对客观性、方法论的严谨性以及预测的精准性进行评估。相反，我们需要更深入地挖掘、全面地观察，以便找出某人的价值和需要。正是通过深入理解客户，我们才能够解决真正的问题，设计出有意义、有用的解决方案。

表 5-2 隐性的与显性的知识管理方式的对比

（资料来源：改编自 Sanchez，2004）

隐性的知识	显性的知识
知识本质上是个人的，很难从人们身上提取出来	知识是明确且可以编码的以便创造出显性的知识资产
知识是可以通过组织内部或组织之间的人员流动而传递	知识是可以通过文件、图纸、最佳实践等形式进行传播的（使用信息技术）
学习靠鼓励，通过在合适的环境中将合适的人们聚拢在一起	学习可以设计成通过结构化、管理化、科学的过程来弥补知识不足

5.5 设计思维的各个阶段

不同的设计思维学派使用数量不同的设计思维步骤，但是在这里，我们将使用最常用的概念，它包含五个阶段：同理心、定义、构思、原型测试、规模化。跟随这些步骤，我们关注的重点首先是获得同理心，然后是探索用户需求并定义问题，在以后的阶段，重点将转向对所提出的解决方案进行快速的原型测试，通过实验性运行和价值设计进行学习。设计思维的阶段性框架如图 5-4 所示。

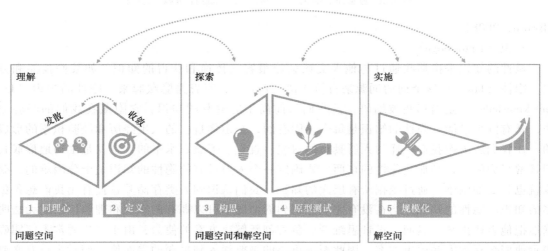

图 5-4 设计思维的阶段性框架

应当注意的是，图 5-4 中的规模化阶段描述了逐步收敛且和专注的解空间，涉及技术实现方案。后来的规模化就是大量销售那个真正的产品。

每个阶段的背后都是对问题空间和解空间的双重关注。据此，设计思维非常关注发现相关且尚未得到满足的需求、重新制定挑战、并通过发散来找到那些需要解决的真正问题。当试图解决已被识别问题时，解空间的收敛自然会发生，然后通过迭代、敏捷的方法生成令人满意的、可行的和可实施的解决方案。

由于本书跨职能的本质，我们看到了设计思维在其早期所具有的独特且极高的价值，比如通过同理心来理解客户和用户。因此，这里我们还要关注如何获得同理心的话题，因为这是设计思维的独特之处，其他方法（价值设计、模块化、敏捷等）都不能像设计思维这样进行如此深入的探索。

5.5.1 对于个人的同理心

在科学界，当人类行为被带入等式时，事情就变成了非线性的。这就是为什么物理学容易而社会学很难的原因（Neil deGrasse Tyson）

我们为什么需要同理心？

智慧、奋进、聪明、机智，且善于分析是工程师们追求的高贵品质，但有哪个工程师希望把具有同理心也是作为其中之一呢？这里同理心指的是情商，一种能够设身处地为他人着想的能力。是的，我们默守成规，但在与工程师就"软话题"进行有效沟通时的确意识到通常他们的思维方式有点不同。从某种意义上说，工程师们通常视工作为解决问题，而非去实现愿景；他们通过头脑去了解，而非通过直觉；他们使用语言来传递信息而非意会，倾向于非此即彼的思考（即非黑即白），而非语境化的思考（即阴影处的灰色）。那么对于持怀疑态度的工程师来说，为什么同理心如此重要（如图 5-5 所示）？原因就是如果没有同理心，我们就会去解决错误的问题并且无法理解用户的观点。

图 5-5　当语言已经无法用于沟通思想时
（资料来源：改编自 Dilbert.com，2011）

同理心最基本的水平是知道你的对话方想要什么，以便正确地设计它。更高的形式是用你擅长做的事来取悦你的客户。为了让你精于所做的事情，甚至工程师们也需要与客户沟通以便了解应该做什么。同理心的精髓在于，理解客户意味着了解是什么在引导，甚至控制他们的行为，为此你要了解客户的意愿，是什么在激励他们、吸引他们、阻挠他们、驱使他们。正是这种关联促进了理解，使我们能够全心全意地同情对方。因此，通过同理心和理解建立关联性就可以使我们更好地进行创新，因为我们"了解"客户的感受、梦想以及由他们的经历形成的行为。

将同理心与设计相关联最早出现在 1990 年后期，那时许多公司开始意识到要开发成功产品所需要的远不止分析客户调查问卷，开发者必须能够理解客户以及他们的感受和环境状况（Kouprie&Visser，2009）。更强的同理心就会激发生产出满足客户个性化需求的定制产品。在一个时间越来越有限的世界里，同理心十分重要，因为我们想做一些对他人有价值的事情。

1. 同理心的三种类型

本节在理论上对三种不同类型的同理心进行了重点的探讨。

关于情商和同理心的科学文献区分了三种类型的同理心（Goleman，1996），它们在业务创新环境中都是相关且有用的。分别是认知同理心、情绪同理心以及同理心关怀。请注意，同理心是同情和怜悯的基础。怜悯是付诸行动的同理心，而同情则有一点被动。同理心也是一种能够放下判断，并借机更多地了解对方观点的能力。通过同理心，我们可以更快地建立关系，让我们理解为什么其他人会以某种方式思考和行动。就像一座冰山，对方的反应和行为往往与我们所说的话关系不大，而是与个人的感知有关。

（1）认知同理心（Cognitive Empathy）　认知同理心是指通过别人的眼睛看到世界的

能力。它是有意识的和理性地去获取观点,因而是每个人都可以学会的技能。当我们对别人自然地感到好奇时,我们往往有很高的认知同理心能力。这种同理心是心灵对心灵的(特别是激活我们的前额叶皮层)。这种同理心的好处是能使我们更了解别人的观点,他们的世界模型,使用什么话语以及如何最有效地与他们沟通。认知同理心代表了我们的思想水平。

(2)情绪同理心(Emotional Empathy) 情绪同理心也被称为情感同理心或原始同理心,是指能够通过无意识的情绪感染即刻察觉到对方感受的能力。情绪同理心需要我们通过肢体语言来推断出其他人的感受,从他们的面部表情和语气声音,他们的眼神,和任何其他的非语言信号流都可以有所体会。这种同理心的好处是你可以很快地创建融洽的氛围,建立一种"我们"的感觉,适合用在销售、会议或合作伙伴中,但也有不足,那就是我们会把别人的情绪变成了我们自己的情绪。情绪同理心代表了我们的感觉水平。

(3)同理心关怀(Empathic Concern) 同理心关怀也被称为怜悯同理心,这是我们最常与同情心联系在一起的事物,它是指感知到某人的痛苦并采取具体行动来帮助。这是一种心心相印,类似于父母对子女的爱,子女会因得到帮助而被感动。在工作场所,同理心关怀不仅意味着理解(认知同理心)和感受他人的困境(情绪同理心),而且意味着被感动而自发地帮助他人。同理心关怀往往是客户所期待的,因为他们不仅希望你培养对他们的同理心,还希望你主动支持他们,给他们建议,帮助他们向前迈进。同理心关怀利用同理心来采取恰当行动。

2. 获取重要事项

设计思维的优势在于深入,比如,通过对客户和终端用户两者的深入理解来探触问题。初步的、试探性的和浅层的研究只会让你到此为止,但还需要通过深度潜入来补充,以便揭示能够赋予客户生活意义的更深层次。利用同理心,我们可以努力地去理解,以特定的方式接触他人行为和思维的更深层次,如图5-6所示。因此,我们不仅需要解释人体、思想和心灵的不同层面,而且也要解释如何用不同的技术和理解方式来触及它们。心态是通过微妙的信息发展而来的,这些信息根深蒂固,会随着时间的推移塑造我们的行为。作为赞扬和反馈的隐性信息,体现在我们自己、我们的所需和所求以及态度的信念中。因此,为了设计出有意义的产品,我们必须揭示和破译出未来用户的潜在心态,以满足他们尚无法表达的含糊不清的需求。

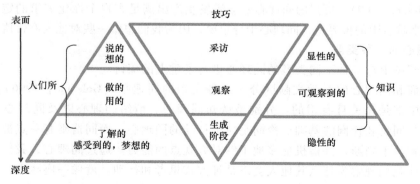

图5-6 触及知识的更深层级需要去看形成行为的经历
(资料来源:改编自Vianna, et al. *Design Thinking the Book*, 2012)

我们如何思考、表现和感受

玛格丽特·米德认为：人们所说的，人们所做的和人们说他们所做的是完全不同的事情。

理解有不同的水平。从表面上看，我们可以理解人们所说的和所想的，这很容易以对话的形式分享。然而，更有力的方法是深入挖掘，看看人们真正想要交流的是什么。通常人们所说的与他们实际所做的常常有所不同，本质上后者更为重要。

这在实践中意味着什么？我们可以这样做-通过打开对话空间，将房间内潜在的知识挖掘出来。然而，要真正了解另一个人，需要更深入地观察他们的梦想、欲望、挫折等。我们内心深处的知识、情感、梦想、信念、价值观、原则和假设，实际上是驱动我们行为的因素，也是我们如此去做和思考的原因。这种理解他人更深层次的感受就像是把那些真实发生的、能够真正打动人们的、对他们来说至关重要的事情可视化。看看是什么伤害了他人的感情，以了解他们的感受，他们有什么恐惧以及为什么恐惧。我们可以通过访谈、观察和其他技巧达到目的。然而，这些工具是否能够真正发挥其魔力并取得丰硕的成果取决于我们能否建立起信任、同理心、与他人的联系以及有效的沟通水平。我们可以通过提高以下 4 个方面的素养来培养我们对他人的同理心和理解能力。在特定的工具方面，许多讲故事的技巧，例如：角色、脚本和扮演，可以帮助我们更深入地理解用户的体验。

增强同理心的素养如图 5-7 所示，通过磨炼这些技能和素养，我们可以变得更具同理心。连接并隐藏所列出的这些素养，就是退一步和反思的能力。因此，去看待世界不仅要通过自己的眼睛和那些令我们难以理解的思维方式、信念和假设，而且要能缩小视野，接受悖论，并且能够从各种各样和与众不同的视角去看待事物。

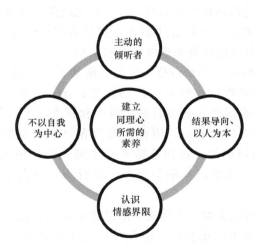

图 5-7 增强同理心的素养

5.5.2 B2B 业务环境中的同理心

与 B2C（企业对消费者）环境相比，B2B（企业对企业）环境带来了更多不同的挑战。利益相关者数量的增加带来了环境复杂性的增加。

B2B 业务中一个重要的差异是服务的对象不再是一个单独的客户或终端用户，相反是要与整个业务进行间接的互动。参与者不再是个人，而是代表了其所在的整个组织或单位。因此我们不仅需要了解我们为之服务的客户个人需求,而且要把理解力拓展到能够把握住个体背后情境或组织的整体;因为这些预期会成为影响最终决策的辅助因素。特别是在 B2B 的环境下,随着来自各种规章制度、计划、狭隘思想、以及金钱势力所带来的官僚主义导致复杂度大幅度增加。即使是精心制定的流程,虽然可以提高效率,也可能限制创新和开放思想的选择,导致设计思维所倡导的同情心、协作、创造性解决问题的能力被扼杀了。

我们试图传达的主要信息是,同理心在 B2B 环境中也是一个重要的概念,并且由于许多不同的利益相关者的参与增加了一层复杂性。这些都必然地需要得到有效的管理。在 B2B 业务环境中,由于利益相关者的总体数量不断增长,随之而来的是更加复杂的关系网。需要设计思维者在参与方之间做更多的人际互动和协调。了解所有利益相关方并理解他们,不仅对于设计出有价值和有意义的产品是至关重要的,而且也是战略性产品设计最为有效且高效的方式。阻碍实现这一目标的一个问题就是无法与利益相关方之间进行有效沟通。一旦恐惧最终阻碍了知识的传递以及对真正需求的沟通,效率就会非常低下。

在 B2C 环境下,互动路径通常更短、更直接。初创公司和企业家们就是很好的榜样,他们与客户直接互动,结果往往转化为快速反馈,并确定对所提供的产品或服务需要改进之处。这里,理解客户的需求和他们要完成的工作,自然会推动和确定公司的发展方向。因此,公司与客户的联系就像旅人与北极星一样,客户的需求指导所有行动。在 B2B 业务中,参与者之间的网络和相互作用会变得规模更大、时间更长、相互交织、相互依存。这使整个系统进行体系化和快速变革变得更加困难。随着复杂性的提高,通过对需求的理解和有效沟通来优化客户体验变得越来越具有挑战性。尤其是在这种背景下,要了解每一个客户的独特之处且与之相关的错综复杂的事务、企业环境将有助于提出真正的问题。想要重新规划和解决真正的问题,最重要的是创造持久的影响力,为其他内部和外部客户带来真正的价值。因此,我们需要对客户有同理心,去理解他们和他们是如何理解自身所处的特定环境的。这样,问题就变成了我们怎样才能更好地理解所有利益相关者?

(1)戈丁金字塔(Godin's Pyramid) 是什么推动了在 B2B 业务中的个人决策?虽然一个独立的企业家可以全神贯注地倾听客户的意见,而一个公司内部企业家仍然是企业大船的一个组成部分,他必须遵守企业的规章制度和官僚制度,并避免生死存亡的威胁,比如声誉的损害和客户流失或被解雇。因此,理解客户需求也取决于理解他们所处的环境中必须承担的责任。确切地说,这还意味着要了解流程、相关性、角色和可以影响决策的那些至关重要的因素,正是这些驱动了客户的行为。那么在 B2B 的业务环境中需要解决什么问题呢?

与马斯洛的需求层次理论类似,个体决策的关键驱动因素也有相似的金字塔,如图 5-8 所示。较低的层级具有最基本的重要性,通常在个人寻求实现较高层级之前就已达到。当然,这个金字塔既没有描绘一个绝对的真理,也并非适合每一个人,但它可以评估,比如,有影响力或有乐趣的重要性远远高于避免风险,对于非常喜欢冒险的企业家来说,情况往往如此。然而,当我们现在谈论 B2B 相关的业务领域时,我们会说,在企业和工程中普遍心态吸引了那些通常符合下面描述的个人。

挑战在于找出不同的利益相关方分别处于金字塔的哪个层级。在最基本的层级上,员工们都会尽量避免重大风险。当一个人在更深层次上感到威胁或害怕失掉工作时,对不安全性的感知就会培养出一种内在的惰性,使人在日常工作中会犯错误,从而抑制了设计思维中所

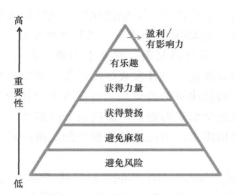

图 5-8　个体决策的关键驱动因素
（资料来源：改编自 GODIN，S，2012）

倡导的勇于探索的心态。体现在现实生活中就是由于恐惧，一个工程师变得非常厌恶风险，并在他负责的产品部件中创建许多缓冲区，以确保他是安全的。如果很多人都在他们负责的产品部件中设置缓冲区，结果是产品的成本会出奇的高，因为这些缓冲区的积累没有在最终产品中对经济、技术和卖家带来任何附加价值。

这种最终产品的成本比起在有效地使用资源情况下所设计出的产品更高，使用更为复杂。此时形式不再真正地服从功能，而且使用了更多不必要的资源。解决方案不应该是在部件级别上进行优化，而应该将重点放在系统的整体优化上。

像空中客车或 NASA 这样的公司对高技术产品安全性的评估要比一个敏捷软件公司高得多，后者产品失败所面临的风险要低得多。因而，一个客户所关心的部分是由他评估世界的透镜所预判的透镜的选取取决他所处的境况。为简单起见，我们在这里提到三种不同的观点，它们可以确定哪种沟通方式最能让对方感觉到被理解了，并了解他们关心的是什么：

① 技术买家会考虑产品或服务的可行性和安全性。
② 使用买家关注的是用户在日常生活中对服务或产品的满意度和喜欢程度。
③ 经济买家着眼于利润、成本收益的优化。

说到 B2C 环境中的潜在客户，我们关注的焦点应是单个的用户。而在 B2B 环境中，大单位所持的某种观点往往代表了技术买家或经济买家（例如整个业务单元，或营销、制造、业务发展等部门）。正如本书通篇所提及的，当你能够不仅从一个观点而是从所有其他的观点来评估价值时，就会开发出成功的产品，所有观点都应得同等考虑，例如可行性、客户满意度和成本营收优化。当创建角色时（见第 11.1.5 节"同理心图"），这些观点可以变得清晰可见，这些角色可以捕获客户关键的体验、价值、需求和痛点，从而影响已创建的客户旅程和产品架构的设计。设计思维所强调的是创造对不同细分市场的客户有用且有意义的产品。因此，真正理解客户意味着理解创新对象的类型，以及如何为不同类型的买家提供最佳服务。

理解所有利益相关者（Stakeholders）联想到理解环境和要完成的工作这个主题，其实 B2B 业务就是一个以人为本的业务，至关重要的是要知道对方关注的是什么。要做到有效的沟通和理解各方的需求，就需要清晰地认识到这一点。这非常重要，因为客户可能由于环境的因素最终做出了完全不同的决策，即使他们想要完成的工作非常相似。大多数情况下，如果你能意识到客户环境因素，情况就大不相同了。把设计思维作为真正理解顾客的基础，了解他们的价值观、个性特点、思维模式和早期的期望，就能让我们利用这些深刻见解去发现他们真正要完成的工作（在"市场细分"章节中以补充和更详细的方式进行讨论）。如前所述，由于 B2B 业务中关系网络的日益复杂，就要求不断增强对所有利益相关方的感悟，以及他们或直接或间接地参与并推进产品开发或继续开发，或完全禁止的决策过程。管理 B2B 业务中的复杂性意味着要了解做决策的大背景。解决方案要能够被采纳并产生长期的影响，就必须得到解决方案所涉及整个组织的拥护。那些极好的解决方案绝不是即时查漏补缺，而是能够触及所有相关参与者的需求，因而能够扎根于所实施的系统中，并且得到所有有影响力的利益相关者的支持。

（2）利益相关者的映现（Stakeholder Mapping） 由于与所有利益相关者的有效沟通尤为重要，简单的利益相关者映现工具，如图 5-9 所示，它能够帮助你看清楚关系网络、重要的影响者和利益相关者之间那些"隐形的威胁"以及他们如何在产品研发的早期去影响相关的决策。其中包括了内部和外部的利益相关者。

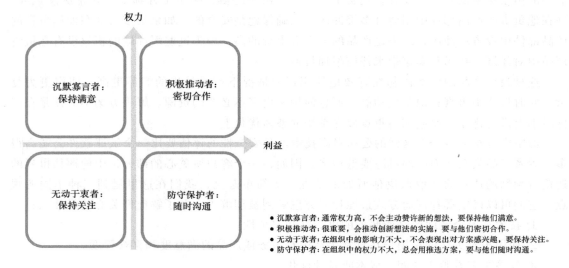

- 沉默寡言者：通常权力高，不会主动赞许新的想法，要保持他们满意。
- 积极推动者：很重要，会推动创新想法的实施，要与他们密切合作。
- 无动于衷者：在组织中的影响力不大，不会表现出对方案感兴趣，要保持关注。
- 防守保护者：在组织中的权力不大，总会用推选方案，要与他们随时沟通。

图 5-9 利益相关者映现工具

5.5.3 定义

对问题的表述往往比其解决方案更重要，解决方案只不过是数学或实验技能问题。

爱因斯坦

The formulation of the problem is often more essential than its solution, which may be merely a matter of mathematical or experimental skill.

A. Einstein

定义的过程就是通过在澄清之前同理心阶段中获得的所有理解和信息来关注和澄清挑战

的过程。利用同理心的目的在于产生洞察力、理解力和创意。定义和综合说的是意会,它汇总了从桌面研究、现场观察和访谈中收集到的信息,目的是获取深刻见解并且发现商机。这一阶段与先前对同理心关注的共同点是,一个人通过有意识和无意识、左脑和右脑的深刻见解,将理性思维与开放的想象力相结合,从而取得进步。定义过程中的一个潜在主题是关注深思熟虑的判断。

结果应该是通过连接之前收集的所有数据中的相关点,得出一个有意义和可操作的问题陈述,同理心与要完成的工作以及环境的关联性如图 5-10 所示。因此,要确定用户似乎正在面对的、并且是你想要帮他们解决的那个特定的、真正的问题。这个问题应足够狭窄以便可以集中精力,而它又足够宽泛不会阻碍创造力。这可以通过基于第一预感的优先级排序和选择实现,用户有什么样的需求,他们是在什么样的环境下发现他们自己面临的问题。随着对用户需求、痛点和环境状况的更多了解,定义就成为设计思维过程中的一个关键步骤。

图 5-10　同理心与要完成的工作以及环境的关联性

5.5.4　构思

> 求知若饥,虚心若愚。
>
> 史蒂夫·乔布斯
>
> Stay hungry, stay foolish.
>
> Steve Jobs

构思指的是创造一个宽泛的想法和可能性,从而得出概念性的解决方案。首先通过发散来创建各种选择并扩展解空间,然后收敛专注于做出选择以缩小解空间。在这个步骤中,我们的目标从识别问题转向为客户创建解决方案。因此我们会问:如何解释我们以前学到的东西,并将其深入理解转化为具体的想法?由于全新的想法不会来自日常业务中的所做和所思,所以构思力图打破那些阻碍我们获得新机会的习惯,让我们去发现并产生大量的新模式、新解读和丰富多彩的想法。这是通过从先发散到随后合成、可视化和语言表达进行收敛的方式来构想一个新的概念。构思过程通常与头脑风暴或身体风暴、思维导图联系在一起。

(1) 推迟评判以求开放性 (Defer Judgement to Seek Openness)　充分挖掘团队的创新潜力需要他们打破习惯性的思维过程。从一开始,构思说的就是利用意识和潜意识,想象力和理性思维,直觉和逻辑的拓展。接受矛盾和误解以便揭示出能够触及问题的那些隐藏的方法，利用一切事物来成长，而非批评或评头论足。为了创造一种专注、开放和信任的环境，我们应该对新想法保持"对，而且！"的肯定态度而不是"不，但"的否定态度。构思的目的是建立共同的创意自信，提出更多新的想法，并建立彼此的灵感火花。

（2）做有勇气和敢于突破的团队成员（Be Courageous and Radical Team Player） 突破性的想法需要有勇气进入未知的水域。勇气来自于你知道在那里有支持你的人，而不是立刻就会亲自出马攻击你想法的人。顿悟时刻实际上很少是个人努力的结果，而是诸多直觉和长时间的异花授粉的结果。混合和匹配、发现和利用协同作用、并将问题重新定义为进一步发展和理解的机会，这些都是实现此目标的有用工具。

（3）产生各种想法——以数量优于质量的方式让你的选择成倍增加（Generate Ideas—Quantity Over Quality to Multiply Your Options） 在专家和或客户共同创造的阶段中，会产生大量的想法和概念。其中不仅仅要有覆盖更大市场潜力的想法，而且要寻求提高销售额的想法。力求在大量想法方面的流畅性，以及在大量不同想法方面的灵活性。

（4）归类并选择有希望的想法（Cluster and Select Promising Ideas） 构思的最终目的是从大量的想法中汇聚到一些可以通过原型测试的想法，想法过滤器模型如图5-11所示。

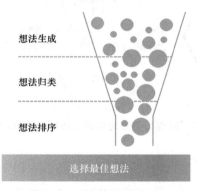

图 5-11 想法过滤器模型

5.5.5 原型和测试

算了，还是自己干吧。

理查德·布兰森

Screw it, let's do it.

Richard Branson

要想成功，就把失败率翻一倍吧。

托马斯·沃森，IBM 的创始人

If you want to succeed, double your failure rate.

Thomas Watson, founder of IBM

原型测试阶段的重点是要生成多个具有最低保真度、用后可弃或低精准度的原型机，以便客户对该想法的可能性和问题做出反应。

（1）简单就是新特色（Simple Is the New Special）　工程师往往将原型机与已经能够高度运作的产品相关联，但原型机的用意并非如此。相反，其目的是将最重要的架构和功能特征以物理形式与观众进行快速沟通。

斯坦福设计学院是这样教授的：原型机应是在它设计之初就被设定的特定问题的回答。应该确保能够利用原型机明确所要解决的问题（即要完成的工作），同时仍然可以接受其他建议，甚至是令人惊讶的建议。使用多重原型机不仅可以帮助交流多重解决方案，并且可以在以后的阶段进行比对。原型机的目的是让我们能够看到有形的东西，虽然不够完美，但仍可以验证那些在雨里雾里的想法能否落地。

（2）测试和迭代（Test and Iterate）　测试阶段指的是接收用户的持续反馈，以便尽早对产品进行改进，迭代反馈循环如图 5-12 所示。测试和迭代的目的是持续了解客户，了解他们如何与产品交互，以及了解哪些改进可以增强用户对产品的体验。

图 5-12　迭代反馈循环

（3）反馈与学习（Feedback and Learning）　请记住，这一阶段的目的并不是为了得到夸赞，证明你的想法和解决方案有多棒，而是要学习如何尽可能地改进你的产品。与多个有关的利益相关方，特别是客户进行反馈，以便在实施过程中与现实保持一致。

（4）制作快速原型机而非昂贵原型机（Rapid Versus Expensive Prototyping）　不同的原型机可以应用到解决方案的不同部分，并将较大的问题分解为较小的、可测试的组块。这些组块也可能是架构和技术想法。一定要确保你不会在情感上依附于你的原型机！将原型机做得更好且不采取个人的改进意见就会让事情变得容易得多。

最佳的解决方案是通过原型机及其测试结果来确定的。这个阶段的目的是在确保把"它"正确地制造出来（正确地实施）之前，构建成一个正确的"它"（正确的定义）。

（5）建造一个物理的原型机（Build a Physical Prototype）　本阶段的目的是用有形的方式来验证方案的可行性（就像乐高积木一样）。作为物理生物，人类对数字的感觉和体验不如将想法以物理或物质的形式呈现出来那么好，利用所有感官会让沟通更加有效。

然而，有时要建立物理原型机是不可行的，也是没有用的。对于无形的、抽象的概念，例如服务或体验，人们可以通过角色扮演或故事脚本的形式将概念带入生活。这些技巧也可以用来将反馈整合到一个改进的版本中，例如，做多次的角色扮演以进行持续改进。编写故事脚本还创造了一个通过图片和文本的叙述，并且可以与用户讨论以获得反馈。

（6）通过反馈与测试结果的迭代共同创建（Co-create by Iterating Feedback with Results from The Test Phase） 制作原型机的目的是要获取人们的知识，并通过快速、迭代的反馈闭环来整合深刻理解。为了解决可能的致命弱点，要去识别、选择和测试那些支撑产品或概念的关键假设。因此，要问"为了这个概念的成功，我们必须相信什么（关于技术、工程、市场、内部或外部规则、利益相关方等）…？"一旦发现问题，我们就需要回到构思阶段。

5.5.6 规模化

> 天才是1%的灵感加上99%的汗水。
>
> 爱迪生
>
> Genius is one percent inspiration and ninety-nine percent perspiration.
>
> Thomas Edison

我们认为设计思维的核心优势是为了得到答案去发现和提炼正确的问题。本书的一个独特之处是，我们专注于如何从提出正确的问题到将产品或服务变为现实的整个过程。据我们所知，尚没有其他任何一本书将模块化、战略性产品架构、价值设计和敏捷等方面的深刻见解集为一体，帮助我们保持相同的总体效率。设计思维能带来长期的潜在影响，具体影响的内容将在后面的章节中描述。设计思维为之后各种方法打开了设计空间，如图5-13所示。随后的"框架"这一章节在发展和使选定的概念变为现实方面有着独特的优势。

图5-13 设计思维为之后各种方法打开了设计空间

价值设计和成本设计的主题携手解决了可生产性的问题。例如，基于产品定位和设计的问题取决于市场发展，这意味着在设计产品时要考虑到那些不断变化的关键购买因素。那么，产品应该是采用集成架构，还是模块化或半模块化的？对于平台开发来说，需要考虑哪些重要的共性？以及应该在哪里放置接口以最好地满足未来的市场需求？

这些问题会在"模块化设计和平台"一章中进行深入探讨。关于产品架构，需要考虑哪些关键因素，以及这些因素如何影响制造和工程需求，反之亦然？除了已经介绍过的通过原型机、构思、感知等因素取悦客户之外，还有什么需要满足的技术要求？

除了创造价值和利润以外，规模化也是解决如何促销你的解决方案的问题。规模化包含了通过小而睿智的进步来创建特大结果的意图。想要将这些点连在一起，请阅读第6.4.3节——价值设计与价值定位设计的对比。

5.6 小结

> 即使你对一项技术有一个清晰的概念，你仍然需要设计它，使之与人们对其活动的思考方式保持一致……你必须观察他们所做的事情。
>
> 埃伦·伊萨克斯，施乐公司
>
> Even when you have a clear concept for a technology, you still need to design it so that it's consistent with the way people think about their activities ... you have to watch them doing what they do.
>
> Ellen Issacs, Xerox

设计思维说的是要设计出符合真实需求的产品，从而对产品用户有意义、有用、有价值。以人为本意味着人与其需求是第一位的，然后满足这些需求的产品自然会出现。因此，产品的设计应该能够反映这一点，这意味着产品是以精益、敏捷的方式生产的，产品在完成要做的工作时没有不必要的复杂，并且产品的靓丽创新让客户心悦诚服。

其实，我们可以说：
- 开始，不要在流程和讨论等过程上投资。
- 把团队建起了，建立跨职能的团队，享受快乐吧。
- 用你的同理心，设身处地为顾客着想。
- 考虑还有什么方案可选择，而不是考虑有什么问题。
- 创建可视化，构建早期原型机。
- 学习、改进、测试、大胆、快速暴露问题，不要错过这一课。
- 规模化，让你的想法变得真实和有影响力。

在本书的深入辅导部分，我们将探索如何使用同理心的技能和技巧。因而，请首先关注第9.2节，设计思维过程的第一阶段。

参考文献

Beck, H. (2016, December 12). *Henning Beck: What is a thought? How the brain creates new ideas, TEDxTalk*. [Video file]. Retrieved from https://www.youtube.com/watch?v=oJfFMoAgbv8

Brown, T. (2008). *Design thinking*. Boston, MA: Harvard Business School Publishing.

Brown, T. at Google for Entrepreneurs. (2014, July 17). *Lean startup meets design thinking* [Video file]. Retrieved from https://www.youtube.com/watch?v=bvFnHzU4_W8

Brown, T. (2017, November 21). *How to lead a design-driven organization*. Retrieved from https://designthinking.ideo.com/?m=201711

Burnett, B., & Evans, D. (2017). *Designing your life: How to build a well-lived, joyful life*. New York: Alfred A. Knopf.

Christensen, C. M., Hall, T., Dillon, K., &Duncan, D. S. (2016). *Competing against luck: The story of innovation and customer choice*. New York, NY: HarperBusiness, an imprint of HarperCollins.

Ge, X., & Maisch, B. (2016). Industrial design thinking at Siemens Corporate Technology, China. In W. Brenner & F. Uebernickel (Eds.), *Design thinking for innovation*. Cham: Springer.

Glen, R., Suciu, C., Baughn, C. C., & Anson, R. (2015). Teaching design thinking in business schools. *The International Journal of Management Education*, 13(2), 182-192.

Godin, S. (2012). *A hierarchy of business to business needs*. Retrieved from http://sethgodin.typepad.com/seths_blog/2012/05/a-hierarchy-of-business-to-business-needs.html

Goleman, D. (1996). *Emotional intelligence: Why it can matter more than IQ*. London: Bloomsbury.

Kelley, T., & Littman, J. (2001). *The art of innovation: Lessons in creativity from IDEO Americas leading design firm*. New York: Doubleday.

Kouprie, M., & Visser, F. S. (2009). A framework for empathy in design: Stepping into and out of the user's life. *Journal of Engineering Design*, 20(5), 437-448.

Pink, D. H. (2012). *A whole new mind: Why right-brainers will rule the future*. New York, NY: Riverhead Books.

Ritchhart, R. (2015). *Creating cultures of thinking: The 8 forces we must master to truly transform our schools*. New York: Wiley.

Sanchez, R. (2004). *"Tacit knowledge" versus "explicit knowledge" approaches to knowledge management practice* (No. 2004-01). Department of Industrial Economics and Strategy, Copenhagen Business School.

Stanford d. school, & Both. (2010). *Design thinking bootleg*. Stanford d. school. Retrieved from https://dschool.stanford.edu/resources/thebootcamp-bootleg

Vianna, M., Vianna, Y., Adler, I., Lucena, B., & Russo, B. (2012). *Design thinking: Business innovation*. Rio de Janeiro: MVJ Press.

价值设计 6

> 价格是您付出的，价值是您得到的。
>
> 沃伦·巴菲特
>
> Price is what you pay, value is what you get.
>
> Warren Buffet

6.1 价值和价格不同吗

在这个竞争激烈的世界里，产品能不能在不同的环境中体现出客户的价值越来越重要。不论在办公室还是在家里，如果你去问周边的人，你就会立即发现，对于某个产品或服务，每个人对其价值的理解都是不同的。要确定一种产品的价值是困难的，因为对于同一个产品，不同的人会采用不同的评判标准来评估投资回报价值。价格是通过数字来标定的，这对每个消费者来说都是显而易见的，然而价值又是什么呢？

想象一下，你刚刚买了一块非常喜欢且期待已久的手表，然后自豪地给你的一个朋友显摆。得到的评价是"哇，太酷了。但对我来说这块表太贵了"。这个评价会诱发你思考，为什么你觉得很值的一款手表，你的朋友却不愿意投资去买？你的朋友所说的"太贵了"到底意味着什么呢？她或他和什么相比较才会认为这块手表"太贵了"？

你可能会注意到，你的朋友的回答并没有和任何其他的竞争品牌做比较。其实这个回答暗示了其个人的感知价值。在这个例子中，你的朋友对这款手表的感知价值明显与你的不同，而且认为不值得。你的朋友对一款手表的价值评估可能会来自下列属性：技术指标、更有运动感的款式、尺寸、价格、材料、颜色、鲁棒性和美学设计等。如果你想了解你的朋友为何以及何时会去购买某款手表，那至关重要的就是要意识到这些价值属性对客户的购买意愿的相对影响。

这个小例子验证了价格和价值是不同的。价格指的是你为了得到一个产品或服务所要支付的钱，它是根据成本核算出来的。而价值是产品或服务给予你的，可以通过许多不同的事物来衡量，例如，能否赚钱、功能性、心情、感觉、安全、乐趣、舒适、社会地位、健康、颜值、品牌、质量、时间等。对于许多客户来说，虽然一个产品价格是个固定的常数，但其感知的价值通常会因客户而异。要知道为客户创造价值并非一个简单的概念，在大多情况下，价值很难用纯数值来做全面和客观的衡量。在现实中，我们必须以某种方式来量化价值,如何做到这一点以及如何增值,将是我们要在本章中重点探讨的内容。

在探求如何量化价值之前,我们还须要注意到另一个难以捉摸的现象。这个令人惊讶的现实是价值和价格似乎彼此完全脱钩,也就是说一个产品可能具有非常高的价值而非常低的价格,反之亦然。用著名政治经济学先驱亚当·斯密曾经探寻过的钻石与水的悖论,可以充分地验证价值悖论。他在《国富论》(Smith,1776)一书中对此做了解释:

那些使用价值最大的东西往往只有很少或没有交换价值;相反,那些具有最大交换价值的东西往往只有很少或没有使用价值。没有什么比水更有用的了,但用水几乎买不到任何东西,也几乎换不来任何东西;相反,钻石几乎没有任何使用价值。但用它常常可以换来大量的其他物品。

为什么这种悖论对于我们的日常业务很重要呢?如果我们打算开发出令客户满意的产品,我们就需要知道他们对价值的感知是如何随着时间而变化的。我们还需要知道他们在评估在什么情况下去评估是什么(What)以及为什么(Why)。

如今,借助边际效应的概念,这个悖论也是相关和适用的。该悖论指出,经济决策是基于边际价值,而非总的感知价值。言下之意是,消费者不会在世界上所有的水和世界上所有的钻石之间做出选择,他们在额外购买一个单位的水和一颗钻石之间进行选择。换言之,当一个人购买或消费更多的水或钻石时,每增加一单位水或钻石所携带的边际效应就会更低。由于人们消耗的水(单位的)比购买的钻石要多得多,因而水的边际效应和价格就比钻石低得多。让我们更形象地解释一下:对于一个在沙漠上由于脱水即将死去的人来说,一瓶水的边际价值要比一颗钻石的边际价值更大。他对稀缺性和需求的个人感知决定了水对他的价值。因而他宁愿花更高的价格买水而不是钻石。他也愿意买更多单位的水,直到某一个点上他"饱和"了,即他不再有被渴死的危险了,并且未来水的供应有了保障。然而,这也就是说一旦对某物不再有需求了,其价值也就降低了。如果你的产品提供的价值比你竞争对手的要少,客户就没有理由还买你的产品,难道不是吗?考虑到边际效用的概念,新的产品必须创造出足够的边际价值,或比你现有产品更多的附加价值,才能够吸引客户购买新的创新产品。

6.2 在产品开发中定义价值

并非每件事物的价值都是可以量化的,那么我们又如何对其进行量化,并且研究感知价值呢?在理想世界中,我们的目标是为某一个产品或服务所提供的价值赋予一个特定且明确的数字。这确实给我们出来一道难题,因为理解价值是如此重要,但又难以量化。因此,在实践中,评估价值的任务通常会转化为用最可能的方式去回答这样一个问题:"某人或某公司愿意为一个能够满足其需求的产品或服务所支付的最高金额是多少"。

总之,我们可以说价值实际上是由两个主要因素所确定和影响的。站在客户的角度来看,这些因素是:

1)满足需求,也就是能够完成待做的工作。这里的工作是指能够满足每个客户不同的目的和需求,它覆盖了从功能、金融、情感、个人乐趣,到社会价值、隐私、安全性、自主性、风险管理、健康、人权或是自我实现的需求。从手表的例子可以推断出,价值估算的质量和清晰度很大程度上取决于目标客户群体对价值、信仰、需求等方面的一致性。

2）一个客户为满足其需求所愿支付的诸如金钱、时间、人力、能源等资源的花费。

将这两个因素相比就得到了价值方程（可参阅《价值管理》，2010），见式（6-1）。

$$价值 \sim \frac{满足的需求}{花费} \tag{6-1}$$

请注意，这里显示的价值方程应该被视为产品开发中的指导原则，而不是一个绝对的、可解的、"真实的"等式，因为不会有真正的数值可以带入这个公式。

如果不同人对价值的理解不同，那么我们自始至终必须考虑的两个基本视角是什么呢？我们始终需要考虑的两个视角是：客户视角（即外部视角）和制造商视角（即生产产品或服务的视角，也称内部视角）。

从客户视角看，花费就等于购买产品或服务所支付的价格。对于客户来说，当他们用主观认为合理的价格使其需求得到满足或超出预期需时，价值就生成了。价格的确定并非像看起来那样清晰，定义价格还取决于该产品定义的使用时限：客户是只考虑获得产品所需的花费，还是也能考虑到附加在产品整个生命周期中的额外成本呢？对许多产品来说，考虑到随着时间而附加的花费是更为重要的，因为产品使用过程中的成本会积累，比如能源耗用和运行成本。对于一些产品，如汽车、冰箱、甚至是一个简单的灯泡，其生命周期累计的运行成本是非常可观的，而另一些产品，如手表、智能手机或一瓶矿泉水，就不会有运行成本了。因此，产品的本质自然会影响到客户对产品价格合理性的长期感知。与之相关联的是，客户对价值的感知是基于他们对满足其需求所支付的价格做出的评估（以及定义）。在价格保持不变的情况下，增加或减少产品的取悦因素或质量效益都会改变产品的感知价值。

制造商视角在很大程度上是根据客户的感知价值及其支付意愿所决定的。基于市场所设定的标准，制造商为适应不同客户群体对价格的预期，不得不调整某个产品的成本。因为如果一个产品太贵，就不会有人去买。由于客户的不同，制造商不得不去满足不同种类的需求，不得不提供各种各样的产品去满足不同类型的需求以及对好价格的期望。例如，一些客户可能要购买一款高能效的汽车以便节省长期的使用开支，而另一些客户则只想购买一辆便宜的汽车。在前面提到的价值方程中，分子解决的内部问题是，首先在产品设计的早期将客户的需求转化为各种功能，随后通过最终的产品架构实现这些功能。花费（即分母）是整个产品开发过程中所发生的内部成本。

重要的是要意识到成本和价格是两码事，并且价格可以与成本完全脱钩。一个产品的价格可能非常高而其生产成本却非常低，反之亦然。有时有些公司会以低于生产成本的价格在市场上销售产品。这可能是由于企业战略，比如，由于引入了新的业务模式，或试图超越竞争对手，或想把竞争对手逐出市场。当然，公司通常的目标是降低成本提高价格以便增加利润率，只有在客户能够感知到你所销售的产品具有很高价值的情况下，将竞争对手逐出市场才会有可能。或者通过减少花费，或者通过以心悦的方式增加对需求的满意度，都可以增加客户的价值。有一个关于感知价值的简单测试就是问你自己，假如你的产品明天就要上市，你的客户是否会感到缺失了什么，或者说他们是否会把你的服务替换掉。

下面的公式是在实践中建立起来的：

$$价值 \sim \frac{功能}{成本} \tag{6-2}$$

价值设计的核心理念就是将价值最大化。然而，经典的成本设计关注的只是价值方程中的分母部分，而价值设计关注的远不止是成本的最小化。出人意料的是，人们通常不理解价值设计目标的两个方面，即功能和成本。用一句话来做总结：挑战是在提供满足客户愿意为之付出的那些恰当的功能性（即不多也不少）的同时让产品的成本最小化。

功能一词的含义是什么呢？手表和钻石与水的悖论都说明，量化成本很容易，但量化需求，进而增加产品的功能（即增加价值）则更具挑战性。一个产品所能满足的功能往往超出技术范畴。因此我们必须在产品的规划过程中考虑非技术性产品特征，这一点怎么强调都不为过，因为许多非技术性功能对感知价值尤为重要。即使提供了相同的技术功能，许多产品会通过视觉设计使之与众不同，从而通过情感路线瞄准并试图吸引客户。此时我们面临的挑战是找出哪些属性可以为特定的客户群体创造最大的增值，然后又如何将这些价值点集成到最终产品，甚至是非技术产品中。

那么，成本这一术语的含义又是什么呢？为了增加价值，让我们更具体地看一看成本，特别是从制造商（内部）视角来看。

6.3 生命周期成本

过去，从内部视角来看，成本被视为是在制造厂的车间里制作产品时所花费的资金和人力物力（以美元或任何其他相关货币表示）。这将成本的定义局限于由材料和人工所产生的成本上。如今，通过实践已经建立起了一个更为广泛、更全面的成本概念。更全面地说，它包括从产品设计开始到最后报废处置的整个生命周期中所产生的成本。

再参考一下价值比率，价值可以更精确地由下面的公式表示：

$$价值 \sim \frac{功能}{全生命周期成本} \tag{6-3}$$

除非另有说明，在本章中，成本指的是全生命周期成本，也称生命周期总成本。

我们如何开始拆分整个产品生命周期中的成本？在实践中，我们将生命周期成本划分为两类：①直到产品交付给客户之前的所有投资成本；②从开始使用直到报废的过程中，在"使用现场"累计的运营成本。⊖

因此，要优化生命周期成本，首先，且最重要的就是必须清晰地了解产品的整个生命周期，以及产品在其生命周期的每个阶段所履行的任务。一个典型的产品生命周期以及相应的成本如图 6-1 所示，其成本是获得（投资）成本和之后的拥有成本的累加。整个产品生命周期中累计的总成本如图 6-2 所示，它实际上是由生命周期中各个阶段的成本累积而成的。产品每个阶段成本的大小又取决于这个产品的本质。

通过图 6-2，我们能够看到产品整个生命周期的成本，而我们原有的观念只是去降低产品的获得成本。为了更切合实际地考虑所有成本，我们对成本的考虑范围必须包括所有相关方面。

因此，整个生命周期的总成本（LCC）见式（6-4）：

⊖ 成本核算更精准的定义请参见国际标准 IEC 60300-3-3：2004，"可靠性管理，第 3-3 部分：应用指南——生命周期成本计算"。

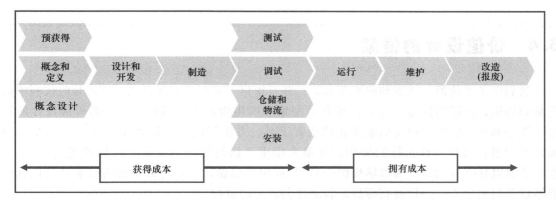

图 6-1 一个典型产品的全生命周期以及相应的成本

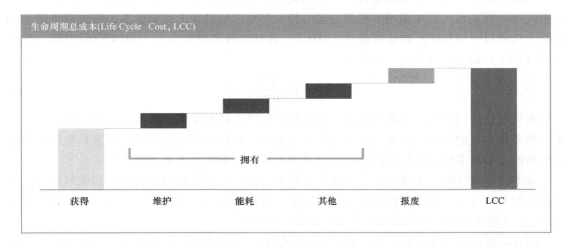

图 6-2 生命周期总成本

$$生命周期成本 = 获得成本 + 拥有成本 + 报废成本 \tag{6-4}$$

为了生产出成功的产品，一家公司必须知道客户在产品的整个生命周期中，有哪些需求希望得到满足。在价值设计的项目中，我们的目标是确定产生成本的主要的因素，并且评估和优化产品生命周期成本，同时仍然去满足诸如性能、安全性、可靠性、可维护性和环境可持续性等要求。在实践中，产品成本要比最初听到的复杂得多，对于按照正确的方式进行战略性产品开发是至关重要的。想象一下，比如一辆汽车，站在精打细算的买家和客户的角度，我们不仅应该考虑产品的购置成本，而且还要考虑其他相关的成本，比如保养间隔、燃料消耗以及由于品牌而生的转售价值。从长远来看，初始价格最低的汽车可能并不是最便宜的，因为其维护成本或燃料消耗比起稍贵一点的汽车要高得多。再看看核反应堆的生产，高昂的处置成本从未被真正考虑过，留下了一个严峻且在很大程度上尚未解决的问题——如何处理处理核废料。考虑到对整个社会的影响，成本可能会涉及道德层面，甚至要考虑对环境和社会的影响，以及该产品所产生的长期成本，尽管你的客户最初可能并不关心。这里要表达的主要的信息是，成本远远不止是获得成本，而且生命周期成本因项目的独特环境而异。这听起来很简单，但事实是，要让许多客户相信这一现实仍然需要很多时间。

6.4 价值设计的框架

我们定义了价值、功能和成本等术语,并且探讨了它们的实际含义。现在是时候利用这些基础知识,将拼图拼在一起,以便开始探索和应用价值设计的框架。所谓价值设计的框架,就是那些旨在将客户价值最大化的所有工具、方法和途径。价值设计 DTV 总是要去触及这类问题,诸如"什么样的架构能够最大限度地满足客户的需求?市场到底需要什么?我们能够以什么样的成本为市场提供产品?"应用价值设计方法论最重要的结果就是让客户能够以他们愿意支付的价格获得恰好满足他们需要的事物。

如前所述,价值设计的总体目标就是功能以及成本两个方面。制造商的内部解读为这样一个问题,就是如何在生成额外价值的同时持续降低产品的生命周期成本。通过两个基本方法论,功能设计(DTF)和成本设计(DTC),就可以理解价值设计(DTV)的内涵。价值设计(DTV)的表达式见式(6-5)。

$$DTV \sim \frac{DTF}{DTC} \tag{6-5}$$

由功能设计(DTF)驱使的心态,意味着我们要通过对需求的深入了解来优化产品的技术性和非技术性的功能。作为产品开发的指导原则,它推动我们去实施那些客户愿意为之付出的功能,并且避免过度设计而导致的产品不必要的复杂性和不必要的成本。

成本设计(DTC)关注的是降低成本的所有方法,包括任何与生命周期相关的成本。成本设计的动力来自于降低内部的需求,关注点可以是单个产品,也可以是整个产品系列(请关注"模块化和产品初始架构的有效设计"章节)。

图 6-3 展示了一些工具,特别适用于分析分子(增加功能性)和分母(降低成本)。通常,为了有效地覆盖不同的细分市场,价值设计框架所关注的是一个产品系列的价值最大化。产品的架构和模块化对于功能设计和成本设计两者都有着特别大的影响,而设计思维和

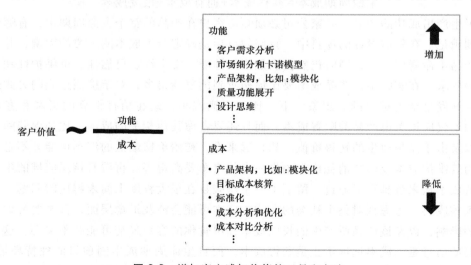

图 6-3 增加客户感知价值的工具和方法

卡诺模型对功能设计 DTF 有很大帮助。

当然我们可以将这些工具和方法进行分类，增加客户感知价值的工具和方法如图 6-3 所示，它依据的就是增加产品的功能性或降低成本。这种分类方法还可以进一步细化去描述这样一个场景：我们发现我们自己在价值设计的过程中更加精细地来"玩耍"这些工具了，使用工具变得更得心应手。

6.4.1 价值设计的基本工具箱

价值设计的基本工具箱如图 6-4 所示，其中包括了用于价值设计的基本、实用且易用的各种工具。其中一些工具对于定义产品的需求特别有用，而其他工具在定义产品概念和成本时则更有优势。从左向右看，一些工具既适用于定义产品需求阶段也适用于定义产品概念阶段，比如树状图；而其他一些工具则跨越了三个阶段，比如业务计划书。价值设计框架不是一个单独的工具，而应被看作涵盖且围绕着所有相关方法的一个总称。请要将价值设计应用于业务的所有读者们注意，在本书的第二部分会对这些工具做详细解释。

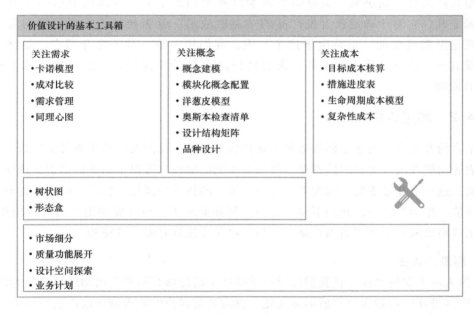

图 6-4 价值设计的基本工具箱

如果能够正确地将这些不同的方法和工具巧妙的结合，就能开启价值设计框架的全部魔力。这很像下国际象棋，棋中有许多不同的人物，他们代表了不同的实力和价值。价值最高的是国王，其次是王后，然后是城堡、骑士、主教和士兵。为了取胜，只使用一个实力强大的棋子是远远不够的，比如王后。要击败竞争对手就需要战略性地使用不同的棋子，用最可能有效的方式组合，由此可以产生出最大的综合实力，成功地压制对手。

下国际象棋既要有战术也要有战略，那么战术和战略有什么不同呢？国际象棋大师塔塔科维说过："战术就是知道在有事要做时该做什么。战略是知道在无事可做时该做什么。"赢家总属于这样的人，他或她能够主动地将各种工具完美和谐地匹配在一起，以便达到利益和各种可能性的最大化，从而得到一个有利的结果。当然，需要丰富的经验和实践才能知晓每种工具在每个给定的独特情况下能够发挥出的实力和价值。新手和经验丰富的专业人员的区别在于专业人员了解每个工具的优势和弱点，了解它们之间的相互作用和可能的缺陷，以及何时何地以何种方式使用这些工具。

有些工具非常有用，就像国际象棋的王后，可以在整个棋盘上快速灵活地移动，这些工具的应用范围非常广，它们单独使用也有很强的作用，能够快速产生影响、授权、甚至可能让某些参与者或利益相关者一下陷入窘境，因为有些工具需要各利益相关者（销售、产品管理、研发、生产等）共同参与方能奏效。这就是工具的力量，比如质量功能展开。而有一些工具则像卒。卡诺模型在决定棋局迈出正确的第一步时尤为重要，因而它是一个特别的工具。无论如何，卡诺模型为整个框架和总体战略的成功做出了不可缺失且重要的贡献。如果把棋局看作一个宏伟的计划，那么卡诺模型就是一个必须施用的工具。

一个特殊且具有战略性的工具就是市场细分。它适用于价值设计的不同阶段，用以揭示战略性产品体系的决策、关键购买因素以及架构的定义。市场细分这一工具多才多艺且精髓非凡，它对于确定已开发产品的"制胜战术"是否植根于市场驱动的需求和明智的决策是至关重要的。正是由于这个原因，我们用一整个章节来介绍它。最终，如果对市场没有一个详细且深入的了解，我们就只能在黑暗中徘徊，并且可能违背了形式服从功能的原则。

6.4.2 测量价值

在本章的开头我们着手于回答如何量化价值的问题。我们发现几乎不可能用数学的数字真正地表述功能性或者客户的满意度。然而有不同的加权法可以帮助我们识别并排序价值的驱动因素。这一点非常重要，因为对于客户来说，涵括这些高加权值因素的产品就拥有更高的感知价值。作为制造商，我们不仅要关注如何降低成本，而且要知道什么可以增加价值，以便得出战略决策：如何制造出正确的产品，产品应该具有哪些特征和功能。

1. 测量功能性

在深入一个实例之前，让我们探讨一下哪些工具能够帮助我们增加产品的功能性？为了优化产品设计以达到客户价值的最大化，就需要将客户的需求翻译成产品的功能，实践证明有两个工具对价值设计非常有帮助，即卡诺模型和成对比较，如图6-5所示。这两个工具一起使用时可以产生魔力，在本书的第二部分会对实际应用做更详细的解释。因此这里我们只想突出以下两件事：

① 我们可以根据功能对客户的重要程度进行识别和分类，来量化价值的驱动因素（参考第6.5节"卡诺模型"）。

② 我们可以利用成对比较建立功能的相对重要性，然后优化功能在最终产品设计中的集成。

如果我们了解到什么样的功能和特性对于同一类客户群体最为关键，我们就会确保在产品的最终设计中包含这些经典的功能和特性。这样，简单成为主宰，并且形式得以真正地服从功能。

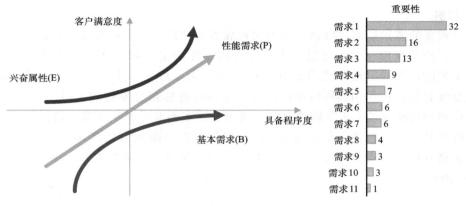

图 6-5 卡诺模型（左）和成对比较（右）

2. 测量成本

回到我们最初关于如何测量价值的讨论，我们仍然需要谈谈如何优化产品的成本，特别是整个产品生命周期成本。根据降低成本项目的任务和目标，可以分析和优化不同的成本类别。不同的成本类别可以单独研究，也可以组合研究。有时，任务和目标可能是降低单个类别的成本，比如，只减少投资、只降低维护费用或只省能耗；有时，任务和目标可能是关注不同成本类别的组合，并确定整个生命周期内主要的成本驱动因素。如果降低成本的影响是以整个生命周期的规模来衡量的，这确实会改变一些事情；或许实际上也可以允许增加投资成本，以便在之后相关的维护和能源成本上得以大幅的降低。这两种方法都很重要，一种是单一成本的深度探究，而另一种则是考虑成本类别之间的相互作用和相互依赖。每个产品生命周期不同的阶段（制造、维护等）和成本类别（投资、仓储等）如图 6-6 所示，这些成本的叠加构成了该产品需要考虑的总体成本。有关生命周期成本建模的更详细描述，请再次参见本书第 11.3.3 节。利用价值设计框架中的工具，我们可以开始测量和量化价值。为了能够了解功能、成本和价值设计之间的关系是如何在实践中如何发挥作用的，让我们以手表为例，做进一步的介绍。

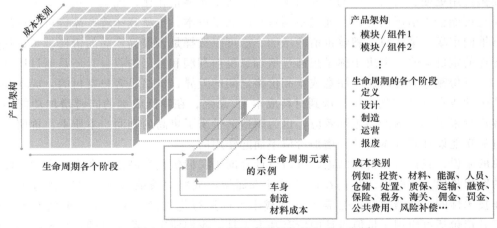

图 6-6 产品生命周期不同的阶段和成本类别

（资料来源：改编自 IEC60300-3-3 3.0 版，版权所有：2017 IEC Geneva, Switzerland. www.iec.ch）

3. 示例

增加顾客的感知价值可以通过增加兴奋属性来实现，这些属性往往可以提高顾客的购买意愿。现在想象一下，通过卡诺模型分析，你确定有两项功能会让客户真正为之心悦：手表防水和通过蓝牙连接到其他设备的能力。对于一个非常喜爱运动的客户来说，这意味着他们在活动的同时还可以听音乐并将身体信息发送到手机上，令人兴奋，对吧？这两种功能在图6-7左侧的表格中列出。防水和蓝牙增加了客户的感知价值（当然也可以有其他可以量化价值的元素），我们假定客户愿意为此多花50美元，这意味着销售价格有可能提高，因为添加蓝牙芯片会增加3美元的额外成本。手表的价值设计如图6-7所示。

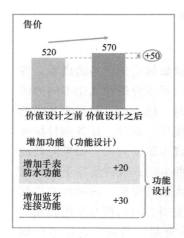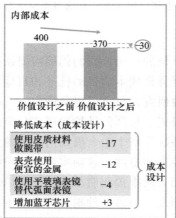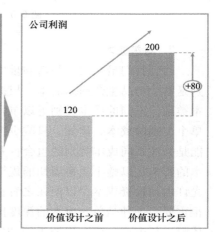

图 6-7 手表的价值设计

那么，我们如何才能提高利润呢？在增加功能的同时，我们也要降低成本（成本设计）。为了简单起见，让我们先忽略流程优化，而严肃地专注于降低产品成本。例如，这里可以提供使用更便宜材料生产的不同衍生产品。与金属腕带相比，配皮革腕带的手表更为便宜，而且可能会吸引新的客户。通过不同材料降低了成本，也就意味着产品也可以用较低的卖价格推向市场。请注意，随着价值的增加，您可以选择是否提高产品的价格。是否这样做取决于你的定价策略，取决于你是想通过增加息税前利润和自己的收益，还是通过压低价格来增加市场份额。与此时还要注意成本和价格之间的差异，价格是客户支付的，成本是所有内部产生的成本（在本例中，只谈到材料成本）。总之，在降低成本的同时增加功能不仅为每个客户带来了更高的产品边际效应，也为制造商带来了更高的利润。本质上，价值设计就是通过从功能设计到成本设计来增加价值率而起作用的。

总的来说，我们可以得出结论，价值设计有助于我们优化产品或整个产品系列，以创造最大的客户价值。实践中，我们在产品设计方面做出战略决策的时刻，对产品的功能（也包括非技术性的，如情感和社会需求）和成本方面进行优化确实是一项重要的努力。价值设计工具箱包括可应用于价值设计的所有基本工具。我们使用这些工具的技巧越熟练，就能将越多的感知价值融入产品的设计中。

6.4.3 价值设计与价值定位设计的对比

到此,我们必须澄清我们在本书中使用的价值设计(DTV)一词,因为其他作者和书籍使用价值定位(Value Proposition)、价值定位设计(Value Proposition Design)或类似方式在上下文中表示"价值"。关于价值设计这一术语,文献中没有明确的定义,因此问题就成为,价值设计与价值定位或价值定位设计之间有什么区别?

我们认为价值定位设计在哲理、内容、可交付结果、工具等方面与设计思维非常相似。与价值设计相比,本书中使用的设计思维被认为是专注于产品开发的前端过程,这意味着实实在在地站在客户的视角,了解客户需求,提出(彻底的)新概念,并在开始确定产品开发流程之前,以快速迭代的方式(即快速原型)对其进行测试。之后,价值设计关注的重点是解读在开发早期通过设计思维开发出的概念。当然也有重叠的地方,但总体而言,价值定位设计的内容和交付结果与我们在价值设计中使用的内容和交付结果具有不同的本质。

这两个框架之间的关键差异的几点,以及本书中探讨的其他方法。

因此,价值设计指的是要超越这些最初的原型,用实践证明最终的产品是否可行。价值设计主要关注技术概念、产品架构和成本,而其他方法则是推动创造力和创新的优势和核心。我们可以将产品架构视为实现从概念到有形产品的转换的载体。的确,产品架构设计正是价值设计框架的核心活动。

表 6-1 中突出显示的关键差异也可以想象为产品开发过程中更为横向的时间跨度。然而表 6-1 还不能真正说明整个产品开发过程的不同阶段和产出。因为可视化暗示了一个连续、线性的过程,所以要澄清一下,如果不能本能地考虑到重要的反馈回路、不同阶段间的交互作用和相互依赖性,就很难做到系统或过程公正。然而,考虑到这一弱点,希望图 6-8 可以对表 6-1 做补充。不同阶段实现产品的不同输出如图 6-8 所示,在图 6-8 中,我们可以看到理解、探索和实施三个阶段及其各自的输出。这里用来向读者说明创新和开发过程的最终产品是一个类似于无人飞机的解决方案,它解决了理解阶段确定的客户痛点。

表 6-1 理解及探索和实施阶段的不同

	理解及探索	实施
关注点	设计思维、价值定位设计、市场细分	价值设计、成本设计、系统工程或产品架构设计、模块化、市场细分
目的	揭示、理解、定义客户需求,客户要完成的工作和环境	实现具有进入市场所需功能的产品,具备那些已被识别需求的特性
想法	生成许多、有创造性的、疯狂的、丰富多彩的想法	选择和实现所最有前途的想法,考虑各个方面,诸如:成本、可行性、上市时间等
想法的描述	快速草图	遵循形式服从功能的技术制图
概念	快速原型,比如利用乐高等,来理解核心信息	基于待建产品的架构制作功能性、详细的原型
真言	把决策做正确	正确地实现所做的决策
通常适用的专业领域	创新管理;业务模式创新	产品生命周期管理;工程师世界

我们越是向推出最终产品迈进,决策所要求的技术水平就越高,需求和架构就越具体。要制造像汽车或飞机这样的复杂产品时,必须将快速草图和实物模型转化为实际运行的产

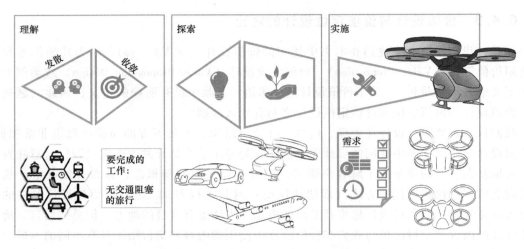

图 6-8 不同阶段实现产品的不同输出

品。价值设计主要关注的就是这一转化过程和后期实施阶段。在设计思维中，我们称之为最后的规模化阶段（见第 5.5.6 节）。

6.4.4 何时应用价值设计的框架

价值设计可以应用于产品开发过程的所有阶段和过程。无论何时，只要目标是开发正确的产品，并且具有正确的成本以及正确的特性，就可以使用价值设计这个方法，从而既为客户，也为提供和生产该产品的公司创造价值。一旦了解了什么可以增加价值，就可以清楚、切实地了解产品的体系结构应该是什么样子，需要包括哪些关键功能，以及产品的独特卖点（USP）是什么。应用价值设计需要全面了解产品的生命周期和相关背景：瓶颈、痛点和相关流程，也就是说了解那些需要改变的原因。这些深刻见解对于制定一个可操作、可扩展商业计划的合理战略也很重要。

毫无疑问，在产品开发的初始阶段应用价值设计能够发挥出价值设计的最大作用和最强的影响力。在产品设计的初始阶段，就产品的关键属性做出决策，比如产品功能、产品概念和架构、技术、制造还是采购以及成本等，这些决策会在整个生命周期内对产品（及其相关服务）的特性、性能、成本、风险和质量等产生巨大的影响。假如要在生命周期的后期对产品的关键属性进行更改就会导致成本越来越高，风险也越来越大。因此，在设计的早期阶段做出的决策对于确定最终产品的成功是至关重要的。在产品生命周期不同阶段的成本率如图 6-9 所示，它意在说明如果从一开始就能战略性地考虑成本，可以最容易地降低生命周期成本。

考虑到在产品设计过程的初始阶段使用价值设计所带来的优势，实在没有理由忽视或跳过这一阶段。埃里克·阿迪加德（Eric Adigard）的一句话尖锐地指出了这样一个事实："内在价值服从于意义、服从于形式、服从于经济因素、服从于功能、服从于更多经济因素、服从于市场调研"。价值设计的重要性还可以追溯到"形式服从于功能"一章，产品架构是产品生命周期的基因，因此，以为客户创造真正价值的宗旨进行战略性产品设计就是形式服从于功能的全部内涵。当然，价值设计也与市场细分章节有着内在的联系。如果你发现你目前

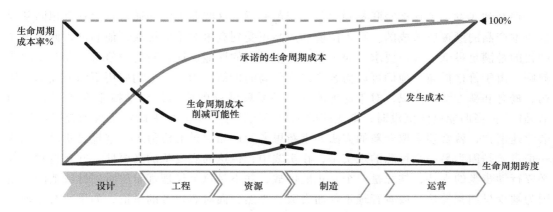

图6-9 在产品生命周期不同阶段的成本率

提供的产品或服务在市场上不再具有足够的意义或竞争力了,你需要回头看看实际的市场价值是什么。

简要介绍价值设计专家被"召唤救援"的典型情况

要是有这样一个特别的指示标就好了,它能够告诉我们在创造公司的扭亏为盈,并且拯救比如一个濒临倒闭的业务部门时,需要一个全面的价值设计(DTV)而不是一个简单的成本设计(DTC)项目。在实际业务环境中,我们什么时候在自己的工作中应用价值设计的框架呢?

在现实的商业环境中,许多成熟、非常成功且盈利的产品会突然面临来自市场的难以置信的价格压力。如果物美价廉竞品的市场份额持续增长,那么被淘汰很可能成为现实。当然,对一个企业来说,这样的后果是致命的。

为了确定外部价格压力的增加对你的产品(产品体系)产生的影响,你需要将产品市场价格的变化转化为内部成本数值(例如通过目标成本法)。由此导致的分析表明,新的市场需求将成本差距推高至20%~30%。请注意,在现实中,由市场决定的产品成本与实际生产成本之间的差距可能会更大。正如在颠覆性变革方面所讨论的,行动的紧迫性应该是显而易见的。成本差距为20%~30%的产品实际上已经被竞争对手颠覆了。竞争以明显更低的价格为客户提供了基本不同的价值,从而实现更好的成本定位。

那么通常会发生什么呢?在确定了如此巨大的成本差距之后,人们通常会启动成本设计项目或成立成本计算工作组来"拯救"这个产品。不幸的是,经验表明,在大多数情况下,此类严重的系统性问题是无法通过纯粹的成本设计解决的。如果你把产品中所有对客户有价值和独特的东西都削减掉了(这基本上需要降低30%的成本),那么你的产品就没有多少可以让客户满意的东西了。本质上,20%~30%的成本差距是一个明确的信息,即下一步必须重新打开解决方案空间:跳出条条框框,根据价值设计原则完全重新设计产品的架构。尽管一开始,自满情绪和对如此彻底变革的抵制可能会很强,但要实现扭亏为盈的唯一真正途径就是彻底反思客户真正的需求是什么,用精益的方式对产品进行战略性重新设计,确保形式服从功能,并从一开始就包括恰当的功能性(即不多也不少)。

那么到底发生了什么？联想到颠覆性变革一章，这些业务问题通常是由具有相同基因低成本产品的颠覆所造成的。陷入困境的产品正受到竞争对手的挑战，他们进入低端市场的目的是满足最低的客户要求，而不是专注于最高的性能。这些新的竞争者正在改变游戏规则。由于价格低廉，他们可以为客户提供更高的价值。为此，他们应用不同的技术、架构、概念和新方法。所以，对于这种濒危产品采取纯粹的成本设计举措就像是"死马当活马医"：当旧船已经沉没时，渐进式的创新是无济于事的。如果确定了目前提供的产品会快速消亡，就必须采取全新的方法并重新思考所产品提供的价值了。这里之所以强调这一信息，是因为另一个可悲的现实是，在实践中，传达彻底变革的必要性，并获得对采取必要行动步骤的支持，往往是一个真正的挑战，并不是每个经理都希望听到她或他的产品因为缺少早期预警信号或者管理不善而失败。当然，面对需要做的事情，如果所有经理们都坚持他们的井蛙之见，那么要克服对变革的恐惧，并拓宽解决方案的空间是十分困难的（这是由于当前面临危机，他们的恐惧所致）。然而，只有直面并克服这些恐惧，才有可能实现真正的逆转。

如果公司仍对当前所涉及的细分市场感兴趣，则必须立即启动新产品的开发流程。要做到这一点，请从一开始就关注价值设计。由于竞争对手正在占领市场，所以新产品的上市时间是实现业务的扭亏为盈的一个重要因素。在实践中，我们看到已经有许多项目由于应用了价值设计框架都实现了业务的重大翻转，也有一些之前不愿意放手的人，最终接受了应该适应需求变化，学习并随着外部发展而变革。

通过业内许多项目的实践结果，以下价值设计应用框架的分步指南已得到广泛开发、完善和验证。实践表明，如果能够充分应用该框架，在工业领域将所有硬件密集型产品的成本降低 20%~30% 是完全可以实现的，同时还提供了所涉及市场要求的全部功能。

6.5 如何应用价值设计的框架

整个价值设计框架实际上是一个迭代过程，由五个主要步骤组成，如图 6-10 所示。最终结果是一个详细的产品概念或架构，其中包括了一系列措施，保证能够实现一个产品不仅能够达到设定的目标成本，同时能够在各种情况下最大限度地满足客户所需求的功能的目标。这个框架的应用是将客户需求转化为一个产品、架构或概念的一个具体、可操作、技术可行的解读。它将初始阶段形成的那些远见卓识的想法和第一个原型变为有形的现实，比如火车、大型医疗设备或发电厂等复杂产品。

图 6-10　价值设计的五个主要步骤

为了更好地理解不同的步骤及其独特的可交付结果，本书第二部分将以案例研究的形式给出了详细的过程描述和深入探讨。

6.6　小结

我们探讨了如何对价格和成本进行比较，而价值的量化是非常难的，因为不同的客户有不同的判断标准，权衡价值往往是对感知价值的主观评估。因此价值是你所得到的，而价格是你所付出的，这里你愿为之付出的多少取决于你对附着在一个物品上感知价值的主观考量。在产品的开发过程中，量化的价值被解读为这样一个问题"客户愿意为满足其需求的一个产品或服务所支付的最高金额是多少？在实践中，由以下的价值等式表示：

$$价值 \sim \frac{功能}{成本}$$

价值设计的核心哲学是将价值最大化，就是说不仅要考虑功能性，而且还必须考虑成本或生命周期成本。它也并非是公司内部的成本目标或实际发生的生产成本，而真正是市场和客户愿意付出的最终决定了一个产品的市场价格。为了使价值等式的值最大化，这里所指的功能不仅仅是一个解决方案中的技术功能。而且也包括了美学设计的外观、情感需求甚至社会价值等，这些对客户的感知价值有着高度影响的非技术功能。在产品的研发过程中，不仅要考虑所有那些"要完成的工作"也要考虑非技术特征，因为这些非技术特征会对潜在客户产生巨大的影响。他们会喜欢哪一款产品，哪个产品他们会觉得毫无意义，并且拒绝购买？这是我们需要了解的问题。

价值设计不是一个单独的工具，而是一个工作框架，总结为五个主要步骤，在本书的第三部分会进一步的描述。要应用这个框架，就必须回答下列问题：
① 我们当前拥有的客户或想要拥有的客户是什么样的？他们要完成的工作是什么？
② 我们是如何细分市场的？细分的判断标准是什么？
③ 竞争对手的解决方案是什么？他们的产品是如何解决潜在的要完成的工作？
④ 我们如何为客户创造增值？
⑤ 我们如何将客户价值最大化？在这个细分市场上客户的关键购买因素是什么？
⑥ 我们如何在目标市场定位我们的产品？
⑦ 我们如何在一个产品系列中对我们自己的产品进行差异化？
⑧ 什么是允许的成本？要考虑什么样的生命周期成本？
⑨ 能够满足客户需求和成本目标的最佳产品概念和产品架构是什么？

鸣谢

感谢国际电工技术委员会（IEC）的允许作者使用国际标准的内容。所有摘录的版权都属于 IEC，Geneva，Switzerland。进一步信息可访问 IEC 官网：www.iec.ch。IEC 对作者的摘录和内容不负任何责任，对于其他内容及其准确性也不负责任。

参考文献

International standard IEC 60300-3-3. (2004). Dependability management, Part 3-3: Application guide-life cycle costing. Retrieved from https://www.saiglobal.com/PDFTemp/Previews/OSH/IS/EN/2004/I.S.EN60300-3-3-2004.pdf

Management of value. (2010). *Axelos global best practice*. London: TSO.

Smith, A. (1776). *The wealth of nations*, book 1. London: Methuen & Co.

7 模块化设计和平台

> 能够生存下来的物种不是最强的，也并非最聪明的，而是最能适应环境的变化的。
>
> 达尔文
>
> It is not the strongest of the species that survive, nor the most intelligent, but the one most responsive to change.
>
> Charles Darwin

7.1 模块化设计和平台的简介

亨利福特曾有一个著名的宣告"任何顾客都可以选择任何他所中意的汽车颜色，只要它是黑色的"。一百年后，全球制造环境发生了彻底的变化。客户不仅想买一辆汽车，而且想拥有一辆符合他们独特个人喜好的汽车。1900 年的大规模生产和 1980 年的大规模定制趋势已被大规模个性化取代。下一个转变可能是走向共同创建，并授权客户参与产品的设计过程。不管怎样，如今的客户都有能力推动公司以批量生产的价格购买独特的和个性化的产品。

然而，各家公司不仅面临来自客户方面的压力，几乎所有方面的复杂性都在增加。全球化的结果是，公司必须应对更大、更激烈的竞争，必须考虑当代乌卡（VUCA）世界的影响。在这个世界上，市场日益多样化，市场变化不断加快，不可预测，外部价格压力更加严峻。人工智能和物联网（IoT）正在推动科技进步，不论在全球范围还是本土层面，一切都变得更加相互关联。再加上由于城市化和世界人口增长带来的日益严峻的社会挑战，我们可以说，我们确实生活在一个快速变化、不可预测和动荡的世界中。

对于公司来说，这样一个外部市场环境是一个极具挑战性的环境。由于新的或不同的（分布在全球的）细分市场的增长，以及产品所需的个性化，产品体系的复杂性似乎是在爆炸式的增长。越来越多的细分市场要求公司提供定制化产品，以满足不同的客户需求。定制化导致产品体系的日益多样化，再次导致更高的复杂度水平。为了保持敏捷性和对客户需求的响应能力，工业企业因此必须应对其诸多问题背后的根本原因——即产品体系复杂性的不断增加。然后，公司开始问这样的问题：在不得不削减成本和缩短产品生命周期的情况下，我们如何提供更多种类的产品？我们如何不只是对市场的发展做出反应，而且积极塑造市场的发展？我们如何在不断颠覆的市场中降低风险，或者至少设法持续推动产品创新？

在知道该做什么之前，首先我们必须要意识到有一个重要的问题！当一家公司在不断努力去满足日益增长的需求时，需要注意公司是否偏离市场，一个公司产品体系偏离市场的信号及其影响见表7-1。偏离航向的后果是严重的，因为它最终会让公司在需求旺盛的市场环境中失去竞争优势。

表 7-1 产品体系偏离市场的指示信号及其影响

指示信号	对产品体系复杂性的影响
①市场预测，甚至短期预测失败。 ②创新周期太长，而竞争对手的创新周期更短，并似乎还在不断加速。 ③竞争对手不断用更短的时间提供更多的产品和衍生产品。 ④客户要求用批量产品的价格购买个性化的产品，然而看起来低价位供货似乎是不可能的。 ⑤产品体系的复杂性变得势不可挡。	①不断增长的产品种类（外部多样化）。 ②不断增长的部件数量（内部的复杂性）。 ③研发、质量、物流成本的上升。 ④用于产品维护的预算分摊增加。 ⑤产品上市时间变长。 ⑥差异化的产品体系导致更低的规模效应。 ⑦利润率下滑。

孤立地看待这些问题并给予短时的修正很容易，但要面对现实、深入挖掘、正面解决核心问题更需要勇气。当问题涉及整个产品体系的复杂性时，模块化又该如何提供帮助呢？好消息是，模块化就像是对"精简复杂性"这一挑战的完美回答，因为它尽可用地削减复杂性、最大化简单性。它解决了既要保持效率，又要促进多样性的难题。它的目的是同时提高易用性（生产和客户使用）和易创新性。此外，它还旨在限制由高度复杂性带来的主导作用。但使用模块化的挑战在于模块化经常会被误解，因此要正确使用模块化，我们就需要充分地去理解它。

我们在本章中要传达的主要信息是，模块化是推动整体业务成功的战略杠杆。因此，这是一个与CEO息息相关的话题。一旦能够正确和全面地使用模块化，就可以在动荡的市场中推动具有颠覆性和迭代式的产品创新。因此，模块化不是一个被动的方法，不仅仅专注于削减成本和管理总体复杂性。

7.2 什么是模块化

模块化是将一个产品分割成若干个具有明确接口的独特模块或积木块（基本组件）的过程。模块化架构就是这些模块或基本组件的集合，用于构建一个市场导向，且不断进化的产品系列。一个模块化系统架构将整个系统划分为一些单独的模块，这些模块可以独立开发，然后拼装在一起（另请参见第3章中的表3-2）。为了适应市场新需求、新技术的发展，或在淘汰销量下滑的产品时，新的产品可以通过增加或重新组合这些模块而产生。可以想象出一个模块化的系统与下列产品设计方式恰恰相反，比如：一体式、一码通或者为特定情况的独特设计，且不可调整。传统上讲，模块化概念的效率被定义为外部品种的数量除以内部品种的数量。为了实现简单化，能够成功地应用"外部品种最大化与内部品种最小化"这一悖论是如此重要，因为它能够更快地响应市场需求。

模块化具有许多优点，并且能够实现为不同的细分客户群体快速和灵活地提供产品。模块化减少了由于复杂性自然而然地带来的失误，从而降低开发的风险。模块化有助于平衡内部和外部利益相关者的利益。模块化使公司不仅能够专注于内部需求（制造、运输规则等）和纯粹的降低成本项目，同时还可以创新以客户导向的新架构。模块化是一个赋能杠杆，推动开发那些能为生活增添意义的产品，而不是只为了销售产品或实现公司应搜目标。

7.2.1 什么样的产品可以模块化

模块化的美妙之处在于，它是许多产品的有效方法。模块化可以用于单个产品的设计，也可以设计像整个发电厂这样的系统，也可以用于设计由硬件产品、软件产品或硬软合一的产品或服务。因此，模块化不仅适合物理的产品，也适用于服务等各种无形产品。因此，在本章中，"产品"一词将代表所有有形和无形等不同类型的产品。

值得一提的是，对于硬件产品，产品尺寸的大小与模块化的能力是无关的。无论是微型产品还是大型产品，都可以从模块化中获益。这意味着像半导体芯片这样的微观产品可以在内部进行模块化。还有其他极端情况，例如大型风力发电机、游轮、发电厂也可以模块化。我们可以对一个单个产品进行模块化，也可以把整个产品系列视为一个整体进行模块化。

一个产品模块化的主要驱动因素应该是其与环境相关的需求和产品的性质，而不是产品的尺寸。它的应用可以是多方面的，取决于你希望通过它来实现的目标是什么。使用模块化的主要原因通常是以最佳方式对产品进行战略定位和构建，从而满足高度多样化的市场需求。另一些可能性与内部的需求有关，比如增加生产的便利性或更好地运输大型系统（风力涡轮机），或者只是为了开发上市时间更快的产品。我们的重点是如何使模块化成为推动创新的至关重要的杠杆，将其视为制定业务战略的核心部分。一旦我们能够以这种方式看待模块化时，我们自然会理解并接纳上述所有目标，因为我们已经理解了问题的核心：模块化的目的是要实现什么，它的内涵是什么。

与设计思维和敏捷开发类似，希望你从一开始就将模块化视为思考和解决问题的一种方式。你会发现它的应用是无穷无尽的。也希望它能延伸到日常生活中，对你有所帮助。最终，它还可以提高你的效能。本书也使用了模块化结构（一个共同重叠的核心，然后是一个差异化的工具部分），希望读者能够认同它，这有助于履行、反映并最终实现我们的愿望，将产品的功能嵌入产品形式中。

7.3 模块化：创新的战略杠杆

模块化如何确保一个公司的成功？如果你向人们询问模块化，结果往往是模块化通常与主动推动产品创新和市场颠覆战略毫无关系。相反，大家认为它是简化内部和外部复杂性的一种方法论。模块化的效能是否能够得到充分发挥取决于你是否能够看到差异，因此让我们简短地探讨一下模块化与传统观点的区别。

（1）反应性视角（Reactive Perspective） 模块化的传统观点是反应性的或被动的。这种观点导致许多个人将模块化视一种解决方案，用以平衡两个看起来相反的力：一个是产品的定制化，另一个是产品的标准化，模块化的平衡目标如图7-1所示。这种观点使得管理者

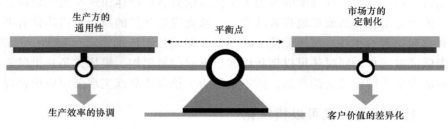

图 7-1　模块化的平衡目标

们专注于那些看似矛盾的预期，比如要创造多样性，也要削减成本，同时对外部技术市场的发展变化做出反应。从这个角度来看，客户经常会问有关追求模块化到底有什么好处的问题，因为从短期利润的角度来看，好处往往是并不明显的。

当然，每个问题都应该得到一个有效的答案。然而，当初始成本成为实施变革的障碍时，核心问题往往是，仍在当权的决策者不能理解模块化的长期收益。

并不是说反应性的视角是错误的，只是主动的观点赋予了模块化更多的权重和重要性。对于模块化的真正意义，我们希望提倡一种更全面、更现代的观点。

（2）主动性视角（Proactive Perspective）　我们主张，模块化应该被视为积极塑造和领导市场的必要手段，而不是在步履蹒跚地追随创新趋势时使用的一个工具。模块化的意义远不止用来应对日益增加的市场复杂性，以及在定制与标准化之间找到正确平衡点。实际上，模块化是可持续创新、构建和管理成功产品（即硬件、软件、复杂系统等）的关键杠杆。它不仅仅是一个工具，而且是一个战略主题，应该涉及参与管理或创建产品体系的任何人（从管理层到工程部门）。模块化通过提高向客户提供他们所需产品的速度以及灵活性来创造市场的竞争优势。让实现产品设计方面的明智之举变得更加容易，产品上市的时间变得更短，这就意味着你能够塑造和领导市场的未来，而不只是使用模块化来使已经衰退的产品线重新焕发活力。通过认识到这一基本事实，掌握模块化的艺术就不再是一个选择题了。相反，模块化成为开创成功业务的必要条件，进而管理开发标准和战略产品体系。

这种主动性的观点是我们理解模块化以及如何领导一流产品体系的基础。然而实践表明，在许多大公司中，这种观点尚未得到广泛接受。因此，让我们通过深入探讨，把模块化的优势连接在一起，并且理解为什么模块化实际上是产品开发中创新和颠覆的战略咨询师。

7.3.1　模块化架构为何且如何能够赋能颠覆创新

正如颠覆性创新一章中所探讨的，模块化架构主动地推进了创新（Christensen，Verlinden＆Westerman，2002；Christensen＆Raynor，2003）。当产品的性能超出了主流客户的要求时，其他因素将成为取悦他们的决定性因素（即通过增加便利性、速度、价格等技术特性增加感知价值）。模块化架构使公司能够随着时间的推移做出战略性的决定，要向客户提供哪些功能和升级，同时又可以灵活地适应新的市场趋势。随着消费者只对一种车型感到满意的时代逐渐过去，现在各个公司必须根据客户的个人意愿对其产品做出调整。

本质上，模块化架构能够缩短创新周期，且更好地适应各种各样客户的最低要求。由不同模块推动的快速创新周期如图 7-2 所示，它说明了模块化有益于更短的创新周期。由于不同模块之间的独立性，在不同模块之内有可能实现独立的创新周期。每一项增加客户感知价

7 模块化设计和平台

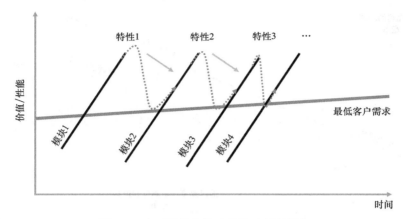

图 7-2 由不同模块推动的快速创新周期

值的性能特性都会创造一条新的轨迹，并由不同的模块生成。

这些平行的创新周期使公司能够大幅提高创新的速度。模块化可以同时推动不同技术领域的渐进式创新和颠覆性创新。只要接口仍然适合于产品的其余部分，在一个模块中的颠覆性创新甚至可以具有两面性，即在内部属于相同的基因，而在外部属于产品或模块的基因。由于模块化能够推动不同技术领域的并行创新，使公司能够从不同方面攻击竞争对手。

模块化架构可以从根本上决定创新浪潮的速度（另见第 2 章），并比竞争对手更加有效地驾驭这些浪潮。

独立创新周期的另一个好处是能够以较低的风险引入新的功能。很多公司都会考虑引入新功能，但不能确定他们的客户是否接受这些功能。公司一旦具有了在独立模块中以更低的风险推出新功能的能力，就可以让客户来决定一个新功能是否会真正地成为一个创新。即使一个新功能在某个细分市场上无法成功，由不同模块提供的其他功能也可以弥补由于这个新功能开发失败所产生的影响。因此，对于模块化架构的产品，整个产品失败的风险要比一个固定集成架构的产品低得多。

模块化架构也是创新的战略杠杆，因为它们允许我们创建新产品。通过组合不同的模块或衍生模块，就可以进入、甚至快速创建新的细分市场。有了正确的模块化战略，就有可能解决既能覆盖低端市场，也能覆盖高端市场的问题。与现代世界的需求相关，模块化的概念使得各个公司能够提供多种多样的产品来满足区域市场和本地市场需求，同时不会因由大规模个性化带来的复杂性和多样性所产生的成本而窒息。

考虑到所有这些优点，我们会问这样的问题，为什么模块化往往在一开始并不是最佳的首选解决方案呢？

7.3.2 为什么会出现集成架构

一旦集成架构超出主流客户对性能的需求时，就会被模块化架构所颠覆，如图 7-3 所示。大家可能会问：为什么集成架构也会进化，为什么许多公司不会在一开始就采用模块化架构进行开发？正如自然界的进化一样，随着时间的推移，演化通常定有其原因。

集成架构通常由新产品和新技术开发的时期进化而来。这些全新产品或全新技术的目标是做前所未有的事情。在这个发展的新时代，产品和技术位于上图的左侧。这意味着工程师

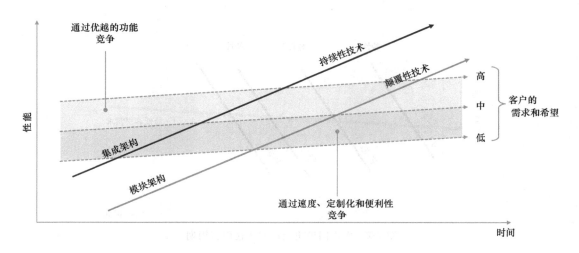

图 7-3 模块化架构颠覆集成架构

（资料来源：改编自 Christensen & Raynor, 2003；Christensen, et al, 2002）

们正在努力将新技术扩展到其极限，以达到能够满足客户最低需求的性能。正如 Ulrich（1995）指出的，模块化架构通常会迫使工程师在性能方面做出妥协，我们也在第 3 章关于产品架构的内容中做过探讨。在技术发展的新时代，妥协通常是不可行的，这就是为什么简单的集成架构仍然存在和进化的原因。

但当产品变得更加成熟时会发生什么呢？我们是否可以把模块化说成是一个摆脱商品化陷阱的工具，一种真正创造全新事物的方式呢？答案是肯定的。但是，我们为什么可以这样说呢？

7.3.3 产品何时成为商品

当一个集成架构的产品进一步改进其性能，并且最终在所有相关的标准上都超过了某个特定细分市场中主流客户的需求时，颠覆往往就会发生。一旦客户不能感知到所选择的产品有显著的附加价值，货期和价格就成为所有购买决策的主导推动力。到了这个阶段，产品就可以被视为商品。必须强调的是，"商品"一词在这里适用于所有类型的产品，即 B2C（企业对客户）以及 B2B（企业对企业）产品。例如，客户在不同竞争对手的产品之间选择时，如果无法感知其附加价值，那么即使像发电厂这样复杂的产品也会被视为商品。

那么商品化是在何时开始的呢？从价值的角度来看，就是当所有厂商提供的产品到达同质化（比如功能、性能、价格）阶段，且没有什么能让它们独一无二的时候。如果某个产品很容易被替换，而且你也并不在意究竟选择哪一家企业的产品，因为这些产品同样令人满意，那么该产品对你来说就是一种商品了。处于这种状况可谓习焉不觉。当然，假如你的产品被认为是独一无二且受欢迎的，客户从四面八方蜂拥而至，那么你的生活就会变得更为轻松。创新之所以会发生，是因为在商品化过程中，各家公司都在试图通过区分特定细分市场的关键购买因素，为客户创造价值。那么在这种情况下，我们如何确定客户需要的价值呢？这个问题就是要确定哪些性能标准与价值相关，答案可以通过应用卡诺模型这个工具来寻找。在卡诺模型中，那些性能需求或关键购买因素正是此颠覆性创新模型相关的标准。当不止一家公司的产品都能够完全符合某个细分市场需要的所有性能指标时,商品化的过程就开始了。因此,挑战往往是如何激发新的价值、兴奋因素并且将其融入现有的产品中。

7.3.4 如何避免商品化陷阱

在一个竞争对手们与商品化抗争的市场中,一旦新的竞争对手进入该市场,游戏规则会立即发生巨大变化。产品的竞争不再是通过卓越的性能和功能,而是通过速度、灵活性、定制化和价格。为了摆脱商品化陷阱,价格和速度成了最重要的因素,企业试图在不同领域进行创新,以便为客户创造可感知的附加价值(例如通过使用价值设计)。在这个新的市场环境中,面对这些新的游戏规则,模块化架构要优于集成架构。那些能够理解新的游戏规则并能够利用这些规则的人(即驾驭在成功的浪潮上的人)将成为游戏的参与者,而所有其他人都将出局。

在动荡的市场环境中,模块化尤为重要,因为它是避免商品化陷阱的战略杠杆。模块化可以通过推动创新,将相同基因(渐进式和颠覆性)和不同基因的模块放置在具有相同基因的产品中(比如,将燃料电池发动机用于传统列车概念中)如图 7-4 所示。

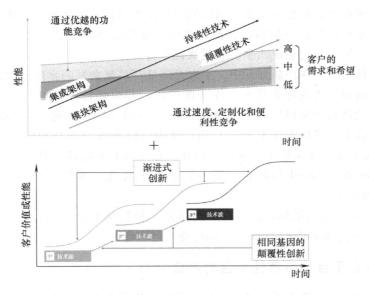

图 7-4 通过模块化将相同和不同的基因组合到一起

从本质上讲,模块化将我们之前所有关于关颠覆性创新的知识联系在一起,推动了相同基因的创新,帮助公司通过新的、独特的附加功能和特性,对产品的性能进行持续的改进。汽车行业的传统参与者持续不断的、但小规模的创新就是一个例子,它能够说明模块化如何通过对产品小步(或更具颠覆性)、增值的改进不断地取悦客户。然而,模块化也是实现更具颠覆性变革的战略杠杆,同时不必承担太多的风险。将具有全新技术的模块应用于传统的产品概念中就属于这种情况。因此,考虑到模块的灵活配置,可以利用模块化创新出一个全新的模块,并将其集成到现有产品中,同时提高了产品的整体性能和价值定位。

总之,如果只把模块化视为一个成本降低项目,就会驱使企业形成一种完全不同的思维模式,很可能导致企业被竞争对手所颠覆和取代。

由市场驱动的模块化架构通常会颠覆集成、固定的架构，因为模块化架构能够更快地响应和满足快速变化的客户需求。如果没有模块化，就很难实现多样化：我们可能仍然只能驾驶黑颜色的汽车。然而，考虑到进化就是适者生存，创新当然总是会发生的。在日益多样化的现代世界中，很明显，模块化就成为在当今动荡的市场中进行竞争的必要条件。模块化作为企业成功的战略杠杆，有效的领导力和市场导向是成功的关键因素。企业的经理们和领导们需要理解模块化在其战略和产品体系管理方面的相关性，并且了解如何将模块化的概念与平台的开发绑定在一起，才能使模块化得以应用。

7.4 平台

平台的字面意思是"平面形式"。平台（Platform）一词源于法语：*plat*（平坦的）和 *forme*（形状）。有趣的是，这个词将二维和三维空间结合成一个整体，就像我们在开发产品时所做的那样。理解产品平台的含义和理念至关重要，因为它们与模块化有着内在的联系。通过平台，我们可以将标准化元素和利用协同效应作为目标，以降低产品体系的复杂性。在实践中，平台经常被误解，我们将在后面讨论最常见的陷阱和错误。为了不让读者感到迷惑，首先让我们了解什么是集成式平台和模块化平台。

那么平台是什么呢？在产品开发中，平台是降低产品复杂性的常用方法，它在本质上将产品架构划分为通用模块或称为基本组件（即平台）和市场特定模块。将这两者结合起来便可以创建大量独特的产品衍生品。在 Meyer 和 Lehnerd（1997）的观点中，产品平台是由一组子系统和接口所形成的一个共同的结构，从中可以有效地开发和生产一系列衍生产品（第1~2页），这个定义在文献中最常用。然而，它可能有不同的解释。我们将探讨两种解释，一种是 Meyer 和 Lehnerd 的解释，另一种是将平台这一术语扩展到整个模块化平台（Baukasten）构成的解释。

"Baukasten"是一个德语词，最贴近的翻译是"模块化平台"。通过不同的咨询项目表明，Baukasten 一词比 Modular Platform 一词更受欢迎和青睐。

7.4.1 核心平台与包容性平台的对比

开发现代平台的一个基本理念是设计核心平台或模块化平台，而不是开发传统的包容性平台（De Weck、Simpson、Cameron，2003），如图 7-5 所示。

这两者的区别是什么呢？包容性平台如何同时瞄准所有细分市场；对于模块化平台，关注的却是所有产品共享的元素，差异化的元素因而不包括在内。

包容性平台是一个试图利用单一的产品来覆盖不同的细分市场（比如 M1、M2、M3）的概念，是一个"一码通"的解决方案。许多公司之所以失败，是因为他们试图实现这样的包容性平台，认为用这样一个解决方案就可以解决他们所有的问题。但是问题在于，这种固定的架构必须既满足高端市场的需求，也满足低端市场的需求。克里斯滕森在《创新者的窘境》一书中指出这几乎是不可能的。在低端细分市场中，包容性平台通常在价格方面不具有竞争力。在高端细分市场，这样的平台也无法整合足够多的独特购买因素来满足高端客户的要求。本质上，这样一个平台不会取悦任何人。

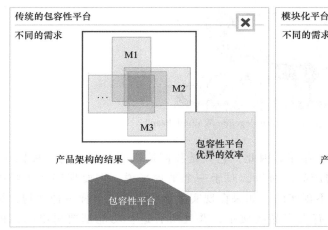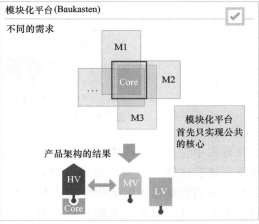

图 7-5　传统的包容性平台对比模块化平台

7.4.2　关于平台设计的三个常见误解

实践表明，许多人将平台一词与传统的包容性平台联系在一起。对平台真正应该是什么的误解会导致创建错误的平台，或者是对平台的误用，这使包容性平台的使用效率极低。因此，让我们详细阐述三种思考问题的方式，它们常常导致我们对平台应该是什么样子的误解。虽然乍一看，这三种思维模式似乎是简单而微不足道的，但它们导致了许多投资数百万元的开发项目最终失败和终止。

1. 把平台做成一把瑞士军刀

假设有一把巨大的瑞士军刀。作为多用途的便携工具，它具有各种各样的功能，从螺丝刀到罐头起子无所不能。重要的是，瑞士军刀不仅能够即刻满足各种不同的功能，而且还是真实存在的。关键的问题是这样的便携工具太贵了，日常使用起来太复杂了。只有非常少的一部分客户能够使用到它的所有功能。将来自完全不同细分市场的需求映射到一个共同的平台，会给产品带来太多的复杂性。如果你只想切一个苹果，这样一个产品包含了太多你并不真正需要的东西，因此没有严肃地专注于创造客户的价值。关键是要了解客户的痛点，并且能以正确的方式消除它们，才能创造卓越的产品。一个高度复杂的产品只会提高其价格，但不会增加客户对其价值的感知。

问题出在哪？在这种情况下，一个（包容性）平台被滥用，成为一种"一码通"的解决方案。这一点很重要，因为复杂性的增加导致产品成本上升和上市时间变长，从长远来看，这还可能带来致命的后果。在最坏的情况下，由于复杂性太高，平台永远无法工作，导致整个项目或产品线失败。还要注意的是，瑞士军刀的制造实际上也是模块化的，但客户的最终产品却不是模块化的，所以客户必须随身携带这个巨大的工具箱。

2. 把平台做成一头"能下蛋、长着绒毛、可产奶的母猪"

比起瑞士军刀，想象一头"能下蛋、长着绒毛、可产奶的母猪"（德文：Eierlegende Wollmilchsau），这个想象中的动物只有优点，可以一次全部满足人类所有渴望的功能，比如提供毛绒、下蛋、产奶、产肉等，如图 7-6 所示。然而，这样一种动物只存在于我们的想象

图 7-6　想象中的动物（Eierlegende Wollmilchsau）

中，在现实中它是不存在的，也不可能存在。因此，它只是我们追求实现梦想的一种比喻，然而不可能有这样一个"一码通"的产品。所以，对于一个平台来说，需要那些在头脑中创造它的人们能够意识到某些想法是不现实的。如果在现实生活中去创造这样一种动物，结果将是镜花水月，或者会大幅降低所有农产品的质量，并且所有这些功能都要付出高昂的成本。

另一个简单的例子是一个无所不能的员工。再有一个适用的例子是试图创建一个低成本的通勤列车，能够在欧洲的所有轨道上行驶。这个想法完全忽视某些国家非常特殊的铁路轨道系统，需要在概念设计阶段进行特殊考虑，因而尝试创建一个可以在所有欧洲国家和细分市场领域运行的特定列车，是不现实的（也是不明智的）。尽管一些客户可能希望能有这样一个想象中的解决方案，但按照目前的情况完全没有可行性。请注意，有时颠覆性创新也会被忽视，因人们相信这种创新就像"能下蛋、长着毛绒、可产奶的母猪"（Eierlegende Wollmilchsau），是不可能实现的，这种想法太疯狂了，不可能成为现实。专业知识来自于了解和所看到的差异，颠覆性创新与本例想象中的创新的一个显著的差异就是颠覆性创新通常是自下而上的，这意味着它们只能最低限度地满足客户的需求。而本例想象中的创新却恰恰相反，它是一种自上而下的方法，从不切实际的高功能开始，同时过于复杂，无法在实践中构建。

3. 把平台作为一种方式来应对未知变化

恐惧可能导致我们错误地解释、创建和使用包容性平台的第三种思维方式。恐惧的危险在于它会使我们失明，以低效的方式战斗或逃逸，通过有限的狭隘视野看待现实，或者最终导致我们在需要采取行动的情况下不知所措。恐惧可能来自内部和外部。外部恐惧可能来自感知到的市场不确定性和模糊性，在公司内部对（个人）损失的恐惧同样会引发规避风险的行为。通常情况下，资源得不到充分利用和可悲的狭隘思维的背后原因往往是个人因之前公开分享想法或知识所得到的负面经历。可能导致定义产品平台出现根本性错误的思维过程，就等同于："我不知道客户真正想要什么，也不知道未来可能会发生什么变化，由于我可能无法及时对市场机会做出反应，因此作为预防措施，我把所有可能有价值的东西都包括在内。当然，这将会导致更高的成本和不必要的复杂性，因为并不是每个客户都能得到他真正想要的东西，但这似乎是一种让每个人都感到满意的安全方式，并且也是一种对未来的未雨绸缪。此外，我还要保护自己不受内部攻击，这样才能保证我本人的安全。"这里的危险还在于，当我们试图取悦所有人时候，实际上并没有取悦到任何人。

这种方式与瑞士军刀的例子密切相关。两者的区别在于，这种方式的行动源于恐惧，而不是因为你知道了客户的真正需求。恐惧通常会导致相同的最终结果，比如，过度设计、狭隘思维和不必要的产品复杂性。

既然我们已经探索了三个常见的陷阱，那么正确的方法是什么呢？正确的方法就是形式服从功能。那么，我们如何确保产品在完成其任务时是精益的、功能性的和有效的？答案通常在于确保我们使用模块化的方法构建平台，这样就不会落入创建一个"一码通"产品的陷阱，也就是福特模式："我们提供所有类型的汽车，只要它们是黑色的"。

7.4.3 正确的道路：模块化平台

成功开发平台的关键是关注通用核心平台的概念。就是提取不同细分市场（M1、M2、M3……）之间的所有市场共性元素，并将其映射到公共核心架构中。因此，公共核心架构是一种进行标准化的方法，它结合了不同细分市场所共享的所有共性元素。这自然就意味着需要解决的细分市场越多，公共的核心部分就变得越小，随着多样化程度的提高，细分市场之间的重叠也变得越小。

显然，通用核心平台不是一个独立的产品。换句话说，通用核心平台只有将市场特定的模块和定义好的接口相结合，才能构建一个可销售的产品。因此，通用核心平台可以是任何类型的平台，比如模块化平台、规模化或技术平台以及组合平台。这些平台对我们意味着什么？在详细地探讨了模块化平台的含义之后，我们将在下文词汇和定义部分描述这些不同类型的平台。

7.5 词汇和定义

为了理解模块化和平台项目的基本思想，我们需要有一个共同的参考基础。实践表明，在启动任何类型的平台（或模块化）项目时，第一步应该是商定一套特定的标准术语。这很重要，因为团队成员的不同情境和专业背景，可能导致对相同术语产生非常不同的解释和归纳。本书中所使用的术语都是文献中最常见的术语。

与其为某个术语辩护，不如以建立相互理解的方式，让该术语适应当前项目，且不再带有情感包袱。从长远看，错误的关联可能最终导致误解。例如，在最近的一个咨询项目中，使用"积木块"（基本组件）一词会使公司日常业务中的砖块和其他建筑构件产生关联。如果这些术语已经有了负面的含义，那么要为探究造成不适感的根本原因留出空间，就有可能消除这些负面的含义，重新开始项目。

在实际项目中被证明是有效和有用的可以例证平台、积木块（基本组件 Building Block，BB）、模块和产品等概念是如何相互作用的。

图 7-7 显示了一组子系统，三个基本组件或模块 BB1、BB2、BB3。这些基本组件可以通过标准化接口以不同的方式组合，以便衍生出一个产品系列。对于整个产品系列，BB1 可以被视为核心平台。

为了能够更好地理解，我们拿汽车来举例。一辆汽车有若干主要部件，比如底盘、发动机、变速器、座椅等。一个汽车系列具有相同的底盘，这个底盘具有定义好的接口安装发动机、变速器和座椅等。因此底盘就成了这个系列汽车的平台。基于这个平台，可以配备1.4L 排量的发动机，也可以配备 2.0L 或 3.0L；可以安装手动变速器或自动变速器。将这个

图 7-7　产品 A~G 的 Baukasten

例子和图 7-7 对标，BB1 共用于所有产品，就像汽车的底盘，BB2 有 2 个选择，就像变速器，有手动和自动，BB3 有 3 个选择，就像 3 个不同排量的发动机。利用 BB1 作为核心平台，自然而然地说明了这个核心平台只是基本组件或模块的特例。BB2 和 BB3 是预定义的解决方案用于适应不同的细分市场。这样 1 组完整的基本组件或模块（BB1、BB2 的 2 个选择和 BB3 的 3 个选择）就称为 Baukasten。Baukasten 是个德文词，其最贴近的翻译是模块化平台（参见第 7.3 节）。

利用上面例子中的 Baukasten 能够派生出一个有 6 种车型的家族。在图的右侧，我们能够看到一个产品系列包括了不同的产品 A、B、C、D、E、F、G。每一个产品都使用 BB1 作为公共核心平台以及 BB2 和 BB3 的特定配置。另外，还需要将产品特定的模块 A~G 最终附加在这些预定义的模块上。这些产品特定的模块不属于 Baukasten，因为它们是为每个产品单独设计的，不能重复用。它们也是增强产品战略性创新差异化的特性或模块。只有与 BB1、BB2 和 BB3 相连的接口必须是标准化的。应该进一步提及的是核心平台模块 BB1 也可能包括不同的子系统或技术，比如技术平台。

那么这对我们理解平台又有什么作用呢？Meyer 和 Lehnerds 对产品平台定义的另一种解释可能是，该平台不仅是 BB1，而且是包括 BB2 和 BB3 的整个 Baukasten，具有预定义的 BB1 到 BB3 及其接口。根据该观点，整个架构（包括基本组件及其衍生）被视为平台。我们所探讨的两种解释都是有效的，并且可以在实践中使用。这两种解释都不会导致对平台产生错误和危险的解释，而变成包容性平台，此前已经对 3 个最常见陷阱做了描述。

让我们再次看看 Meyer 和 Lehnerd（1997）对平台的定义："产品平台是一组子系统和接口所形成的一个共同的结构，从中可以有效地开发和生产一系列衍生产品"。从这个定义开始，平台这一术语可以进一步细分为以下不同类型的平台和相关元素：

① 模块化平台（Baukasten）。模块化平台是指通过添加、删除、替换不同的模块或基本组件实现产品差异化（Simpson、Jiao、Siddique 和 Hälttä-Otto，2014；Miller、Elgard，1998）。在整个产品系列中一模一样的模块被视为核心平台模块。在前面的示例中，BB1 对于所有产品都是相同的，并在所有产品中被使用，因此，BB1 被视为核心平台模块。

② 可缩放平台（Scalable Platforms）。可缩放平台是指一个产品的衍生品可以通过缩小或延伸可扩展的变量生成（如前所述），比如飞机和汽轮机等。可缩放平台就像一个与原件相同的复制，只是比例不同。想象一下我们的星球和通常的世界地图（1：1000）。一切事物都保持不变（距离、物体的位置），复制只是大小不同（地图上缩小了 1000 倍）。

③ 技术平台（Technology Platforms）。若某一项技术，它是产品、其他技术或流程的基础则称这项技术是技术平台。例如，独特的 Gortex 技术应用于所有的 Gortex 鞋，苹果公司

的 IOS 操作系统平台应用于所有 iPhone 手机，而安卓平台作为产品的基础，则应用于其他品牌的智能手机。

以下是与模块化和平台相关的 3 个必用词汇：

① 模块（Module）。模块是指一个物理硬件和软件组件的集合，用于在系统中实现一个特定的功能。作为一个模块，它必须完成一个功能。例如，你家里的冰箱是一个产品，而把冰箱集成到飞机上，就可以把它看作一个模块，它可以独立工作，且被建造在另一个更大的产品之中。

② 基本组件（Building Block）。基本组件是指一个物理硬件和软件组件的集合，它与某个特定的功能无关。一系列基本组件可以构成一个模块。人们通常用乐高来描述模块化。在这种情况下，每一个乐高块就是一个基本组件，而不是一个模块。这是因为乐高块自身没有携带任何功能，但是具有标准的接口。然而许多乐高块可能构成一个模块。延续冰箱的例子，那些构成冷冻箱的零件就是冰箱的基本组件。

③ 产品（Product）。产品是指基本组件、模块和核心平台（如果有的话）的组合。在前面的例子中，产品 A 由平台 BB1、模块 BB2 和 BB3，以及该产品特定的技术附加模块 A 所构成。

需要注意的事情是，现实中许多产品或系统是由这些不同类型的平台、模块和基本组件混合而成。把包容性平台作为目标是不明智的，明白这一点很重要。因此，根据系统思维的原理，了解不同平台之间如何相互作用和相互影响是非常有用的。为了让这更具体，就想象一下一架飞机，它通常包括一个可缩放的平台，因为飞机产品系列可以按不同的尺寸生产；它还包括一个技术平台，这个平台是由在产品系列中可复用的基本技术构成；它包含独立运行的模块，如冷冻柜或厨房，这些同样由模块组成。由于一个产品包含许多不同类型的平台、模块和基本组件，因此没有必要总是将一个项目放在一个特定类别中。创建高效的模块化平台比尝试通过包容性平台方法将所有内容压缩在一起更为有用。

7.6 实施模块化平台

7.6.1 组织机构方面

虽然本书的重点在产品开发的技术方面（探究太多的其他主题只会突破并超出本书的范畴），但我们仍然想强调，许多模块化项目的失败都不是因为技术挑战，而是因为没有考虑到人员和组织方面的因素。在大多数实际项目中，一个主要的挑战不仅是实施模块化概念，而且是可持续不断地进行组织机构转型，使其能够实现和保持模块化概念带来的效益。

创建模块化平台可能会导致许多影响到整个组织机构的根本性变化。实施模块化方法的公司必须调整和同步其流程，从销售到工程，再到产品和制造。此外，组织机构必须提高组织能力，如跨职能合作和有效的沟通机制，因为任何模块化项目都必须嵌入到组织环境中，才能确保其长期成功。

需要考虑所有利益相关者的需求，而不仅仅是终端客户的需求。对于生产公司本身，需要在受到模块化平台影响的价值流中考虑所有职能,如销售、制造、服务和工程。成功的关键因素是在早期就能确保组织机构各个层面上得到利益相关者的认同。如果组织机构的氛围非常抵触变革,就意味着要训练组织内部的跨职能合作,来克服由固执、恐惧驱动的企业文化和常常与之关联的"非我发明"综合症。打破狭隘思维的方法首先是说明合作的益处,比如帮助利益相关者去发现这些新方法对自己部门的价值;其次,确保管理层在确定优先级和资金方面提供支持;最后,在必要时启动并授权那些熟练的跨职能项目团队。总的来说,这意味着平台设计和组织机构设计不能分开考虑,其中一方的根本性变化也需要另一方的系统性变化。

公司的运作就像一个生命系统,其中一切都是相互联系的,对机体的整体成功产生着影响。一个成功的跨职能模块化项目需要置身于一个健康的生态系统中,就像融在健康的公司文化之中(Dachs,2018)。公司必须鼓励团队之间的合作,倡导为企业的利益进行协作和分享知识,而不是为了个人利益而独善其身。明确的结果导向是不够的,但必须植根于一种文化之中,其目标是在超越纯粹产出或短期结果的基础上产生持久的影响、学习和成长。公司文化必须提供一片沃土,以便创造一个重视和倡导信任、责任、担当、开放对话和有效沟通的环境。因此,强烈建议在开发技术概念的同时引入专业的变更管理支持。

如何能够以可持续的方式实施变革?平台式或 Baukasten 团队的基本概念如图 7-8 所示。在这里,组织机构的架构映射到技术架构上,意味着组织机构看起来像是它想要制造的实物(Meyer、Lehnerd,1997)。该方法实现了集中式职能(平台式或 Baukasten 团队)和分散式职能之间的清晰分离。不同的团队都是专业化的,他们具有明确的接口和责任,而且这些都建立在他们的共同目标之上。

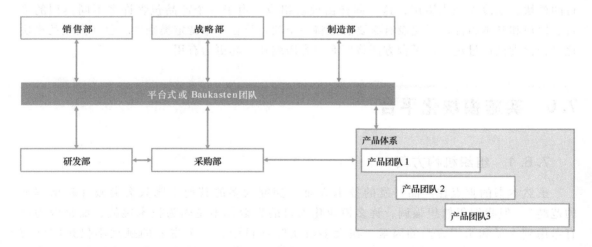

图 7-8 平台式或 Baukasten 团队来确保模块化概念的长期成功
(资料来源:改编自 Meyer、Lehnerd,1997)

这样的组织结构有什么好处呢?首先,核心 Baukasten 团队必须引领变革并给出明确的方向。创建一个核心 Baukasten 团队就像培育一个见多识广的系统架构师或领导者,负责监督哪些元素能成为核心平台的一部分,哪些元素不能。它作为一个主体,来确保每个人不会自行其是,而是使他们保持一致,以支持公司范围内既定的平台规则。通过这种方式,可以确定哪些产品功能将成为平台的一部分，哪些将作为可选附加组件保留。

这种平台方式的益处是可以实现从再发明到再利用的范围式转变，如图 7-9 所示。其系

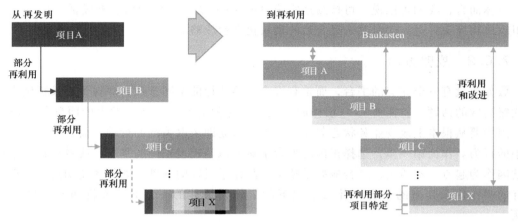

图 7-9 从再发明到再利用的范围式转变

统性和有效的变革来自持续更新、再利用和改进的所有可用信息，这些信息保存在 Baukasten 团队中并且被团队知晓。

以跨学科的高空视角，Baukasten 团队可以了解每个部门的所有相关信息，并给出符合总体模块化项目长期利益的方向。这样，对核心产品平台的更改应由最适合的人来执行，而不是由那些可能会错过关键信息或只顾自己个人日程的人。通过这种方式，希望读者也能清楚地了解一个成功模块化项目与高效、明智的公司领导和管理层之间是如何相互关联和相互依赖的。

其他益处是具有适应性的平台式的组织机构还能够更好地学习和复用资源（信息、知识、时间、精力等）。在应对快速变化市场的复杂组织机构中，有效利用所有可用资源是保持敏捷和对变化做出反应的关键。

如图 7-9 所示，模块化平台的组织机构实现了从再发明到再利用的范式转变，图中右侧的项目特定元素为浅灰色，而深灰色代表可再利用的元素；在图的左侧，信息被部分再利用并且是从上一个项目中复制而来。右侧图有一个核心的 Baukasten，用于存储并不断更新所有项目，其中包含了与每个项目相关的最新改进。

从左侧图可以看出，每个项目都被复制并添加到了下一个项目中。重复使用的部分变得越来越小。一旦某个项目出现问题，就会自动地继承到以后的项目中，而在一个项目中所做的改进不会复制到其他项目中。因此，再发明方式的组织机构中没有学习到经验教训，而复杂性却随着时间的推移而增加，因为每个产品都必须独立管理。对于某些产品来说，这种固定的方式就像随着时间的推移一种缓慢死亡（不是明显、快速和刻薄的死亡），因为在组织机构中的学习、变革和改进发生得太慢且效率低下 (Feldhusen, 2014)。

右侧图展示的是一种模块化方法。在这里，信息直接通过核心 Baukasten 存储和传递。模块化允许重复使用来自中心 Baukasten 的那些预定义的模块和基本组件。Baukasten 集中处理改进和更改，每个项目都可以从这些改进中受益。组织机构随着时间的推移不断学习和转变，每个并行的项目都会同时学习和改进。模块化方法的优点是时间延迟短，并且在原始信

息被传递并整合到每个项目中时,误传或淡化原始信息的风险显著降低。这种组织形式更灵活、适应性更强、更能快速恢复。它还与现代学习型组织的理念有显著联系。

总体而言,我们可以说,可持续地实施 Baukasten 要与创建健康、充满活力的组织文化和组织机构齐头并进,同时要选择合适的模块化平台战略。

7.6.2 战略方面

假如还没有一个完美的平台,而是有许多可供选择的不同选项,那对于决策正确平台这一战略高度的话题,就需要 CEO 层面的沟通。在这种情况下,高层发出的明确信息至关重要,因为要从根本上改变业务状态需要各个参与者立即采取关键的行动,而不只是改变一个小小的行为。作为第一步,选择正确的平台策略就像是铺设正确的基石,或者选择一个健康的基因作为起点。本质上,平台战略是整个产品体系成败的基础。如何才能知道哪个选项是最好的呢?什么类型的平台在什么情况下的工作是最佳的呢?下一节将回答这些类型的问题。

开发平台概念的最重要方面是,战略和产品架构是从当前市场发展中推导出来的,并建立在当前市场发展的基础之上。通过这种方式,不仅整个产品的形式将服从其确定的功能,而且产品的平台也将是精益和功能性的,只针对有意义的内容。市场细分是引导你走向正确方向的第一步,因为它不可避免地迫使你关注客户需求,以及产品体系如何能够最好地服务和满足这些需求。

根据市场细分网格,可以应用不同的平台策略。这种方法的主要思想是选择最能实现形式服从功能的网格。为此,在平台项目一开始,就在产品体系层面进行市场细分。这种细分的结果是平台的杠杆战略。该策略定义了平台的边界,即未来平台应覆盖哪些产品体系的细分,以及平台的限制在哪里。在产品体系层面上做出的决策自然会形成关于如何根据其架构形式构建产品的后续问题。因此,在一开始,市场细分网格的选择标准是在产品体系层面上。在后期阶段,市场细分揭示了主导架构的需求(见第 4 章市场细分),以便回答产品设计的相关问题。

那么,有哪些平台策略,分别在什么情况下最适合呢?不同的市场需求产生了不同的平台策略,如图 7-10 所示。

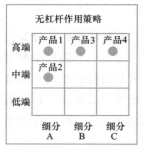
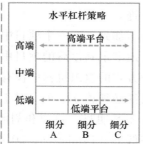
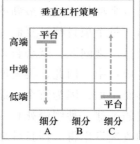

集成模式:
单独的产品,关注快速技术解决方案

模块概念:
- 由客户细分或市场细分定义的架构
- 模块化平台方法的智能选择取决于市场具体情况

图 7-10 不同的市场需求产生了不同的平台策略

(资料来源:改编自 Meyer&Lehnerd,1997)

图 7-10 中的第一个网格描述了一个无杠杆作用策略。本网格中有四个细分市场，每个细分市场都有一个单独的产品。因此，不同的产品之间没有共同点，不同的细分市场也没有共同的平台。重要的是要注意，这种方法并没有错，这完全取决于市场和由此产生的架构。当要生产的个性化产品需求量非常低时，这种策略可能比平台策略更有效。

第二个网格说明了水平杠杆策略。有两种不同的平台，一种用于高端市场，另一种用于低端市场。当针对非常不同的市场时，水平杠杆策略非常有效。为了在价格和质量方面最好地满足两个市场的期望，创建两个不同的平台将是一个切实可行的选择。

第三个网格意在描述垂直杠杆策略。对于垂直杠杆策略，可以想象一下汽车行业。假如要把劳斯莱斯汽车做得更便宜，可以对其进行减配；假如要让高端市场对丰田车感兴趣，就要对其进行升级。垂直杠杆策略的主要想法是从一个车型开始，然后对它进行向上的升级或向下的减配。被颠覆的威胁通常来自这样的竞争对手，他们专注于最低客户要求，然后再扩展到更高层次的细分市场（见第 2 章颠覆性创新）。这种减配战略必须考虑的问题是，原始产品的成本结构如何从高端继承到低端。因此，如果企业在高端产品中应用了一项非常昂贵的技术，并且没有全面考虑昂贵的技术会转移到低端细分市场。这会导致成本结构的劣势，最终导致产品竞争力下降。只要能够意识到这些继承性因素，并且可以证明隐含的额外成本和潜在更高的产品复杂性是合理的，那么垂直杠杆策略即是可行的。

第四个网格说明了模块化平台（Baukasten）。这里有不同的功能模块或基本组件，可以更改、添加或删除，以便最终派生出不同的产品或产品系列。想象一下建立一个新的汽车系列，其中方向盘可能是可自己独立工作的模块。方向盘会有不同的种类。通过保持汽车操控台的接口不变，方向盘可以配置给所有类型的汽车，从低端到高端（从便宜到非常昂贵）。因此，针对从高端到低端的细分市场，存在多种可能性。模块化平台（Baukasten）有助于满足这些个体客户的所有喜好，并允许产品的个性化。

在大多数情况下，模块化平台（Baukasten）是有效设计产品系列的最著名的方法。正如本章中广泛探讨的那样，模块化架构最好地解决了由于产品体系多样性增加而带来的持续压力。一个基于市场需求驱动的优秀平台就是产品和业务取得成功的核心基因。领导一个没有清晰愿景和专业知识的企业是有风险的，因此，为了防范风险，我们必须能够为我们的产品或整个产品体系定义，并且战略性地选择正确的平台类型。在高度不稳定、复杂和动荡的市场中，有效的平台因而就会成为未来业务持续成功的最重要因素。

7.7 如何应用模块化框架

在自己的项目中可以采取哪些具体步骤？为了开发模块化架构，模块化工作框架已经在许多项目中得到证实，是非常成功和有效的。模块化工作框架有六个主要步骤，每个步骤都有专门的活动目标、活动内容和产出，如图 7-11 所示。整个框架是一个迭代过程，具有连续的可交付成果和持续不断的反馈循环。所以这是一个敏捷的过程，其最终交付的主要输出就是模块化架构。这个过程的描述将包括在第 9 章中给出的辅导材料中。

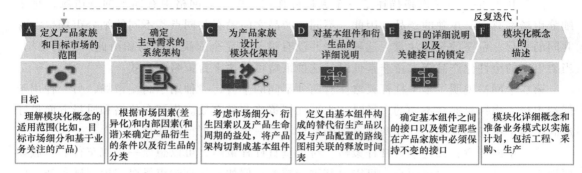

图 7-11 模块化工作框架的六个主要步骤

7.8 小结

市场瞬息万变，而客户的要求也越来越高。要保持领先地位，模块化是关键。幸运的是，这并非高深的科学，牢记下列要点是取得成功的基础：

1) 放弃"我们需要瑞士军刀解决方案"的想法。我们需要的是基于一个模块化的平台来挑选解决方案。

2) 我们需要将目光从我们自己的烦恼转到客户的烦恼上来。第一位也是最重要的是什么对我们的客户有价值，然后我们必须迅速准确地为客户提供。

3) 将我们自己锁在舒适的办公室或实验室里，为未来某个时刻的某些潜在客户有可能需要的解决方案而工作，这样的日子已经一去不复返了，这样的做法不会再奏效了。我们需要倾听客户的想法，然后通过强大的团队合作、跨职能团队和持续不断的反馈循环来制定解决方案。这才是终极的现实验证，也是我们提出一个能够完全符合客户需求的解决方案之唯一途径。

4) "模块化才是前进的方向"，这个共识应该由首席执行官提出并强调。来自顶部的基调至关重要。

参考文献

Christensen, C. M., & Raynor, M. E. (2003). *The innovators solution*: *Creating and sustaining successful growth*. Boston: Harvard Business Review Press.

Christensen, C. M., Verlinden, M., & Westerman, G. (2002). Disruption, disintegration and the dissipation of differentiability. *Industrial and Corporate Change*, 11(5), 955-993.

Dachs, C. (2018). *Viable business*: *Live long and prosper*. Unpublished Book Manuscript.

De Weck, O., Simpson T. W., & Cameron, B. (2003, July 22-25). *Product platform and product family design*: *From strategy to implementation*. [Course]. Retrieved from http://professional.mit.edu/programs/short-programs/product-platform-product-family-design.

Feldhusen, J. (2014). *Konstruktionslehre II-V5 Varianten-und Konfigurationsmanagement Fertigungsunterlagen.* [Course]. Retrieved from http://eproofing.springer.com/books_v2/index.php?token=7f03QgvUHP62-jVuNj-zLJY8Zd34LK1o9U.

Meyer, M. H., & Lehnerd, A. P. (1997). *The power of product platforms: Building value and cost leadership.* New York: Free Press.

Miller, T. D., & Elgard, P. (1998). Defining modules, modularity and modularization. In *Proceedings of the 13th IPS research seminar, Fuglsoe.*

Simpson, T. W., Jiao, J., Siddique, Z., & Hölttä-Otto, K. (Eds.). (2014). *Advances in product family and product platform design methods & applications.* New York, NY: Springer New York.

Ulrich, K. T. (1995). The role of product architecture in the manufacturing firm. *Research Policy, 24*, 419-440.

机电一体化和硬件的敏捷开发

8

> 因为我们的世界是浑然一体的……那就让我们把"敏捷软件开发"语言转移到"敏捷产品开发"上来吧,既涵盖软件,也涵盖硬件。
>
> 卡普里姆
>
> Because our world is Hybrid... Shift our language from "Agile Software Development" to "Agile Product Development" to cover both Software and Hardware.
>
> cPrime

8.1 敏捷开发简介

敏捷开发已经成为一个流行语,并且被许多人认为是关于如何成功地实施流程、项目和产品的时髦和新颖的同义词。它的成功浪潮是不可否认的(Rigby、Sutherland和Takeuchi,2016)。然而在实践中和人们的内心深处,敏捷开发仍然是一个模糊的概念和阴云密布的谜团。虽然我们会迅速地联想到诸如灵活应变、适应变化等词汇,但对这个话题的深刻理解还远没有到位。如何知道是什么真正创造和推动了最终结果的影响力?当系统和流程之间的相互依赖度很高时,这个问题就很难回答了。由于在大多数时间里,现实看起来都是如此,因此这个问题应该得到明确的回答。

关于在软件领域使用敏捷开发的文章已经很多,但如何将敏捷开发应用于硬件产品的开发中仍然存在许多问题。为了弥补这一差距,本章不仅探讨了敏捷思维方式,而且将重点放在如何将敏捷宣言应用于硬件开发上。然而当今复杂的产品和系统往往不单单由硬件或者软件组成,而是同时包含了硬件和软件两个元素。例如,机电一体化就是电子学、机械工程和系统思维的协同组合,用以设计既有软件也有硬件部件的产品、系统和制造过程。如何以最佳方式设计和管理如此复杂的产品或系统?最终所有产品归结为硬件、软件和两者的不同组合。每种独特的环境状况和系统环境都需要略微不同的敏捷方法才能发挥最大的效能,最佳的方法是自然而然地让形式服从功能;一旦我们领悟了如何正确地将最初的软件开发敏捷宣言置换到每个新的环境中,我们就可以将敏捷开发应用到所有的产品、系统和流程中。这意味着使用软件原则管理软件部件,并使用敏捷方法和理念来管理硬件部件。这种方法和思维方式适应并意识到了硬件开发的独特环境。因此，如果理解如何将敏捷开发应用到每个各自独特且略有不同的环境，那么敏捷开发可以很好地应用到硬件和机电一体化产品的开发。这就是本章要详细探讨的内容，使读者能够将敏捷思维方式应用于所有类型的产品、项目、流程和系统。

8.2 什么是敏捷开发

对敏捷开发的全面理解将使管理来自客户、经理和所有相关人员的期望变得更加容易。如果理解错误、经常听到批评以及风险等所造成的影响，就会使敏捷成为一纸空谈。为了保护用户、经理等不受到评论，深入理解如何有效地实施敏捷开发才是防止失败的最佳保障。敏捷开发是一种思维方式，由价值观和原则支持，并通过许多实际实践得到体现，如图8-1所示。

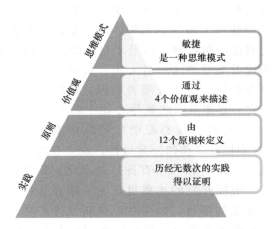

图 8-1　敏捷开发是一种思考和行动的方式
（资料来源：改编自 Sidkey，敏捷思维，2015）

敏捷开发旨在解决以下问题：
1) 如何催生出一种流畅的状态以及持续、平稳的交付有效的输出？
2) 组织机构如何培养协作的团队精神，并更快地实现共同目标？如何在日益复杂和不确定的商业环境中管控风险？

敏捷开发是一种思维方式，一种可以超越所有活动的心态。我们将敏捷开发定义为现代乌卡世界中建立创新并取得成功的能力。敏捷开发的目标是使组织、团队或个人能够更快、更有效地实现成果，通过调整工作方式使其能够对公司内部和外部市场的变化做出快速响应。它旨在培养一种使人们能够尽其所能做到最好的心态，真正实现项目的价值作为一个整体超过各部分的总和。优秀的团队合作、有效的沟通、目标驱动和值得信任的互动，以及资源的有效利用，都旨在快速地适应变化的环境。

为了让使用者更容易理解敏捷开发，我们用一些原则和价值观来描述它。因此敏捷思维是建立在敏捷宣言中所概括的四个价值观和十二条原则（后面将详细阐述每一条原则）的基础上的，这是对敏捷思维最好的描述。一个组织是否敏捷、有效，不是由敏捷流程本身的效率来衡量的，而是通过实现目标的具体结果和产出来衡量的。敏捷开发远不止于一个方法论，它是一个整体工作框架，旨在培养一种思维方式和流程，以促进团队合作和工作流程，从而将市场需求与技术可行性结合起来，产生大量的输出并且能快速进行改进。

从技术上讲，敏捷开发是非常具体的。它注重迭代、协作的工作流程，在小型团队内运用迭代、持续反馈循环所交付输出结果。敏捷开发不是一种无秩序的、随心所欲的工作方式，而是一种非常纪律性和结构化的工作方式，以产生更大的影响和消耗更少的精力。通过不断的实践，才能将敏捷思维模式应用到实践中。最著名的实践是看板法（Kanban）和敏捷团队（Scrum）。这些实践的成功因素之一就是它们的可扩展性，随着技术和组织复杂性的增加使得可扩展性变得尤为重要。这种可扩展性的需求已经成为开发可扩展敏捷工作框架的驱动力，例如 SAFe®、LeSS 和 Scrum@ Scale（Scaled Agile Inc., 2017; Larman& Vodde, 2016; Sutherland&Scrum Inc., 2018）。

然而，工具和精简的流程本身并不能使一个流程或一个组织机构变得敏捷。一个完整的和成功的方法意味着人们自己（如个人、团队、领导者）在任何时候都能以敏捷的思维模式行事，凝聚力量创建一个敏捷的组织。由于敏捷开发是从内部开始的，行动和行为的改变不是单纯地受到指令和控制，而是来自于个人内部，来自于你可以看到和感受到它的好处。因此，敏捷开发被称为一种心态，同时也是一种哲学。如果生活在一个组织中，管理层就必须以身作则。对于管理者来说，敏捷开发的生存需要一种更具变革的、充分授权式的领导方式。它要求团队领导专注于将员工从他们职能的条条框框中解脱出来，并在跨学科的、由客户为核心驱动的团队中真正高效地合作（Rigby, et al, 2016）。有了这种新的精神和目标驱动的领导风格，设立在所有个人目标之上的共同项目目标也应该激励一种"领先一步"和"不责备"的文化，即共同目标的实现才是最重要的。与全体共治想法类似，敏捷开发的本质也是为了培养一种管理模式，来替代命令和控制等自上而下的管理。复杂的项目，如彻底地重新设计产品、生成新的业务模式或为现有产品体系创建新产品或模块化平台，都需要使用所有可能的方式（自下而上和自上而下）协同工作以实现持久的影响。

敏捷开发不是指完成了多少个看板或敏捷项目流程。对于一个有影响的措施，关键问题仅仅是看其真实的产出是否比在不使用敏捷工具的情况下更优且更快、帮助公司更好地适应实时的需求。纯粹地说，最终实现的结果才算数。组织机构是否敏捷不是你或管理者主观认为的，而是通过具体行动和行为的变化展示出来，这是一个敏捷、主动和有适应力的组织。敏捷开发并非解决公司工作流程或文化问题的灵丹妙药。仅仅实施每日站会并不能让公司更为高效。如果团队成员们只是为了给老板一个好印象而利用他们的发言时间来介绍他们每周或每天的成就，那么敏捷开发的精髓就真不复存在了。相反，基于信任和包容失败的文化才是创建敏捷工作环境的必要解决方案。

8.3 敏捷开发项目管理

技术进步和创新追风逐电，业务也应随之快速响应。一旦敏捷开发让组织能够掌控持续不断的变化，那么它自然会让组织在一个越来越不确定和复杂的商业世界中继续蓬勃发展。

在当今越来越不稳定和不明朗的市场环境中,长期战略规划成为一项挑战。敏捷哲学正是在这种背景下诞生的(Johnson,2012)。就业务战略而言,死抱长期战略不放无助于建立市场竞争优势,只有快速反应才能在短寿命、大起大落的趋势中受益。如果形式是服从功能的,那么敏捷开发是从一个传统的、缓慢的瀑布模型向适应性更强、更灵活、更快的商业方式转变的一个有用杠杆,如图8-2所示。

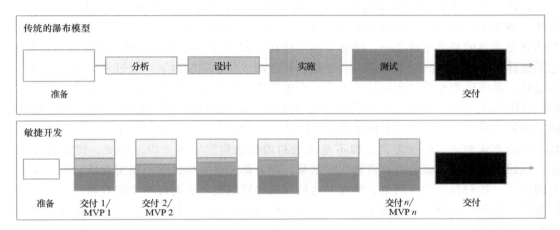

图 8-2 迭代开发以实现更快、连续的交货
(资料来源:改编自 Sidkey, *The Agile Mindset*, 2015)
注:MVP(Minimum Viable Product,最小可用产品)。

当正确地实施敏捷开发时,迭代的、不断的反馈循环就成为常态。敏捷开发和传统项目管理(瀑布模型)之间的主要区别是什么?两者的重要差异见表8-1。

表 8-1 传统项目管理与敏捷开发项目管理的重要差异

传统项目管理	敏捷开发项目管理
详尽的前期计划并恪守计划	事件和知识的逐步细化,基于最新更新数据的滚动计划
经理讨价还价,基于职责范围的交付。契约精神导致狭隘思维和职责纠纷管理	基于客户优先级、按时间窗口的价值提交。紧密和一目了然的客户协作和客户共创
关注计划和实物。项目进程面向明确的阶段或里程碑和相关工作产品	关注客户满意度并持续地保持与客户的互动。项目进程基于明确的最小可用产品(MVP)和用以学习的可运行特性
适用于大时间跨度的详细预测	建立在长期愿景之下的短期适应性详细计划
通过工作分解结构和甘特图进行活动管理	通过特性指标的分解结构进行承诺管理(例如排序的待完成任务)
对变化的反应是通过正式和防守性的变更请求。对纠正措施的管控	对变化的处理成为日常工作,通过适应性的行动应对变化
自上而下的控制。项目经理作为单一接口和最终决策者	自律的和自我管理的团队协作
人们态度冷漠	人们建立在信任和开放基础上的友好态度
稳定和高效	创新并从失败中学习
计划	实验
隐喻:古典乐团	隐喻:经验丰富的爵士乐团

然而，不仅仅是软件公司希望通过实施敏捷开发来获得持续有效的战略利益。因此，尽管敏捷宣言侧重于软件（下文将进行深入描述），将在软件上应用敏捷开发的成功因素扩展到硬件上就变得至关重要。

8.3.1 连接各点到其他工作框架

强调"或"并试图区分不同的主题是很容易的，尽管这与谈论共性和强调"与"同样重要，各个主题如何相互关联并重叠形成一个全部的整体。因此，应该清楚的是，敏捷思维当然就是重要的基本组件之一，将各个点连接在一起就能实功产地现成品开发的总体任务。它是整体解决方案的一个关键部分，也是公司全面成功的赋能因素。反过来，设计思维、价值设计、系统思维和模块化设计在本质上需要敏捷思维才能成功并获得生命力，而不仅仅是停留在纸面上的一个概念。例如，设计思维来源于强大的迭代反馈循环和对变化环境的敏捷、灵活的反应。正是通过不断地改进、团队合作和协作努力创建快速工作原型，才能以迭代和增量方式测试和改进方案，而不是将最初的想法构建成一个固定不变、完整的最终产品。敏捷开发与精益制造也有着密切的联系，两者都关注整体优化，以实现质量、速度和客户的协调。我们看到的区别是，精益制造的工具和原则侧重于通过减少浪费和改进与重复性任务相关的操作来创造完美的工作条件。因此精益制造更注重精简流程，而敏捷开发则更注重动态变化的环境。

挑剔的读者和模块化专家可能想知道的一个关键问题：如何能够在一开始就决定和切开那些既有硬件也有软件部件的产品或系统。如果让你来选择实现一个硬件部件或者一个软件部件，选择哪一个会更好呢？接口应该在哪里？什么形式？是硬件还是软件？能否为客户带来最大的附加价值？这些问题都基于机电一体化产品和系统是可以划分为硬件或软件部件的假设。系统的哪些部分可以通过软件来实现，哪些部分可以通过硬件实现，这取决于哪些元素应该进入共用平台并且不太可能发生变化，而软件元素和模块的优势是，它们可以更容易地适应市场变化，并且随之增长。一旦采用了模块化，敏捷开发就可以正确地应用于此类产品和系统，针对软件的敏捷宣言应用于软件部分，而经过深思熟虑和调整后的硬件敏捷宣言就可以应用于硬件部分。

8.4 机电一体化与硬件的敏捷宣言

敏捷植根于软件开发，而由于现代市场动荡的性质，也需要调整以适应硬件和机电一体化产品和系统的开发。

2001 年 2 月，有 17 位思想独立的软件从业者撰写了《敏捷宣言》。它的产生主要是为了"揭开"通过传统的项目管理方法（如瀑布模型）在软件开发中造成的损害（Johnson，2012）。它是为 20 世纪 90 年代工业领域的挫折而编写的，解决了那个时代所面临的一些关键挑战。例如，业务需求（客户所需的应用和功能）与技术交付之间存在巨大的时间差，曾导致许多项目被取消。这通常是因为业务需求和客户需求在很长的时间间隔内已经发生了变化，最终产品往往不再满足客户不断发展的需求。可以说，在当今动荡的市场中，实施敏捷思维和宣言是现代软件开发的关键制胜因素。

现在我们为什么要把敏捷开发适应并应用到硬件领域呢？敏捷宣言之前纯粹致力于优化软件开发。然而，我们的世界由软件和硬件系统共同统治，复杂的产品或系统都包括硬件和软件。尽管由于数字化等大趋势使得软件变得至关重要，但硬件仍然是产品开发的一个重要方面。在许多情况下，硬件是重要软件的载体。想象一下火车、飞机、有形产品。在许多情况下，硬件仍然是主要的驱动因素，并且通常是创造客户价值的基础。

这样问题自然而然地出现了，如何将最佳的实践从软件开发转移到硬件？如前所述，直接复制敏捷思维方式并不能将其转化为能够有效地适应于硬件项目独特设置的方法。盲目地将软件的敏捷宣言及其价值观、原则和方法应用于硬件开发可能会弊大于利。原因是硬件开发在某些方面与软件及其开发完全不同。因此，重要的是理解敏捷宣言，并且使这个源自软件开发的宣言适应于硬件开发的独特环境，这并非是一对一的简单复制。

为了理解这些差异，让我们来描述一下硬件和软件之间的差异。

8.4.1 硬件和软件之间的差异

要回答 4 个敏捷价值观和 12 项原则是如何适用于硬件的问题，首先看看硬件和软件之间的一些重要区别是有帮助的。Graves（2016）采用了类似的方法来比较和应用从硬件到软件的经验教训。

① 更改（Changes）。硬件和软件开发之间最明显的区别是硬件开发没有"撤销"按钮！硬件不能像软件那样轻易地重新设计或快速地重建。对于硬件，更改的成本通常会很高。因此，硬件开发通常的目标是避免在项目结束时对架构进行彻底的更改，并专注于在创新过程尚开放、模糊的前期就将产品设计正确。

② 物理需求（Physical Requirements）。物理需求和限制条件的定义在硬件开发中非常关键和重要。硬件限制条件的一些例子，比如产品的尺寸、重量、温度、防水性和海拔高度等。在新产品开发的一开始就必须考虑这些需求，而这些需求对产品架构和总体成本会产生高度的影响。

③ 部件成本（Component Costs）。软件开发建立在创建代码的基础上。数据和代码的存储通常是无限的，并且成本通常是微不足道的。因此软件开发成本主要是劳动力成本。反之，硬件开发需要更高的成本。例如，材料、制造和物流，通常必须在硬件项目中考虑，而这些成本在软件开发中并不存在。因此，交付原型、新产品释放和新的硬件功能都需要分配更多的时间和资金。什么时候值得创建物理的原型？这个决定还取决于原型的详细程度和复杂程度，可以是快速实体模型，也可以是可测试解决方案。总的来说，与软件开发相比，硬件开发的决策需要更为仔细的规划，以便恰当地平衡价值和成本。

④ 开发团队（Development Teams）。与软件团队相比，硬件团队通常包括许多不同技术领域的专家（例如电子、机械、热力学、仿真、制造、材料、外部供应商等）。因而要确保团队中的每个人对优化成本、交付周期、产品功能等能够一致的认同，就会变得更加复杂。这通常与硬件开发中沟通的复杂性息息相关，硬件开发过程往往比软件开发过程要复杂得多。

⑤ 原型（Prototypes）。建造用于开发过程中检验和验证的物理原型需要许多工作步骤和大量资源。因此，建立正确的开发和集成的环境是至关重要的。例如，什么可以进行虚拟测试，同时允许内部或外部利益相关者的反馈？这又关联到在设计思维一章中介绍的部件成

本和快速、迭代测试。

⑥ 研发周期（Lead Time）。软件开发的构建和编译步骤较短，而硬件开发通常需要较长的采购和生产步骤。交付时间较长的关键部件可能会对总体研发周期产生巨大影响。

⑦ 供应商的依赖性（Supplier Dependencies）。对供应商的依赖取决于对模块、部件、材料、工具和外部能力的需求。供应商的敏捷性和速度对开发过程中有着很大的影响，因为如果零件不能按时交付，开发就必须停止。合作伙伴的融合深度、可信度、可靠性在硬件和软件的开发中具有不同的性质，在硬件项目中要比在软件项目中更有具相关性。例如，供应商管理可能需要确保按时交付和质量管理，如果欠优的、高额开发成本、时间滞后和效率低下所产生的后果是严重的，敏捷开发就是要从根本上减少这种后果。

⑧ 物流或材料流（Logistics or Material Flow）。硬件项目需要规划材料流和物流。这包括批量规划和产量预测。为了最大限度地实现稳定的物流和交货，还必须考虑硬件的储存。为了得到适当的生产数量就必须考虑并核算允许的偏差和生产效益。

⑨ 测试设备（Testing Equipment）。与软件相比，硬件通常需要更多的测试空间或者测试设备，这通常导致更高的成本。测试和自动化测试更加复杂，有时甚至需要特殊的实验室。

⑩ 未来趋势——硬件软件的融合（A Future Trend——Hardware and Software Merging）。数字化和自动化正在通过一系列新产品、服务、体验和概念创造一股颠覆性和随之而来的创新浪潮。3D打印就是这样一个切中要害的例子。利用3D打印技术，硬件和软件开发之间的根本区别，以及它们之间的边界就变得不再泾渭分明了，而更具流动性。由于形式服从功能以及客户对软件密集型解决方案的需求不断增加，集成和组合给硬件与软件领域之间带来了许多接口和交互。

新技术的日益发展创造了一个竞争环境，在此我们可以观察到硬件和软件元素之间的融合。例如3D打印不再是发展初期的玩具，而真正是一种未来的大趋势，能够颠覆未来的制造业。3D打印依靠软件来创建硬件产品，近年来取得了巨大的技术飞跃，以至于可以想象它会颠覆非常大型、复杂硬件产品的生产工艺。例如，建造房屋是一个缓慢而不堪其忧的过程。在美国，一个机器人在不到一天的时间里就组装起一栋房子，从地基、地板、墙壁和屋顶，这通常需要6个月的建造时间（Garfield，2017）。3D打印可以在未来大幅度减少甚至消除供应商等待时间过长的问题，因为产品可以直接在现场打印。因此它还减少了生产过程的滞后性并缩短了产品交货期。利用通过软件调整产品体系架构的能力，新产品的释放就变得更加简单、更为快速。快速原型机为更复杂的产品创造了实现的机会，同时还可以在更改仍然容易的阶段对产品的基础架构进行优化。为什么数字化趋势如此重要？在这种特殊情况下，3D打印使硬件和软件之间的界线变得更加流动。随着数字化和自动化的兴起，到那时机器人可以用来制造硬件。与软件类似，产品可以通过简单地点一下键盘就可以投入生产了，并且可以立即打印出来，并以最终的形式呈现。

8.4.2 适应机电一体化和硬件的敏捷宣言

当然我们需要理解和尊重硬件和软件开发之间的差异，以及硬件和软件元素之间不断增加的流动性和集成度。下一步是了解我们所讨论的这些差异是如何影响敏捷价值观和原则的——这就是建立敏捷思维的基础。对于软件开发人员来说，敏捷开发的优点已经被广为接受。然而敏捷硬件开发的情况并非完全如此,围绕敏捷的实践以及如何让它在商业中保持活力的争论尚不明朗(Johnson,2012)。约翰逊还发现一般的硬件开发人员很难对敏捷有一个共同的观点(如前所述)。下一节旨在弥合这一知识鸿沟,并就应如何在硬件开发中思考每个价值和原则展开讨论。本节主要内容基本上是作者本人在多年的咨询项目和敏捷工作中对硬件和机电一体化产品及系统开发方面的经验总结,尚不能称为成熟的实践。将敏捷宣言施用于硬件的应用以及敏捷宣言的转化绝非尽善尽美,但它总结了我们的见解,如果你能想象自己的经历是如何与这些价值观相适应的,那么它将变得更加丰富和适用。总之,这是最好的实践,可以与任何想在硬件开发中应用敏捷的人进行分享。作为工作实践,我们也敬请学者们能够进一步研究和发展这些想法。

1. 适用于机电一体化和硬件的 4 种敏捷价值观

下面的表格包括了原版的敏捷宣言,以及我们对如何将其应用于硬件开发领域的解释。为了有效阅读此表,请注意以下事项:

① 左栏中列出了原版的敏捷宣言。

② 右栏中描述了如何将敏捷宣言应用于硬件开发。我们旨在思考并且尽可能避免描绘一幅只有一个真理的非黑即白画面。术语的适应性和应用意味着涉及某种特定程度的解释,并且该表格不应被视作敏捷宣言用于硬件的直接翻译或复制粘贴。相反,它赢得了对两种情境下的理解,并尝试将一个情境(软件)的应用成功地适应到另一个特定的情境(硬件)。

③ 敏捷宣言列出了 4 种价值观,并根据其重要性进行如下明确的排序:"尽管右边的条目具有价值,但我们更看重左边的条目"。观察下面的表格,它只提及软件的敏捷宣言(见左列)。因此,敏捷宣言重视是个人和相互交流,而不是流程和工具,但并不是直接将宣言改编应用于硬件。软件与硬件的敏捷宣言价值观的对应见表 8-2。

表 8-2 软件与硬件的敏捷宣言价值观的对应

敏捷宣言—— 软件价值观	如何适应并将敏捷宣言的价值观应用于硬件
1. 个人和相互交流重于流程和工具	该价值观同样适用于硬件开发。硬件和软件项目都需要有效的沟通、流畅的团队合作、具有反馈循环的有效交流以及顺畅的跨职能协作。为了实现所有这一切,虽然有效的流程和工具是其精髓,但仅靠这些并不能带来预期的结果,仍然需要相关人员推动创新向前发展。由于硬件项目需要不同领域的专家、技能、团队、供应商和技术,团队沟通和交流会增多。交互数量的增加导致项目的整体复杂性增加。为了应对这种日益增加的交互复杂性,必须拥有流程框架和相关的工具,成功地协助管理和降低这种复杂性。模块化可能是一个功能强大的框架,可以分别在一些较小的、解耦的团队并行工作,这些团队之间有着定义好的接口
2. 能够运转的软件重于完整的文档	在大型硬件项目中,完整文档的重要性与软件项目相类似。 在我们将这些价值观应用于硬件项目之前,应该澄清敏捷宣言中第二个价值观所涉及的内容。它并不意味着项目应该忽略完整的文档。 完整的文档包括软件项目中需要的所有必需的内部和外部文档,这些文档是无可置疑的。文档中还包括在源代码中的注释和符号。这里的意思是说,更重要的是要迅速交付可运行的产品以便获得早期的反馈,而不是先创建所有文档,然后再提供可运行的产品。 当然,硬件项目的目标也绝不应该是创建完整的文档,这些文档在开发的特定阶段没人需要,或在相应阶段没有任何价值。然而,对于复杂的硬件开发项目,持续创建可运行的产品(即最小可用产品)并非像软件那样容易实现。正如设计思维一章中所述,早期原型设计是早期测试产品架构不同方面的一种很好的方法。不可置疑的是,硬件的最小可用产品实现起来要比软件难得多,因此总体上,硬件项目中的文档比软件项目文档有更多的好处和价值。

（续）

敏捷宣言—— 软件价值观	如何适应并将敏捷宣言的价值观应用于硬件
2. 能够运转的软件重于完整的文档	在概念定义和开发阶段，硬件开发的许多文档都是强制性和至关重要的。此类文档可能是概念描述、图纸、概念决策、需求和技术规范、接口描述、模拟结果、制造说明等。因此与软件开发相比，硬件文档在直接帮助产品设计时更为重要。 　　文档另一个非常重要的方面是知识管理。特别是在硬件领域，产品的存在时间可能会超过产品创造者的寿命或工作年限。长时间地保持这些独特知识的有效性，对于发挥它们的可用性和长期的可持续性是至关重要的。因此，引入并仅仅依靠指挥室（Obeya's room：用来解释、可视化和收集所有相关项目信息的专用房间）和可视化公告板进行即时记录可能会产生致命的后果。与显性知识紧密相关的隐性知识，例如相关的项目经验，需要记录下来，并且保持在未来以相关方式的可访问性。毫无疑问，主要的信息是，这些可视化工具为硬件项目增加了巨大的价值，但同样重要的是以合适的和便于使用的方式存储来自这些工具的主要决策和结果
3. 与客户协作重于合同谈判	该价值观也适用于硬件开发。 　　特别是在产品开发的早期阶段，必须对产品架构、接口和功能等做出众多的决策。为了做到这一点，客户的早期参与十分重要。持续的反馈循环带来了持续的改进，从而增加了取悦客户的可能性。此外，通过降低与公司政治的相关性，与客户协作甚至共同创新有助于引导公司朝着正确的目标和方向发展。正如"设计思维"一章中所述，倾听客户的需求和早期原型设计对于收集此类早期反馈非常有用。因此，客户的参与和持续的合作，要比仅仅签订一个合同，然后以一种确信自己知道客户想要什么的心态来实施更为重要
4. 对变化做出响应重于按计划从事	在当今快速且不可预测的市场中，该价值观更适用于硬件。 　　在过去，人们花费了大量时间和精力为产品开发制订非常详细和长期的项目计划，特别是在硬件密集型系统中。其流程也是瀑布式的。由于在规划这些活动时投入的精力，即使外部需求变化了，原始计划通常也不会受到质疑。要能退后一步并且承认有一个比已经投资的解决方案更好的解决方案，需要的是勇气和敏捷思维，按照敏捷思维，敏捷性和错误都会被视成长的机会，会使我们变得更好。我们认为固定的长达一年的战略和经典的项目规划在今天已经过时，因为它们束缚了我们，使我们无法适应并随着外部环境的变化而不断进化。经验表明，在硬件密集型系统中也需要更多动态、迭代和快速的方法。 　　现代硬件开发的目标是在开发过程中尽可能晚地生成客户的差异化。这意味着，尽管更具挑战性，但在开发阶段硬件项目仍应该具有响应市场变化的能力。如前一节所述，硬件开发项目中材料成本、交付周期、供应商依赖性、原型等话题的相关性通常非常高。因此，由于硬件项目在材料和系统的相互依赖性方面具有更大的复杂和更高的投资，所以实现起来要比软件项目难得多。在开发过程中引入变更的时机，需要一个谨慎的产品开发原则和策略。 　　为了应对这一挑战，来自设计思维、系统工程和模块化的迭代测试是强有力的工作框架。本书中描述的一些其他工具在这方面很有帮助，例如：设计空间探索（DSE）、质量功能展开（QFD）、多样化设计（DFV）、客户导向访谈组（CFG）和洋葱皮模型

2. 适应于机电一体化和硬件的 12 条敏捷原则

在对敏捷价值观进行适应性变化之后，我们对表 8-3 中硬件开发的 12 条敏捷原则进行了调整。为了使 12 条敏捷原则适应于硬件，"软件"一词被替换为"输出"。在一个理想的世界里，"可用运行的（功能起作用的）产品"一词将是最准确的翻译。当然，在最初的设计思维和概念定义阶段中，我们只对概念的主旨的快速沟通感兴趣，而不是投入大量的时间和资源去创建无人需要的产品。在后续的开发阶段，我们需要创建更详细的产品架构。然而在现实中，实践表明总要创建一个可运行的硬件产品是不现实的。由于硬件项目对照软件项目有上述差异，创建用于连续测试的可运行产品、原型或最小可用产品通常是行不通的。在整个开发阶段中测试尤为重要,它不仅要确保产品的市场接受度,还要保证了其技术的可行性。尽管如此,在开发阶段会生成许多重要的可交付成果。这些可交付成果是硬件开发项目中产生价值的"输出"。这些"输出"可以是各种人工制品,例如图样、接口定义、架构决策、模块定义、仿真、规范、原型和客户反馈等。

表 8-3　12 条敏捷原则

敏捷宣言—— 软件原则	如何将敏捷宣言的原则应用并适用于硬件
1. 我们的首要任务是通过尽早、持续地交付有价值的软件来满足客户	我们的首要任务是通过尽早、持续地交付有价值的输出来满足客户。 要将这一原则应用于硬件,应将客户视为内部或外部的利益相关者,他们可以通过"可运行"的输出而获益。这种对客户定义的延伸对于硬件开发非常重要,因为不论是在 B2B(企业对企业)业务还是 B2C(企业对客户)业务,复杂的硬件产品开发都要涉及多个利益相关方。在软件中犯错误的成本通常不会像硬件产品开发过程中出现失效时那样高。例如,在创建模块化体系架构时,接口定义和体系架构决策对最终客户来说并不重要,但对内部利益相关者却十分重要。因此,尽快并持续地交付可运行的输出,对于内部利益相关者和客户也至关重要,他们可以在开发过程的早期提供反馈并改进产品
2. 欢迎不断改变的需求,即使是在开发后期;敏捷流程利用变化实现客户的竞争优势	现代硬件开发的目标是创建允许后期需求的改变,以便于不断出现的客户需求保持敏捷和灵活性,以便适应客户需求的持续波动和变化的框架。如果在产品开发过程的早期就冻结需求的技术参数,那么就不允许后期的改变,尽管这些变化对更好地服务客户是必要的。模块化架构是一个关键的杠杆,用于尽可能长地保持后期改变的可能性,尤其是在 B2B 业务和 B2C 业务中提高了应对客户需求的速度和灵活性。为了确定哪些需求最有可能在一段时间内保持稳定,哪些需求在未来可能会发生变化,可以使用多种不同的方法(比如多样化设计和洋葱皮模型)来定义模块化架构
3. 频繁地交付可运行的软件,从几周到几个月不等,优选较短的时间尺度	频繁地交付可运行的输出,从几周到几个月不等,优先选择较短的时间尺度。 这一原理大体上可以应用于硬件。要记住,创建一个可运行的软件要比创建一个可运行的产品和硬件的输出要容易得多。因此,为了使这一原则正确地适应于硬件的实际情况,一个"可运行的输出"是指可以在开发团队中审核、讨论和改进的输出。具有持续反馈循环的短开发周期将有助于生成频繁的输出。关于敏捷冲刺,并没有关于其时间周期的基本规则。与软件项目相比,冲刺周期通常代表一个一致的时间间隔,而在硬件项目中很难严格地遵守时间间隔的规则。相反,对于硬件项目的冲刺周期,其时长取决于所期望输出的结果,并且必须在每个冲刺的一开始进行规划。因此应该将此过程视为一种工具,以最佳方式获得所需的最终产品,而非反之亦然
4. 在整个项目期间,业务人员和开发人员必须每天一起工作	这一原则可以而且应该按原样应用于硬件开发
5. 要选择积极主动的人员来参与项目,并为他们提供所需的环境和支持,并信任他们能够完成工作	这一原则可以而且应该按原样应用于硬件开发
6. 向开发团队及在团队内部传递信息的最高效且最有效的方法是面对面地交流	这一原则可以而且应该按原样应用于硬件开发

(续)

敏捷宣言—— 软件原则	如何将敏捷宣言的原则应用并适用于硬件
7. 可运行的软件是进度的主要衡量标准	可运行的输出是衡量进度的主要标准。 这里的可运行输出是指可以在开发团队中核验、讨论和改进的输出。可以是仿真、原型、测试或核验等。硬件在环测试（HIL）或软件在环测试（SIL）大大减少了这样做的工作量。项目的进展通过成功的迭代和可运行输出的成熟度来衡量
8. 敏捷过程促进了可持续的发展；投资方、开发人员和用户应该能够无限期地保持恒定的速度	这一原则可以而且应该按原样应用于硬件开发
9. 持续关注技术卓越和优良设计可增强敏捷性	这一原则可以而且应该按原样应用于硬件开发 在这种情况下，技术卓越并不意味着过度设计和超出目标客户的最低需求。技术卓越意味着促进简化开发和项目进展。这意味着要确保产品必须提供的功能性需求和非功能性需求的质量，这种质量是由所涉及的目标市场及其客户确定的
10. 简单化是必不可少的——一种将未完成工作最大化的艺术	的确，简单是我们这个复杂的现代世界中真正的新特点。形式服从功能的真言就是尽可能保持精益和敏捷。必须专注关键客户的需求，才能使我们能够建造并将精力聚焦于真正重要的产品架构上。 例如，模块化可以从一开始就作为构建正确架构和平台的一种方法，因为它可以作为在复杂项目中获得简单性的关键杠杆。模块化通过将"大象"切成更容易处理的小块，可以成为实现效率和实践这一原则的关键垫脚石。这意味着尽可能实现标准化，并尽可能在增加独特客户价值方面进行差异化。因此，只有专注于真正重要的事情才能做到简单化
11. 最佳的架构、需求和设计来自自我管理的团队	这一原则也可以并应该应用于硬件，但需要彻底理解此处所暗示的内容。 本质上，得到授权的、自我管理的团队并不会推动优异的结果。相反，它是优秀团队成员的独特组合，他们也可以通过组织（即自发组织）内的结构和流程进行创新。优良团队的形成将确定并构成一个团队的成功与失败。因此掌握创建正确团队的技巧非常重要。优异的团队来自跨学科、跨职能团队成员之间的创造性碰撞。由合适人员组成的团队会产生许多妙策，这些神奇的小火花可能会创造出解决给定问题的革命性新方法。 要点是团队必须由这样的人员组成，他们组合在一起就拥有完成特定任务所需的全部知识。这里"组合"一词所表达的不是某一个人必须知道一切，而是团队作为一个整体运作，要比其各部分的总和更为强大，得到事半功倍的效果。如果任务是设计产品的架构，那么团队需要拥有与开发产品架构最相关的方法和关键的成功因素。例如，在这种情况下，最佳的架构源自对市场的深刻理解。为了遵循"形式服从功能"的真言，开发架构的团队应该能够从不同的团队成员和相关部门或职能中获取所有必要的信息。只有这样做才能成功地解决问题，通过彻底、深入的解决方案解决问题的真正本质和核心
12. 团队定期反思如何提高效率，然后相应地调整其行为	这一原则可以而且应该按原样应用于硬件开发

8.5 小结

市场环境越来越不稳定和不确定，技术进步和创新日新月异，长期的规划成为一项真正的挑战。敏捷开发成为从传统缓慢的瀑布模型向适应性更强、更灵活、更快速的商业模式转变的杠杆。敏捷宣言植根于软件开发，今天它被视为许多软件项目的标准工作方式。但是许多复杂的产品和系统中既包括硬件也包括软件（机电产品或系统）。这样问题自然而然地出现了：如何将敏捷宣言从软件开发应用到硬件和机电系统中。硬件和软件开发中有许多具体的方面是不同的，从实施变更的容易程度、通常的物理需求和部件成本，到物流、材料流或测试的容易程度。本章探讨了如何使敏捷宣言也适用于硬件密集型系统，以及那些将软件与硬件部件相结合的系统。

参考文献

Rigby, S. K., Sutherland, J., & Takeuchi, H. (2016). *Embracing agile.* Boston：Harvard Business Review Publishing Retrieved from https：//hbr.org/2016/05/embracing-agile.

Garfield. (2017). *A robot can print this house in as little as 8 hours.* World Economic Forum. Retrieved from https：//www.weforum.org/agenda/2017/12/a-robot-can-print-this-house-in-aslittle-as-8-hours

Graves, E. (2016). *Applying agile to hardware development.* Playbook. Retrieved from https：//www.playbookhq.co/blog/agileinhardwarenewproductdevelopment/

Johnson, N. (2012). *Agile hardware development-Nonsense or necessity?* EDN Network. Retrieved from https：//www.edn.com/design/systems-design/4396532/Agile-Hardware-Development---Nonsense-or-Necessity--

Manifesto for Agile Software Development. (2001). http：//www.agilemanifesto.org/

Scaled Agile Inc. (2017) *SAFe ® 4.5 Introduction-Overview of the scaled agile framework for Lean Enterprises.* Retrieved from https：//www.scaledagile.com/resources/safe-whitepaper/

Larman, C., & Vodde, B. (2016). *Large-scale scrum.* New York：Pearson Education, Inc.

Sutherland, J., & Scrum Inc. (2018). *The Scrum@Scale^{TM} guide.* Retrieved from https：//www.scrumatscale.com/scrum-at-scale-guide/

第三部分
框架教程

以下部分可以看作是骨架和支撑结构，用以在实践中去实现之前探讨过的所有工作框架。以烹饪书的形式编写，以便在需要时来回顾那些关键原理、方法和工具。你会注意到，我们试图保持简洁、清晰的描述。这将使你能够轻松地选择和使用与你的特定需求和环境状况相关的具体工具。

教程 直接链接到前面探讨的那些框架。我们的目标是应用所讨论过的工作框架，让我们一起就"如何去做"的话题逐步地进行深入细致的探讨。我们希望这些具体的教程能够使所有类型的读者真正使用从本书中获得的理解，并将其应用到自己的生活和工作中。我们希望通过这些教程，帮助人们以让人感到具体和有用的方式来学习和进步，同时通过基于问题的、体验式的学习而成长。

强大的工具 是指三种非常强大的方法，因而描述得相当详细。比起那些更为简单的基本工具，比如卡诺模型，这些工具需要更多的经验，因此可能看起来更复杂。

① 质量功能展开（QFD）：相对于那些重要的工作框架，比如，形式服从功能、价值设计、模块化和敏捷开发，我们将质量功能展开视为前辈或母体，特别是因为它关注跨功能协作以及对市场和技术领域的结合。

② 设计空间探索（DSE）：无论何时，当你需要发散解决方案空间时，在寻求创意和生成概念时、在解决问题或寻找解决方案时，这个工具都非常有用。

③ 设计结构矩阵（DSM）：如果你正在寻找一个小挑战，那么就去尝试一下设计结构矩阵，它不是一个简单的工具，而是一个重要的方法，用于可视化和优化一个复杂系统中各个部件之间的依赖关系，比如产品、团队、组织或流程。

基本工具 是指那些被我们视为重要的基本组件和拼图块的工具，它们为主要的工作框架带来生命。对于实际应用和具体行动，有一份常用和相关的工具清单通常是非常有帮助的。如果在最需要的时候使用得当，它们会使一个项目变得结构化，并且备受关注。在本节中将简要描述和解释每种工具，重点关注在实际应用中最重要的那些必须掌握的内容。然而，如果我们不知道何时以及如何应用这些工具，那么它们就毫无用处。因此，在每个教程中，我们还列出了在每个特定的阶段最有用的那些工具。当然，请注意，每个主要工作框架都有许多其他工具，因此此列表绝不意味着限制你对其他有用工具和技能的想象力和体验！

框架教程

9.1 市场细分：深度挖掘

要做的工作和所处的环境状况的概念在实践中可以用来导出两个标准：即如何将一个市场划分为不同的细分市场，以及如何深入了解每个特定细分市场的客户需求。通过将克里斯滕森的概念置于产品开发环境中的方法框架，我们将探讨并解释这个具体的方法，如何来获得客户要做的工作、他们的环境状况以及回答技术和架构相关问题的具体方法。为了做到这一点并使我们学到的更为具体，我们将使用一个研究案例来例证如何将方法论应用到实践中。总体方法是以一家生产"Omafiets"自行车的公司为例，如图9-1所示。

图 9-1 方法论：始于从得到要完成的工作，到制定架构相关的决策

这是一家虚构的公司，经营自行车业务。想象一下，该公司以生产和销售广受欢迎的"豪华自行车"起家，该核心产品在荷兰取得了首次大规模的市场成功。现在人们也经常把这种自行车称为"荷兰自行车"。在荷兰语中，这些自行车的名字是"Omafiets"，意思是"奶奶的自行车"。

从产品创新和开发的角度看，这些自行车已经存在了很长一段时间。确实，自20世纪初以来这个概念几乎没有改变过。然而现在想象一下，在过去的一年里销售数据并没有期望得那么好。为了更好地增加营收，公司决定探究产品不再受到欢迎的原因。为此，公司启动了一个专门的项目以便更好地了解市场，并希望使用一种方法论和结构化的方式来完成这个项目。那么这家公司应该如何创新和重新思考其核心产品呢？可能采取哪些步骤才能做到这一点？从哪里开始呢？

有用的工具：设计思维，价值设计，产品架构（即形式服从功能），卡诺模型，同理心图，成对比较，树图。

步骤一：找出客户想要完成的工作

一般来说，公司提供一种或多种现有产品。很重要的是，对于每个产品，首先要问下面的问题："为什么人们会考虑购买这个产品？"这个问题应该成为支撑和推动所有进一步的设计问题和产品创新的决策。当人们希望有一个产品可以帮助他们在私人或职业生活中应付所面临的问题时，就会开始考虑寻找和购买这样一个产品或服务。换一种说法：当人们购买产品时，本质上是"雇佣"某件物品来完成一项工作，因为他们有一个希望得到解决的挑战。

例如，自行车可以用来完成多种不同的工作。最常见的工作是从 A 地到 B 地；另外一个流行的工作是改善人们的健康。人们购买自行车以便在乡村游览、体验大自然或从繁忙的工作中恢复过来。

在发掘各种待做的工作时，值得注意的事实是它们存在于不同的类别中：这些功能性的工作主要描述了完成一个特定工作的必要性，除此之外，还有一些私人的工作（指的是人们想要的感觉）以及社交工作（指的是人们想要被他人感知到）。在本例中，人们可能会选择购买一辆自行车，其潜在的工作是向他人或自己"表现自己的生活方式"，骑上自行车与他人分享想法、展示身份。

步骤二：发现客户所处的环境状况

环境状况是指一个人在试图完成一项特定工作时，所接触到的，并受其影响的特定环境。环境状况的变化可能很大，客户之间的环境状况会大有不同，因而看起来几乎是独一无二的。请注意，类似的环境状况可能导致类似的需求和类似的需要完成的工作，从而将此类客户归类于相似的客户群体中。

对于一个潜在的自行车客户来说，环境状况可能是什么样的？想象一对住在市中心的年轻夫妇，他们住在一座没有电梯的大楼三层，并且储藏空间有限，他们有三个孩子并且目前还买不起汽车。妻子每天早上都要去上班，并且她的工作需要极长的时间。她喜欢运动，然而长时间的工作使她几乎不可能有规律地锻炼身体。根据这些环境条件，对她来说最重要的事情是运动和希望能够每天都可以准时从家里到办公室。不过，好在是从她的家到办公室只有 5km，并且有路面平整的自行车道，使得骑车既安全又方便。

鉴于这里的工作似乎是"每日上下班通勤"（工作和环境状况如图 9-2 所示），从所有其他方面描述的具体环境状况最终得出的结论是，自行车可能是在上下班时最合适的代步工具。通常，人们在描述如何考虑购买或雇用某一特定产品时，他们似乎会给你讲一个完整的故事。当然人们的价值观和个性特征、以往的经历或其他人的行为和期望也需要被视为相关环境状况，因为它们引导并显著地影响了客户潜在的购买决策。

最终，正是这种环境状况导致客户做出完全不同的购买决定，即使他们想要完成的工作十分相似。大多数情况下，了解客户的环境状况具有重要的意义，只有这样才能设计出能够帮助客户完成他们要做的工作的产品。

步骤三：将工作和环境状况分组，以形成一个细分市场

在推导出所有需要完成的相关工作和环境状况之后，只要将所有工作和其发生的环境状况相结合就可以创建一个细分市场，确定工作和环境状况如图 9-3 所示。请注意，根据你公

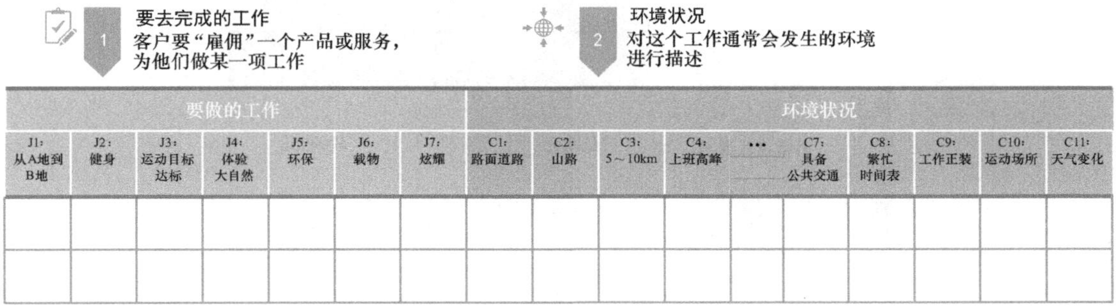

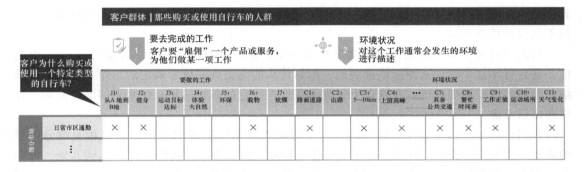

图 9-2　工作和环境状况

司的用词，你可能更喜欢使用术语可能是"用例（use-case）"而不是细分市场。这两个词可以等同使用。在本书中，我们使用"细分市场"一词。

图 9-3　确定工作和环境状况

真实生活中的项目，常见的情况是客户可能同时会有多个工作。在这种情况下，就要创建一个细分市场，这些工作都存在其中。为此，举个例子：人们既要想从 A 地到 B 地，但同时也想健身，这就说明一个人想要同时完成两项工作。环境状况也是如此。每个细分市场都要考虑到多种环境状况。

最后，细分市场的描述是至关重要的。我们必须很好地反映工作和环境条件的组合，而不再是一开始就直接涉及产品。这样做就打开了解决方案的空间，把我们的注意力从目前用于解决面临问题的初始条条框框和标准中转移出来。因此在这里提供的例子中，一个细分市场可以标记为"日常市区通勤"。不应使用"城市自行车"这样的描述，因为它已经描述成了一个解决方案或提供的产品。

步骤四：评估细分市场的吸引力

为了以后定义公司应该关注哪些细分市场，现在就必须对步骤三中产生的全部细分市场进行吸引力水平的评估。因此，应收集各细分市场的成交量、预期增长率、目标价格和利润空间等相关信息，评估细分市场的吸引力如图 9-4 所示。

通常情况下，符合上述格式的所需信息种类是无法购买到的。由资深市场研究机构创建的众所周知的市场报告也不适用于待做工作理论，只提供基于客户或产品属性（例如地理分布、产品类别）的市场信息，这些属性在这里的价值非常有限。相反，必须创建一个专

		细分市场的吸引力		
		市场容量	增长率(CAGR)	目标价格
细分市场	日常市区通勤	7亿欧元	5%	500欧元
	⋮	⋮	⋮	⋮

图 9-4　评估细分市场的吸引力

门的市场模型,该模型应尽可能与得到验证的一组假设关联在一起。

步骤五:确定各细分市场的相关需求

工作和环境状况与细分市场的结合产生了一个丰富多彩的画面,现在可以将其转化为更具体的产品需求,或者更确切地说,转化为未来可能创建的产品需求。最终,可以提供的可能不仅仅是单个产品。

因此针对每个细分市场,要确定客户对一个产品可能有的需求。一个需求就是一个属性,是自行车这个产品通常应该满足的。想想什么能完美地完成所确定的工作,并考虑到该细分市场的所有环境状况。在这点上,你不需要在意它们各自的重要性水平的潜在差异,这将在之后考虑。

我们自行车的示例是什么样子的?以"维护成本低"的需求为例,确定相关细分市场的需求如图 9-5 所示。人们只需要一个高度可靠的产品让使用者从城市的 A 地到 B 地。他们不想为产品花费过多的精力,比如存放或维修等。解决方案应该简单有效,同时不会造成任何日常的不便。

		需求										
		重量轻	维护成本低	舒适性高	尺寸方便	防水	省力	设计精美	GPS码表	遵守交通规则	带支架	确定性
细分市场	日常市区通勤											
	⋮											

图 9-5　确定相关细分市场的需求

步骤六:定义每个细分市场需求的价值

对于所选定的细分市场,每个需求都有极其重要且具体的价值。在步骤六中,需要将这些特定的价值赋予细分市场,如图 9-6 所示。通过这样做,市场就产品最终形式差异化的需求也就变得清晰可见了。例如,如果你需要经常用你的车来随身携带书包或搬运其他东西,你将受益于自行车的车架;如果你的自行车是为了表达一种无忧无虑、运动且充满活力的生活方式,那么车架就毫无用处。

		需求									
		重量轻	维护成本低	舒适性高	尺寸方便	防水	省力	设计精美	GPS码表	遵守交通规则	带支架	稳定性
细分市场	日常市区通勤	<15kg	最多每年1次	中等宽度车座	需要	挡泥板	变速挡位少	标准颜色可选	无	灯光+反光镜	有	标准
	周末自然之旅	<15kg	最多每年3次	宽车座	需要	挡泥板	变速挡位多	标准颜色可选	有	灯光+反光镜	有	高
	生活方式表达	<10kg	最多每年3次	窄车座	不需要	无	变速挡位少	标准颜色可选	无	无	无	标准
	高强度户外训练	<10kg	最多每年5次	窄车座	需要		变速挡位多	特殊颜色可选	无	无	无	高

图 9-6 为每个细分市场定义需求具体的价值

步骤七：利用卡诺模型对需求进行分类

就其重要性而言需求并不完全相同。例如，根据客户的喜好，他们可能更关心自行车的轻便性和运动性，而不是更高的舒适性。有一些需求是如此的必要，我们认为是理所当然应该有的，譬如自行车的轮子。因此，总体而言需求在其本质和重要性两方面都可能是不同的，从而在不同程度上影响解决方案的最终架构形式。由于需求是在架构形式和产品开发方面做出决策时的典型指示标，因此需要对它们进行分类。

由 Noriaki Kano 教授开发了一个模型为这项任务提供了一个合适的工作框架，这个模型常常被称作卡诺模型。该模型在工具一章中有详细的说明（见第 11.1.1 节，"卡诺模型"）。根据该模型，产品的需求可分为以下三类：

① 基本需求（Basic Requirements）。
② 性能需求（Performance Requirements）。
③ 兴奋属性（Enthusiasm Attributes）。

出于实际目的，这里建议对模型稍作修改。从公司的角度来看，总是会有两个关键问题："产品究竟需要做成什么样子客户才能考虑购买？"和"在客户通常考虑的所有备选方案中，是哪些功能最终让客户决定选择购买了那个产品？"为了更容易地回答这些问题，我们建议使用以下两个类别：

1）基本需求。这个类别对应于卡诺模型中基本需求的类别。没有满足这些基本需求的产品是根本没有人会考虑购买的，或者至少在客户中会引起强烈的不满。虽然不去实现基本需求，就阻止了客户在未来再次购买该产品，然而，客户也不愿意在这种商品化的标准功能上花费额外的钱。

2）关键购买因素（KBF）。关键购买因素（KBF）结合了传统的卡诺分类中性能需求和兴奋属性，它们被标记为"基本需求"或"关键购买因素（KBF）"如图 9-7 所示。如果关键购买因素（KBF）相关的需求在解决方案概念中的实现程度越高，客户的满意度和愉悦感则会更高。简单地说，这是"越多越好"。如果两个相互竞争产品完全实现了基本需求，那么集成在最终概念中的关键购买因素（KBF）将决定客户会购买什么样的产品。

细分市场		需求										
		重量轻	维护成本低	舒适性高	尺寸方便	防水	省力	设计精美	GPS码表	遵守交通规则	带支架	稳定性
	日常市区通勤	关键购买因素(KBF)			基本需求	关键购买因素(KBF)					基本需求	
	⋮											

图 9-7 确定每个细分市场的关键购买因素（KBF）

步骤八：关键购买因素（KBF）的优先级排序

关键购买因素（KBF）的优先级确定在每个细分市场中客户最看重的是什么。尽管基本需求无论如何都必须得到满足，但公司必须决定要将重点放在哪些关键购买因素上，从而相应地分配资源。将基本需求和关键购买因素一并考虑的目的当然是为了比竞争对手的产品能更好地完成客户的工作。然而，公司应该投资哪些关键购买因素并将其包含在解决方案中（特别是当这些关键购买因素的成本高，并且提高了解决方案的总体价格时）？哪些功能性和因素能让客户在完成工作时最高兴？为了回答这些问题，需要对所有的关键购买因素进行排序。

为此，成对比较是一种有用的方法（详见第 11 章 "工具" 中 11.1.2 节 "成对比较"）。这里，一次比较两个因素——一对关键购买因素，从而确定这两个因素中哪一个相对重要一些。这个过程应该施用于所有可能的配对因素。其结果是一个序列，显示了哪些关键购买因素最重要，并且被认为对客户更有价值，因此毫无疑问应该被纳入产品的设计中。

关键购买因素的重要性，以及由此产生的排序在不同的细分市场中会有所不同，因为不同细分市场的客户偏好是不同的。

步骤九：创建"细分市场扼要描述"

根据面前的分析结果，可以为每个细分市场创建一个扼要描述，典型的细分市场扼要描述如图 9-8 所示。它总结了为每个细分市场收集的所有信息，涉及所参考的细分市场描述，以及与之相应的待做工作、环境状况、已排序的关键购买因素、基本需求以及某个细分市场所对应的市场容量、增长率和价格水平。

细分市场		关键购买因素				基本需求	细分市场的吸引力		
		优先级高 ←			→ 优先级中等		市场容量	增长率(CAGR)	目标价格
	日常市区通勤	维护成本低	重量轻	省力	设计精美	…	7亿欧元	5%	500欧元
	⋮	⋮	⋮	⋮	⋮	⋮	⋮	⋮	⋮

图 9-8 典型的细分市场扼要描述

现在让我们从产品设计和开发的角度具体地看一下市场的细分。事实上一个市场是由许多具有差异化客户需求的细分市场构成的，这意味着需要不同的产品或更确切地说需要不同的衍生产品。

市场覆盖越宽范，存在的产品衍生品就越多。它们的特点各不相同，以适应不同的细分市场和客户群体所代表的不同工作和环境状况。这又导致了产品开发和生命周期管理的复杂性。正如在平台开发方面所讨论的，所造成的挑战是将复杂性水平限制在公司在生产方面能够掌控的水平。因此，决定是否为一个或多个细分市场提供服务，不仅要考虑到细分市场的吸引力（市场容量、增长率和利润率），还要考虑到它在产品开发和生命周期管理方面产生的复杂性。

影响总体复杂性的最重要因素之一就是产品架构本身。产品架构是产品需求到所定义产品的结构和形式的一种转换和具体表现。根据一开始定义的产品架构和相关接口，使得创建额外的衍生产品或在今后某个时间点对产品进行创新，或多或少会变得更加容易。这一点我们已经在形式服从功能原则的章节进行过相关的讨论。在第7章的"模块化"和"多样化设计"（见第11.2.5节）中，我们详细探讨了如何创建模块化产品架构以实现不同细分市场的灵活性。

为了评估与细分市场选择相关的复杂性，有必要再次回顾各自的需求。其中通常有一些需求对产品架构有直接影响。这些被称为架构的主导需求，我们将在下一步中探讨。

步骤十：确定产品架构的主导需求

在这一步中，我们的目标是确定那些需求值的改动将直接影响产品的主要部件或接口，或大幅度增加其概念开发的额外成本的需求，如图9-9所示。

		需求									
		重量轻	维护成本低	舒适性高	尺寸方便	防水	省力	设计精美	GPS码表	遵守交通规则	带支架	稳定性
细分市场	日常市区通勤	<15kg	最多每年1次	中等宽度车座	需要	挡泥板	变速挡位少	标准颜色可选	无	灯光+反光镜	有	标准
	周末自然之旅	<15kg	最多每年3次	宽车座	需要	挡泥板	变速挡位多	标准颜色可选	有	灯光+反光镜	有	高
	生活方式表达	<10kg	最多每年3次	窄车座	不需要	无	变速挡位少	特殊颜色可选	无	无	无	标准
	高强度户外训练	<10kg	最多每年5次	窄车座	需要	无	变速挡位多	特殊颜色可选	无	无	无	高

图9-9 确定对产品架构有影响的需求

就自行车的案例而言，以是否提供减震（用于山地自行车，使骑手免受地形高低不平的影响）为例。如果将减震集成到自行车车架中，当某些细分市场不需要减震时车架就必须重新设计。相反，不同的颜色对于其他部件没有任何影响。因此，不同部件之间的依赖关系使得产品处理起来更加复杂，在这个例子中的依赖关系的部件就是车架和减震。

步骤十一：创建架构主导需求的需求树图

利用架构主导需求不同的价，就可以创建一个需求树图，通过该需求树图，公司可以对产品是否服务于所有计划的细分市场而带来的复杂性提供指示和深刻理解架构主导需求的需求树图，如图9-10所示。

同时，这样一个需求树图显示了在不引导致额外复杂性的情况下还可以为哪些细分市场提供服务。在这个例子中，令人惊讶的是"周末自然之旅"和"日常市区通勤"这两个细

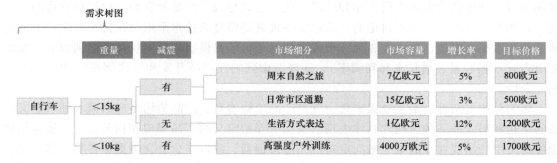

图 9-10 架构主导需求的需求树图

分市场在产品架构上没有任何区别（它们的重量相似并且都有内置减震），只需对一个细分市场的产品做一些小的改动就可以满足另一个细分市场的所有需求，最终非常理想地服务于各自的细分市场。因此在这种情况下，公司应该考虑同时服务这两个细分市场，虽然其中一个细分市场的吸引力尚不足以导致这一结论。

9.2 同理心：技能和技巧

在"设计思维"一章中，我们探讨了不同类型的同理心对于更好地理解客户和用户等的重要性。由于同理心是设计思维最关键的第一个阶段，本节中我们将重点关注和细致分析如何增强我们实施同理心的能力。我们可以学习哪些具体的技能来健壮我们的同理心？我们将重点探讨以下建立同理心的 5 项核心技能如图 9-11 所示。

① 换位思考，这决定了我们的自我中心性和以人为本的水平。

② 建立信任，它决定了我们与他人建立联系和创造安全感，以及允许他们公开分享他们自己更深层次（梦想、感觉、经历）的能力。

③ 主动倾听，是在任何情况下进行有效沟通的基础。

④ 促膝谈心，面对面提出正确的问题以揭示驱使行为的更深层的原因。

⑤ 细致观察，跟随用户的日常环境实地了解他们的需求和环境状况。

图 9-11 建立同理心的 5 项核心技能

9.2.1 换位思考

换位思考是指与同理心方来分享或理解其感受。作为设计师,我们的目标应该是通过认知同理心来理解用户,并且通过情感同理心来感受他们的情绪状态(Kouprie& Visser, 2009)。通过换位思考,我们既可以设想对方也可以直接认同对方,我们既可以成为对方,又可以在他们的身边去理解他们。

从"来这里"(唯我独尊)到"走出去"(广结朋友)的心态转变是深入对话和有效沟通的基本要素(McKinsey, 2014)。同理心是建立在"我们可以理解他人如何看待世界"的概念之上。为了实现这一点,我们需要能够说对方的语言,并且让对方能够感觉到我们实际上是有兴趣理解他们、希望与他们进行有效的沟通的。如果我们不能站在对方的角度让他们觉得自己被理解,那就好比石沉大海,只能去猜测对方想要的是什么了。因此,换位思考使得所有解决问题的途径更快、更有效,最终更有意义和更为有用,因为相互了解彼此,了解"问题的核心",我们实际上就能够产生持久的影响。为了理解对方,我们要反映出我们想要合作的意图,而不是相互竞争或炫耀。从把自己放在第一位到真正对对方感兴趣的心态转变如图 9-12 所示。

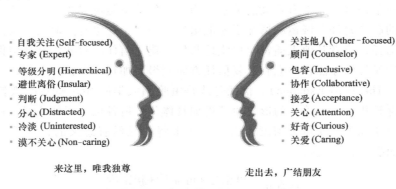

图 9-12 换位思考作为一种心态的转变
(资料来源:Mckinsey, 2014)

图 9-12 左侧图说的是我们被满足自我需要所占据。而右侧图是指我们能够倾听、放松并与他人建立联系以达到相同的理解水平。正是由自我中心向他者中心的心态转变才能使我们掌控这种心态转变的新形势,使我们能够建立有意义、有洞察力的对话(Mckinsey, 2014)。

这里讲的是一个重点关注,比如你已经入行的那个特定业务领域。"走出去"的观点说的是做一个中立的倾听者,采取一个更中立的观点。尤其是当人们接受了对专注于特定和专门话题的训练时,我们需求更多的实践才能做到对其他人的观点有更广泛、更无偏见的关注。站在"走出去"立场上,人们自然会成为更具有同理心的倾听者。通过更深入地倾听,自己的假设和信念不太可能掩盖对方所表达的意见,从而使询问者更有可能达到自己的目的:找出要为各自用户需要解决的问题,并以最佳方式解决这些问题。关键点是要采取"走出去"的观点需要很大的勇气和信任:这需要勇气和对自己能力的深刻自信,相信自己能够掌控因放弃自己的日程和自负可能所出现的任何情况。这也需要时间,应该耐心地对待

"偏离正轨"的话题，因为这可能正是你想要了解内容的一部分。如何在增加我们的可信度同时也增加信任他人的意愿，这是一个值得探讨的有趣话题。

9.2.2 建立信任

商业关系成功的最大决定因素是与客户之间彼此相互信任的程度，无论是内部客户还是外部客户（Lencioni，2005）。一个团队第一位的功能障碍是缺乏信任，这意味着害怕受到伤害。在缺乏信任的情况下，很难建立每一个人都能够直言不讳地表达自己的真实需求和需要解决的问题的文化。正是通过与他人建立基于信任的关系，我们才能建立有意义的联系，从而发现客户、用户或其他重要人物所关心的以及对他们有意义的事物。最终的结果应该是我们知道如何感同身受，如何建立联系使得我们得以深入地了解客户的需求。

如果缺乏信任，人们就不可能会共享所有相关信息。想想你所信任的或不信任的人，他们做了些什么才会让你对他们信任或不信任？如果建立起了信任，个人会更愿意、更快地触及问题的核心，敞开心扉，告诉他们你的愤怒、愿望，最终帮助你有效地解决问题，同时更感到被理解。获得这些深层意义的手段（参见图 5-6 金字塔中的人们所"说，做，了解"）就能开发建立在信任基础之上有意义的关系。当然，信任不是可以买到的东西，它只在环境条件和与他人的联系允许并诚邀的情况下才能出现。当然，这也有点取决于人们的个性，某人是否更让人信任，或者其他人通常会更快地与他们建立信任。对此没有任何保票或灵丹妙药，那么，我们又如何才能在建立和恢复信任方面变得更加具体呢？

信任等式（The Trust Equation）。信任等式是由哈佛大学的 Bob Keagan 教授提出的，通过将信任的概念转化为一个等式的形式使其更加具体化。请各位工程师注意，这个等式并不是绝对的，所以比如为了获得可信度而去"等式求解"是没有意义的，它只是为使信任的话题更为具体而提供精神支持。

$$信任度 = \frac{可信度 + 可靠性 + 亲密度}{自我取向}$$

信任度是指值得信任的程度。

可信度与我们的言语有关，例如证书可以建立信誉。

可靠性与我们的行动有关，被认为是可靠的，这取决于过去的行为和行动的一致性。

亲密度是指当我们把某件事托付给某人时所感受到的安全感和保证，这里的某事也是我们的隐私或信息，一旦为他人所知，将会从背后伤害我们。

自我取向指的是某个人的关注点。特别是，这关系到我们是否感知到对方是只关注自己的个人需求和目标，还是无私且真诚地对你的观点有兴趣。从这个等式中，我们可以看到自我取向是至关重要的。自我取向在我们如何会晤客户方面也很重要，例如，当几个公司代表在一次客户会议上关注同一个人，而他或她却没有敞开心扉时，然后再加上说得比客户多，过多的自我取向和自信看上去真的让客户痛苦。自我取向是关于别人如何看待你，而不是你如何评价自己。

注意事项：说真心话意味着我们使自己变得脆弱，因为我们暴露了自己真实的弱点，并且需要确保共享的信息不会被滥用。如果没有信任，同理心式的沟通就很难建立。

9.2.3 同理心倾听的深入探讨

> 在被理解之前先去寻求理解。
>
> 史蒂文·科维
>
> Seek to understand before being understood.
>
> Steven Covey

在一个崇尚支配和过度自信的社会里,倾听往往是一种挑战,因为我们自然而然地会直接跳入到解决问题的阶段。这并非危言耸听,要做到认真倾听并不那么容易。史蒂文·科维(Steven Covey)在他的《高效能人士的七个习惯》(2004)一书中成功地倡导了倾听的重要性。如果说倾听作为一项重要技能听上去微不足道,这可能是因为我们常常没有在本质上区分听觉和倾听。

听觉是我们天生的感觉之一。它是通过耳朵感知声音的过程。如果我们生病了,我们的听力就会受损。当我们说"我听到了"的时候,我们通常的意思是说我们理解对方了,我们真正明白了他们所说的含义。在这些时刻我们不仅仅是在听,我们实际上是在用我们的倾听技巧去理解。

倾听是一种选择,并需要集中注意力来处理字里行间的意思。真正的倾听需要花费必要的时间去理解对方的世界。倾听是一种需要专注和用心去使用的技能。假如倾听已经没有了进化的价值,我们就不会持续进化到拥有这种技能。我们可以选择倾听,或不听,就像从无聊的谈话中"走神儿"一样。作为人类,我们感谢我们的倾听能力,这大大提高了我们的生存机会。在狩猎—采集的社会里,通过世代相传的故事来传递至关重要的信息可以让人们从其他人的经历中学习。请注意,通过讲故事进行可视化是我们大脑用来传递信息的最古老的方式。那么,我们自然就会去发现和挖掘一个人更深层次的思考和感受,并发现隐喻中隐藏的含义。我们在职业生涯中花了很多时间来学习如何写作、阅读和说话,但是大多数人很少接受如何倾听的训练。那么我们怎样才能成为更好的倾听者呢?第一步是少说话,当你穿越时空时去察觉你周围、内心以及与你一起发生的事情时。首先,倾听他人的一个先决条件就是我们能够倾听并知道我们通常如何回应自己的。许多人也被训练成要一下跳入"行动模式"。主动地倾听意味着给对方时间来说话、思考、反思、重新思考并再次说出自己的意思……这就等同于珍惜停顿和等待,这对许多生意人来说是一种煎熬。

从本质上讲,倾听能在对话中促进理解力、专注力、耐心、宽容、协作和礼貌。既然倾听是一种技能,那么它就可以像其他技能一样来练习和提高。那么有哪些类型的倾听呢?

1. 倾听频谱

倾听的五个级别如图 9-13 所示。

1)听而不闻。只是在等待说话,在没有先去倾听的情况下做出判断,传达出"我和你的感觉不一样"的信息。

2)假装倾听。试图让对方以为你正在倾听、模仿和在评估。

3)选择性倾听。听你想听到的,当场解决问题、调查。所谓选择性也意味着我们通过一个由我们自己的信念、假设和瞬间情绪等所构成过滤器来倾听。

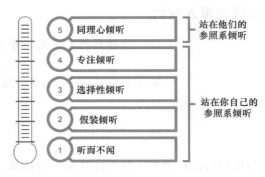

图 9-13 倾听的五个级别

4）专心倾听。全神贯注，反思对方的感受，提出建议，重新措辞。

5）同理心倾听。科维（Covey）将倾听的最高形式称为同理心倾听。同理心倾听要求你放下自己的议程，对他人在他们的世界中的感受或经历感同身受。我们能够推断出他人真正想要说的是什么，已有的潜在情绪，以及这种情绪对他们意味着什么。同理心倾听不是说你一直听到你理解为止。这是倾听直到对方感觉被理解。同理心倾听的本质不是你同意某人的意见，而是你在情感上及理智上都完全地、深刻地理解了那个人（Covey，2004）。从本质上讲，花时间去打开和理解所有层次的信息，可以让我们从中推断出最多的含义和领悟。这也需要真诚的好奇心去理解对方是如何"打勾"选择的——即理解对方所说的深意，也包括对方没有明确地说出来的含义。就像与苏格拉底对话一样，目的是用协作的方式来寻找共同的含义。伟大的倾听者通过提出真正的问题来验证他们的理解，并通过合作发现新的见解和想法，这些见解和想法实际早已在对方心中蛰伏。

9.2.4 面谈与深层对话

> 提出正确问题的能力让寻求答案的战事半功倍。
>
> 托马斯·沃森
>
> The ability to ask the right question is more than half the battle to finding the answer.
>
> Thomas Watson

通过人们的所说和所想来揭示显性的知识是显而易见的，面谈就是一个很好的工具。另外，我们不仅可以通过语言，还可以通过观察别人的行为来倾听和分享。例如，利用语言，要求我们领会字里行间的含义。我们解译他人的信息的方式塑造和转变了我们的行为，从而影响了我们阅读和理解传递过来的信息。为什么沟通如此重要？如果我们仔细倾听，我们就可以更好地理解对方，例如，通过观察他们使用的语言和微妙的暗示引发我们去探索其意图、信念、优先事项等。这就是意义构建在设计思维中如此重要的原因，也是为什么我们无法理解、表达和传递对方潜在的知识时会说，信息会"在传递的过程中丢失"。

面谈非常重要。那么该如何运用同理心进行面谈呢，比如如何提出有深刻见解的问题

呢？这里有几个基本的要点需要记住

1）提出开放性的问题。变化不同的形式去问"为什么"，以便更深入地挖掘核心问题，即使你相信自己知道答案。

2）询问轶事和故事。这些奇闻轶事会让你看到人们的想法和感受，他们的梦想、恐惧和过去的经历。

3）重视见解的质量与其倾听一般的经历，不如把注意力放在一些关键的重要时刻——深刻见解的质量重于数量。

4）观察肢体语言。我们的身体要比我们的语言能够更快更好地说出真相。

5）提出开放、中立、基于情绪的问题。尽量避免通过引导话题或提出有偏见的问题来操纵谈话（尽管那些可能只有唯一答案的密切相关问题也是有偏见的）。

9.2.5 观察力

观察是一项与主动倾听一样可以学习的技能，也是一种通过人种学研究（即在他们的自然环境中观察用户的行为）来揭示用户隐藏需求的基本要素。霍尔提出了人种学研究的"4个D"（Hall，2013），为观察力的艺术和科学提供了体系结构。

1. 日常生活（Daily Life）

日常生活是客户导向访谈组或桌面研究不足以了解客户的最重要原因之一。客户导向访谈组通常被安排在会议室这种"无菌"的环境中，由于不能像看到、感知到、感受到和观察到个人在真实日常生活中的行动，观察的结果就很难深入。要学习客户是如何与产品或服务互动的，以及他们实际上是做了什么，这些的确需要观察。对日常生活的研究不是在遥远的地方想象你自己身临其境，而是到真实的现场，亲身体验。跟随一名建筑工地上的工人看他一天的工作，即使一句话都不说，也可以深入了解用户的日常奋斗、痛点和工作条件——而这些在交谈中可能根本不会提到。因此，电话访谈并不能完全取代面对面的交谈。观察对方对于面临问题的拟态、肢体语言和微妙的反应，甚至我们的问题可以为我们提供比预期更可靠、真实、有意义的以及有用的信息。也正是因为这个原因，站在他人的立场上行事不仅是为了倾听，也是为了观察，因为我们的身体和眼睛可以为自己说一种完全不同的语言。与倾听类似，要应尽可能防止操纵。应该记住，观察本身就是一种影响力，必须加以考虑。即使被观察到的简单常识通常也是一种明显的偏见。

2. 深入研究（Deep Dive）

深入研究的意思是真正地深挖，以便充分地领悟和理解一个用户。深入研究的目的是真正掌握他们要做什么、为什么这么做，以及是什么驱使他们这样做，他们对这项任务有什么想法，他们需要克服哪些困难，为什么这些事情对他们来说很难，以及一整天伴随着他们的感觉是什么样的？通常深入研究一个人比从表面上研究许多人更有价值和意义。

3. 数据分析（Data Analysis）

数据分析利用技术、大数据和深度学习正受到广泛关注。可以说我们生活在一个大数据驱动决策的时代（Beck，2016）。如第5章所述，理解不同于单纯的数据采集和知识获取。问题是你只会去寻找那些符合目前我们所知范畴内的数据。没有什么比对未知视而不见更危险的了。当我们纯粹专注于寻找正确的大数据来优化当前的产品或信念时，我们可能会错过提出正确问题，而导致关键信息的遗漏，例如那些小众市场的发展可能导致突破性创新

（见第 2 章 "颠覆性创新"）。大数据不仅创造了更多的知识，也创造了更多的未知，因为环境状况无时无刻不在变化。当利用大数据在大海中寻针时，人们会失去全局的意识。因此，这里的悖论是如果我们对一个观点或问题念念不忘，或者相信一个有效的公式能够准确地预测或者控制未来会发生的事情，那我们实际上就失去了全局观以及对未来（以及相关发展）的预判能力。

如果单凭大数据集无法说明全部情况，而且并非所有有价值的东西都是可以测量的，那么我们能做些什么呢？我们可以通过将深层数据与厚数据相结合和集成来保持这一总体图景。厚数据与难以量化的信息有关，因为它就像无形的知识一样，通过分享故事、情感、客户体验或者可用性测试和人种学研究等手段表现出来，所有这些都有一个共同的基准，就是通过在自然环境中与人互动或者通过观察来发现客户的需求。为了产生影响，有时需要讲述数字背后的故事。将厚数据与大数据集成在一起，通过关注为什么（即理解）而不是数量、内容和多少（即知识获取），来阻止背景内容的丢失。当我们将两者结合起来时，我们就会因此更好地使用我们提供的工具构成一个完整的画面，而不是把所有赌注都押在一种数据上。

4. 剧情与愉悦（Drama & Delight）

剧情与愉悦是指研究的重点应该放在一天中发生的剧情和兴奋的事件上。例如，是什么让用户焦虑不安，痛点在哪里，它的伤害又在哪里？以及我们该怎样帮助他人才能让他们的生活更轻松、更愉快，让他们的生活更有意义和有更多的时间去做对他们来说真正重要的事情？我们随着每个人一整天的情绪过山车，既在意他们低落的情绪，也关心他们高昂的情绪。我们可以反思客户真正喜欢什么，他们对什么感到兴奋。我们可以想想是什么让他们的眼睛闪闪发光。是什么让他们如此热爱，以至于不断与他人分享？我们在意故事情节，因为故事能让我们走进他人的世界，了解他人的思维方式。通过分享他们的喜悦和感受他们的痛苦，可以更好地发现他们需要解决的问题和钟爱的解决方案。当然，了解客户关心的是什么，也可以用来强调和传达产品或服务的紧迫感，从而着手解决这些痛点。

9.3 价值设计

9.3.1 价值设计工作框架的主要步骤

整个价值设计（design to valne，DTV）的工作框架如图 9-14 所示，它是一个由 5 个主要步骤组成的迭代过程。最终结果是一个详细的产品方案或产品架构，其中包括一系列措施，用以保证既要实现产品的给定目标成本，还能提供在各种环境状况下能够最大限度地实现客户所需的功能。价值设计是指将客户的需求转化为具体、可实施、技术上可行的产品架构或概念。它将远见卓识的想法和最初的原型推进到可以实际建造的阶段，比如火车、大型医疗设备或发电厂等复杂产品，并且将其变为有形的现实。

通过这 5 个步骤，你就应该能够回答下面这些能够使功能与成本的比率最大化的问题：

① 我们有哪些客户（目前已有哪些客户，希望拥有哪些客户）及他们要做的工作是什么？

图 9-14 价值设计的工作框架

② 我们如何细分市场,细分标准是什么?
③ 竞争对手的解决方案是什么?他们提供了什么来完成客户潜在的、需要完成的工作?
④ 我们如何为客户创造附加值?
⑤ 我们如何将客户的价值最大化?细分市场的关键购买因素(KBF)是什么?
⑥ 我们如何在目标市场定位我们的产品?
⑦ 我们如何在一个产品系列中进行差异化?
⑧ 允许的成本是多少?必须考虑的什么类型的生命周期成本(LCC)?
⑨ 什么是能够满足客户需求和目标成本的最佳产品方案和产品架构?

步骤一:选择产品体系元素

对产品性质和环境条件以及所处的实际生命周期阶段的考虑,在一定程度上会影响到总体的设计重点:是应投入更多的精力去做价值设计(DTV),还是去做成本设计(DTC)。

价值设计(DTV)与成本设计(DTC)之间的相互作用关系如图 9-15 所示,它解释了什么时候将价值设计(包括优化功能和成本两个方面)转换为只专注于降低产品的成本的成本设计更为有效。答案取决于产品生命周期的长短,并且可以借助 S 曲线模型来解释。在每个 S 曲线的初始阶段,价值设计在产品设计和开发过程中尤为重要。随着产品越来越成熟,创新变为渐进式的,通过价值设计优化价值仍然是相关的。当达到 S 曲线的平稳阶段时,通常情况下,成本设计才是最重要的。当到达 S 曲线的末端时,仅靠节省成本已经不能解决问题了,这时真正要做的是"跳跃"到下一个 S 曲线。这再一次将创新和价值设计的重要性放在了最重要的位置上,并且往复循环。

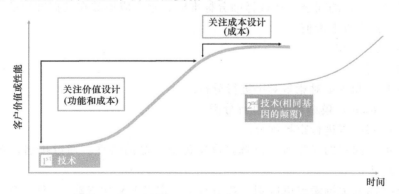

图 9-15 价值设计与成本设计之间的相互作用关系

根据经验我们可以说,一旦确定了产品的物理形式,并且产品已经成功地投放到在一个市场中,价值设计的重要性就不如成本设计了。当创新变得不再重要,而优化变得更重要时,成本设计的相关性就会增加。

下面列出了在第一个步骤要考虑的产出和指导性问题。

1)重要活动和产出。

① 确定触发因素和痛点。你的产品需要解决的真正问题是什么？是价格压力、功能缺失、交货期、缺失市场灵活性？还是产品太复杂，产品质量，生命周期成本（如能耗、维护）等问题？

② 定义项目的范畴，例如产品体系元素。你在解决什么问题？它是一个单一的产品还是一个完整的产品系列？或者是给某个国家的特殊定制？应根据主要触发因素来确定项目范畴。

③ 选择产品体系元素。在单一产品的情况下的项目范畴是显而易见的。对于一个产品系列，必须根据财务影响、可行性、生命周期阶段以及对整个产品系列的适用范围来选择几个代表元素。

④ 分析产品的 S 曲线和各种相应的技术。

⑤ 根据痛点来设定项目的目标。例如：产品成本减少 30%，上市时间缩短 50%，重量减轻 30%，生命周期成本降低 25% 等。

2）有用的工具：设计思维、市场细分（以战略性产品系列为重点）、S 曲线模型、对比分析。

步骤二：定义市场和客户需求

这是使整个价值设计过程做到未雨绸缪的重要步骤。未雨绸缪指的是为了降低在开发后期阶段因可能出现的产品变更所产生的成本。产品设计的最高灵活性是在产品开发的初始阶段，因此只要你有战略眼光，并在一开始就投入时间和精力确保所做的事情是正确的，之后一定会得到显著回报。

为了知道要创建什么，以及如何正确地构建，必须清楚地了解产品所在市场的关键购买因素以及在不同细分市场的目标价格。在市场细分的一章节中，已经逐步地介绍了为实现这一目标所采用的方法，特别侧重于确定客户需要完成的相关工作及其环境状况。在价值设计过程的早期阶段，其目标是确定和定义市场及用户需求，实际上共同主题就是关于客户价值是什么以及如何创造价值的问题。在选择细分标准时，重点应该放在发掘客户的深刻见解以及反思什么能够给客户带来价值。

1）重要的活动和产出：

① 进行市场分析。

② 针对产品特性和成本对竞争对手进行分析。

③ 根据卡诺（Kano）模型对需求进行分类

④ 根据关键购买因素进行市场细分。

⑤ 确定关键购买因素的优先级，以选择高附加值产品的特性。通过排名，重点关注排名靠前的关键购买因素。

⑥ 定义目标产品的关键卖点以区别于竞争对手。定义差异化战略。"我也有"的策略通常不是一个好的选择，除非在成本方面有明显的优势。

⑦ 如有必要，可以利用客户导向访谈组（CFG）、角色扮演等工具获取客户见解来核验战略。

⑧ 确定市场价格并得出目标成本。

2）有用的工具：设计思维、细分市场（关注客户价值）、卡诺（Kano）模型、成对比较、目标成本、客户导向访谈组、角色扮演、同理心图、对比分析、态势分析法 SWOT。

步骤三：评估系统架构

该步骤可以看作是整个价值设计框架的核心活动，这一步骤的中心是在实践中实现形式服从功能的真言。它需要应用各种严苛的工具将市场需求转化为真实的现实。这个阶段的全部目标是获得并优化产品的概念和架构，使其既能够完美地满足客户需求，也能以适当的成本提供正确的功能。

假如价值设计的应用像一个大棋局，那么开局就等同于前面讨论过的第一步和第二步，而评估系统架构这个最重要的阶段就相当于"中局"。我们为所有基本的、战略性的行动和决策所花的时间都是为成功进入"终局"做准备。因此，评估系统架构需要特别谨慎，因为战术错误可能会导致以后的致命后果，有可能完全输掉比赛。

如何避免战术失误？最好的安全措施是在负责迭代产品开发的跨职能团队中，以及与内部和外部利益相关者之间建立持续的反馈循环。保持所有相关方处于循环中（同时也不断地整合他们的学识和反馈）就是一个保障措施，以避免在开发过程结束时可能发生的负面意外。此外，实践表明致命错误经常会出人意料地出现，因为即使是伟大的团队，在更大的背景下和长期业务中，也不可能确保做出面面俱到的决策。例如，一个项目只关注产品的投资成本，没有关注生命周期的累计成本（即超过 20 年），而客户却恰恰关心生命周期的累计成本，那么这就是一个致命的错误。当只为了优化以达到最低的产品投资成本时，也很容易出现最终的结果和可选方案根本不是最好的，相反可能是最昂贵的情况。因此，一个重要的方面是考虑一种产品在 20 年产品生命周期内的累计成本（例如维护费用和能源成本），它需要放在首要位置加以考虑，以便做出正确的战略举措，生产出正确的产品，最终在激烈的竞争中"赢得比赛"。这暗示了系统架构师这个极其重要的角色，他必须考虑到各种长期的影响，并且应该保持俯瞰全局的视角。就像在国际象棋中一样，至关重要的是在决定走哪步棋之前，去探索各种不同的备选出招和不同的场景。这个过程可以通过实施设计空间探索（DSE）变得更加具体和便利（详见，第 10.2 节，"设计空间探索"）。

在这个阶段，强烈建议使用设计空间探索（DSE）这个工具，以便打开解决方案空间，并朝着最佳解决方案迭代。如果发现模块化架构是一条可行之路，则在这一步也可以应用模块化工作框架，如本书 9.4 节所述。

1）重要活动和产出：

① 制定具体需求。使用卡诺（Kano）模型，确定重要的基本需求、性能需求和兴奋需求。重要的基本需求指的是那些对体系架构的概念具有高度影响的需求。

② 进行市场细分，重点关注产品架构的需求。

③ 进行功能分析，将需求映射到各自的功能。

④ 定义产品架构，将功能映射到产品的形式，并定义不同的方案。将功能映射到构造来定义产品架构如图 9-16 所示。

⑤ 使用设计空间探索（DSE）扩展解决方案空间，并通过迭代不同的方案获得最佳的产品架构。由于功能和成本是产品架构评估标准中的主要驱动因素，因此当前的步骤与步骤四具有高度关联，为达到最佳的价值设计，本步骤需要与步骤四进行迭代。

⑥ 质量功能展开（QFD）可用于评估技术部件的价值，并且澄清战略开发决策。

⑦ 选择模块化架构或集成架构。一旦选择模块化架构，就要在此应用模块化工作框架。

2）有用的工具：细分市场（侧重于产品架构）、制定需求、建立产品架构、功能分析、

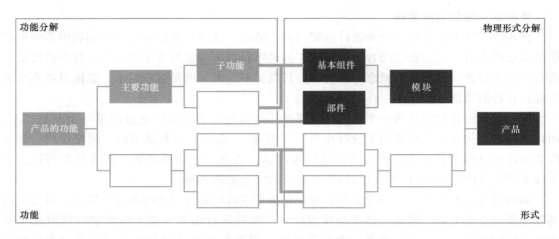

图 9-16 将功能映射到构造来定义产品架构

质量功能展开（QFD）、模块化、设计空间探索（DSE）。

步骤四：提高成本透明度

在这一步骤中，成本设计（DTC）占据了中心地位。尽管在流程描述中将此步骤放在了评估系统架构之后，但必须强调的是，此步骤与上一步骤高度关联，应该视为与其并行的步骤。因此，为了通过迭代来现实最佳的架构，在这个步骤中，成本考量的优先级必须自始至终地被视为最高。

澄清一下，这里的成本透明度意味着要清楚地了解产品及其子部件的成本状况，以及子部件中由市场驱动的成本目标。了解客户还意味着了解他们在整个产品生命周期成本（LCC）方面的需求。在此步骤中，必须开发和考虑产品的生命周期成本模型。对于直接应用生命周期模型在（11.3.3节）中有详细的描述。

1) 重要活动和产出：

① 确定底线。为选定的产品定义功能和成本的底线。请注意，在价值设计项目中底线的定义非常重要。底线描述了当前产品提供的一组特性，并量化产品的成本差距。所有措施都必须根据这一底线进行评估。强烈建议保持底线的稳定，以创建可靠的实施措施，并避免对成本目标的变动。

② 确定必须考虑的生命周期成本（LCC）。哪些是相关的成本，是只有投资成本，只有拥有成本（比如免维护设计），还是整个生命周期成本（LCC）？

③ 根据上一步骤，制定生命周期成本 LCC 模型的底线。在实际项目中，生命周期成本（LCC）的通常由专门的专家进行计算。所需的工具远远超出了本书的范围，因此，在这里我们只介绍一个高度简化的版本。

④ 根据目标成本法和市场分析推算出目标成本。对于生命周期成本（LCC）的总体目标，可以并行地分解为不同的目标，例如降低 30% 的生产成本、减少 25% 的能源成本和 40% 的维护成本。

在步骤一中给出了在原始项目设置的框架内，对本阶段目标成本的审查和评估。通常，在价值设计或成本设计项目开始时，定义的项目目标是由管理层在尚未获得有关市场的详细信息的情况下制定的。因此，需要根据分析阶段涌现的最新见解，调整原始的项目目标。调整可以在两个方向上进行：根据最新的市场和技术信息。目标可能变得更严格，也可能变得宽松。

⑤ 定义产品分解结构，即将产品分解为子产品组，如模块、基本组件。例如：某产品是一辆列车，子产品组就包括悬挂系统、空调、车内设备、车身、牵引系统、制动系统、信息娱乐系统等。

⑥ 为上述子产品组定义底线。这是不同模块或主要部件的当前成本情况（另请参见生命周期成本模型）。

⑦ 将成本目标分解到产品模块或基本组件。为了将目标成本从整个产品分解到模块或基本组件，可以应用不同的理论，例如目标成本图。实践表明最佳和最实用的方法是将相同的成本目标分配给所有模块或基本组件。也就是说如果我们的成本降低目标是 20%，那么每个模块或部件的成本降低目标也应该是 20%，而不是不同的降低程度，比如电机降低 10%，车身降低 25%。在项目后期阶段，目标可能仍会调整。

⑧ 寻找高度互联的模块，构建封闭的子系统。这有助于在系统层面而不是部件层面进行优化，并成为通过降低复杂性和间接成本以实现更高的总成本节省。例如：对于一列机车而言，子系统可由电动机、制动器、悬挂系统和牵引变频系统组成，这些子系统可以归于一个高度互联的系统，可作为一个整体在成本方面进行优化。

2）有用的工具：生命周期成本模型、ABC 分析、目标成本法、功能性成本、供应商集成、成本分解结构、对比分析、逆向工程。

步骤五：生成实施措施

这是为增加客户价值而产生创意并实施的步骤，可以通过显著降低成本或提高产品性能或功能来实现价值的增加。跨学科团队的专业知识和参与度是这一步骤的关键成功因素，因为创造力和协作天赋决定了成果是否真正具有吸引力。

有许多创造性的方法可以用来激发团队的创造力。强烈建议结合不同的方法，来系统化地捕获所有的创意。在这一点上，我们的目标并不是深入探讨如何培养创新和创造力的基本细节（市场上有许多关于这一点的优秀书籍），而是提出并分享已经证明有效，并在价值设计（DTV）项目中提供了具体成果的工具。由于设计思维始终处于最前沿，实践证明从简单而基本的工具（比如脑力写作）开始，然后将其与更先进的方法相结合，比如形态盒和创造性问题解决理论（TRIZ/TIPS）相结合就可以创造奇迹。在实践中被证明有助于推动价值设计项目向前发展的工具和技术如图 9-17 所示。

图 9-17　在价值设计项目中已被证明非常有用的创新技术

此步骤产生的创意关注了所有在价值设计一章中所描述的主题，它解决了产品功能的优化、产品架构的改进以及成本的降低（投资成本和适用的生命周期成本）的构想。在收集并产生创意之后，就必须制定具体的实施措施。要做到这一点，必须对创意进行排序，选出最有前途的创意。一旦选定，对它们价值（即效益和成本）的评估有助于推动开发中的方案转向对客户生活增添意义的方案。每个生成的措施都将成为一个小项目，需要专门的人员或团队去推动。为了使措施得以向前推动，必须制定执行时间表和工作量评估，并在措施进度表中进行总结。有关具体的操作指南，请参阅11.3.2节中的"措施进度表"。

对于所有降低成本的措施，成本瀑布图将显示实现最终目标成本的进展情况。成本瀑布图示例如图9-18所示。不同措施的实施程度由DI(Degree of Implementation) 状态表示，另见11.3.2节中的"措施进度表"。

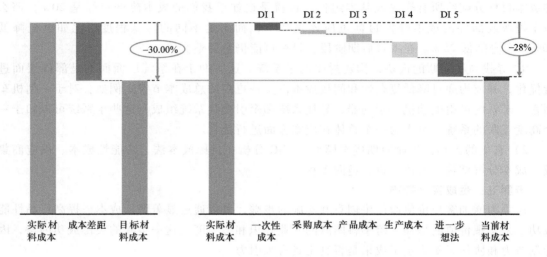

图9-18 成本瀑布图示例

1）重要活动和产出：

① 为所有相关主题举办创造力研讨会。这些研讨会应由中立的引导师来主持。必须仔细挑选参与团队，确保所有利益相关方都有代表参加。必须在有足够指导和空间的条件下应用适当的创造力工具去探索未知领域。这一切听起来很容易，然而在实践中要创造真正闪亮的创意则需要所有相关方的专注、奉献和专业知识。

② 尽早让供应商参与这一过程。

③ 创建一个总体创意清单。在这个清单中根据主题对创意进行分类。

④ 在高层对创意进行排序，通常将创意绘制在收益-付出图中（参见后续的深入分析）。

⑤ 选择最有前途的创意。

⑥ 创建措施进度表。

⑦ 应用实施程度（DI）体系（第11.3.2节）。

⑧ 建立成本瀑布模型。

⑨ 监控项目进度。

2）有用的工具：设计思维工作框架、形态盒、创造性问题解决理论（TRIZ/TIPS）、实施程度（DI）体系、措施进度表、成本瀑布、收益—付出图、生命周期成本模型。

9.3.2 深入研究和案例分析

本节将通过一个来自卡车行业虚构的例子来说明价值设计方法的五个步骤。本案例中给出的所有假设、结论和结果仅用于说明目的，并可能或并不反映实际情况。尽管如此，基本方法和故事情节对许多问题都具有借鉴意义，可以转移并适用于跨行业的类似问题。

想象有一家生产大型公路卡车的公司。它的主要产品服务于欧洲市场，业务运营状况一直很好。不幸的是，竞争加剧了博弈，最近连续六次投标都输给了两个主要竞争对手。在分析损失原因之后，很明显其产品与竞争对手提供的产品相比在成本方面存在巨大差距，并且在产品的生命周期成本方面也存在竞争劣势。具体来说，其产品的问题是能耗和维护成本太高。作为对这一分析的回应，该公司管理层成立了一个工作组，提出了一个解决方案，希望能够实现重大转变。那么，使用本章中探讨的价值设计工作框架，如何开始应对上述业务挑战呢？

步骤一：选择产品体系元素

如上所述，处于困境的产品定位于欧洲大型公路卡车的细分市场上。但真正需要解决的问题是什么呢？我们需要更多地采用成本设计的方法，还是开发一个完全新的产品？虽然这个问题的完整答案只能在步骤三中才能给出，但我们必须从某个切入点开始。

为此，详细的市场分析和将自己的卡车产品与竞争对手的产品进行对比分析的结果表明，自己的卡车产品的支出明显高于竞争对手。此类卡车的生命周期成本如图 9-19 所示。从客户的角度看，在一辆卡车的整个生命周期内，投资成本占 40%，运营成本占 60%。假设此类卡车的生命周期为 15 年，运营成本将平均分摊到能耗和维护成本之中（即两者的成本分别为 30%）。

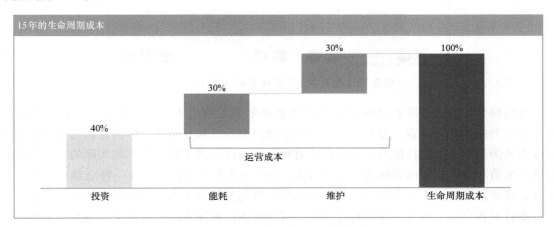

图 9-19　一辆卡车的生命周期成本

在成本方面，产品对标主要竞争对手，其竞争劣势可以量化为以下几点：

① 产品成本：应减少 30%（通过目标成本计算法从市场价格得出的内部产品成本）。

② 能耗：应减少 30%。

③ 维护费用：应减少 30%。

为了留在这个市场而继续投资这个产品有意义吗？还是开发一个全新的产品更为明智？最新市场数据的分析表明这一细分市场正在增长，因此该市场仍然是公司产品体系的重点。

然而，由于存在30%的成本差距，最先出现的警告信号提出这样的疑问：单凭成本设计的方法是否能够解决公司面临的核心问题。

步骤二：定义市场和客户需求

详细的市场分析和竞争对手产品的对比分析揭示了当前细分市场的关键购买因素。这些都很关键，因为它们突显了客户对产品的价值、期望、需要和需求，从而影响了客户的购买决策。这些关键购买因素有：

- 投资成本低。
- 运营成本最低。
- 应对可变的运输能力，拖车长度应是可变的。
- 可选的空气动力部件，以便降低能耗成本。
- 可变化的内部设计和驾驶室的舒适性。
- 空调。
- 动态信息和在线交通信息的互联网接入。

此外，还确定了一项新的可以取悦客户的兴奋型需求：

- 交货时间（即从签订合同到交付给客户第一辆卡车的时间）。

步骤三：评估系统架构

显而易见，由于目前卡车的概念和架构在过去几年中经历了不同的优化步骤，因此无法做到将产品成本削减30%。现有卡车要在材料和产品方面削减30%成本的可视化图如图9-20所示。

图9-20 现有卡车产品成本缺口的可视化图

将这种卡车的成本降低30%意味着需要省掉牵引车的成本。考虑到卡车的这一部分包含了主要的成本驱动因素，如驾驶室、驾驶室的内部设计和发动机，你会意识到要实现公司扭亏为盈的期望，采用传统的成本设计法对现有产品进行成本优化是不切实际的，因为它不足以产生消除差距所需的影响力。准确地说，30%的成本差距需要开发一种全新的产品，从一开始就更便宜，且不存在固有的高成本结构，但仍要满足步骤二中所确定的客户需求。

通过对客户需求的进一步分析和排序，可以发现，投标中的主要购买标准是卡车的投资成本、产品生命周期内的能源和维护成本、较小的转弯半径以及承载能力。通过分析不同标书得出的客户群对需求的重视程度如图9-21所示。在客户感知价值方面，承载能力排名较低的原因是市场上没有太大的差异化空间，因为所有竞争对手为其卡车提供的运输能力大致相同。

让我们回到核心问题，我们认为这是解决这一系列业务挑战的关键，即我们如何以及在哪里可以降低30%的成本，即使我们要用全新的概念制造一辆新卡车？我们可以改变卡车的哪些部分来降低成本，同时又不降低我们给客户的价值？我们可以去掉哪些没有增值的部件？

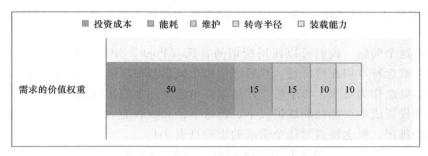

图 9-21 客户群对需求的重视程度

在卡车的整个生命周期中，一个大的成本驱动因素是车桥，它将车轮连接并固定在车身上。卡车的车桥是一个高度复杂且昂贵的部件。因此，一辆卡车的车桥越多，总的产品成本就越高，这通常会转化为更高的价格。车桥上的车轮也是我们要考虑的问题，因为它们对维护成本的影响最大。它们还增加了卡车的额外重量，卡车上更多车轮也增加了其整体滚动的阻力。重要的是，因为重量和滚动阻力会导致卡车具有更高的能耗水平。高的能耗对卡车的环境可持续性方面产生负面影响，当客户购买卡车时，这又是一个实际上客户群越来越关心和考虑的标准！因此，基本思想和结论是通过设计一种全新的卡车架构来显著降低生命周期成本，该结构显著减少所需车桥的数量。

几种具有不同数量车轮或车桥的卡车架构如图 9-22 所示。企业目前向市场提供的卡车产品是概念 1，包括 8 组车桥。通过设计空间探索（DSE）（第 10.2 节）开发的不同架构概念，这里将其描述为概念 2 到概念 5。

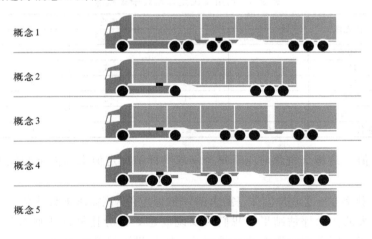

图 9-22 具有不同数量车轮或车桥的卡车架构

为了减少车桥的数量，可以设想不同的卡车架构。图 9-22 中描述了与底线（概念 1）相比具有较少的车桥或车轮的卡车架构的 3 种可选的概念。虽然概念 4 中的车轮或车桥数量与概念 1 相同，但由于牵引车与首车厢的柔性连接，使得整车具有更大的灵活性，并且能以较小的半径转弯。

但是，我们如何将不同的概念与市场驱动的客户需求进行比较呢？每个给定的概念在一方面可能很好，但在另一方面，对客户的需求和为客户提供的感知价值上可能有一些缺点。

那么图 9-22 中描述的概念中，哪一个最符合所述的价值需求，从而最能取悦客户并让其购买？

为了回答这个问题，我们可以使用所谓的普氏（Pugh）矩阵。在这个矩阵中，需求被列在了左列，概念特点列在第一行。然后评估每个概念与相应需求的匹配程度。将当前提供给客户的方案概念作为底线，每个后续评估都要与这个固定的底线相比较。用于评估这些概念的需求包括投资成本、能耗和维护成本、转弯半径和负载能力等。为了理解普氏矩阵中不同概念之间的排序，概念特点对每个需求的影响见表 9-1。

表 9-1 不同概念特点对各自需求的影响

需求	概念特点
投资成本	最大的成本驱动因素是车桥的总数
能耗成本	车桥总数对卡车的总重量和滚动阻力有很大影响,这将转化为更高的行驶能耗
维护成本	最高的维护成本驱动因素是车桥和与之连接车轮以及必要的制动装置
转弯半径	在狭窄弯道上行驶的能力。不同的概念在通过窄弯道的能力上有所不同
承载能力	对于某些概念，必须控制和减少卡车(拖车)的长度，以便不超过车桥允许的车箱重量

为了量化上述观察结果，应用普氏矩阵对概念进行比较的评估标定标准见表 9-2。

表 9-2 评估标定标准

+3 非常好	+2 很好	+1 较好	+0 一般
-3 非常差	-2 很差	-1 较差	

利用所有这些输入条件，我们最终可以在普氏矩阵中进行概念比较了，见表 9-3。

表 9-3 利用普氏矩阵比较卡车概念

需求	优先级	概念				
		概念 1（底线）	概念 2	概念 3	概念 4	概念 5
投资成本	50%	0	+3	+1	0	+3
能耗成本	15%	0	+3	+1	0	+3
维护成本	15%	0	+3	+1	0	+3
转弯半径	10%	0	-1	+2	+2	+1
承载能力	10%	0	-3	-1	-1	-1
设计概念排名		0	2	0.9	0.1	2.4

概念的排名值，是每个概念对应于每个需求的评估标定值乘该需求的优先级，然后求和得出。即：

$$排名值 = \sum(概念对应需求的评估标定值 \times 该需求的优先级)$$

总结来自上表的概念评估结果，我们可以说概念 5 得分比概念 1 底线概念高出 2.4 分，因此与所有其他相关概念相比概念 5 是最好的。它提供了最高的价值，就是说能将所需的负载能力转化为最小的生命周期成本。因此，这个概念让公司为之兴奋，并进行开发，然后快速投放市场，这个概念也将成为我们进一步探索和后续开发的基础。

在这一点上，对于那些应用这个工作框架的人来说，一个重要的注意事项是概念评估的结果在很大程度上取决于为需求所设定的优先级。作为练习，你可以做一些模拟，以便了解需求优先级的不同对概念选择的影响。为了帮助对需求的排序，可以使用 11.1.2 节中描述的工具——成对比较。这再一次联想到形式服从功能的原则，并有利地支持了这一原则，其中最佳解决方案源自对市场需求的正确理解和满足。这样一组模拟还可以用来测试某个概念是否符合不断变化的市场需求。这将使你对相关产品决策的鲁棒性有深刻的见解。

步骤四：提高成本透明度

为了优化成本支出，下一步是对卡车的成本驱动因素和成本结构进行详细分析。确定主要成本驱动因素的 ABC 分类如图 9-23 所示，其主要的成本驱动因素（即 A 类部件）被确定为：车桥、发动机、车身和驾驶室内设备。为什么这个结果很重要？这里主要的信息是让我们将重点聚焦在对总体成本影响最大的部件上，因此要从在真正重要的地方开始削减成本。你的注意力、行动和精力应该集中在削减对成本影响最大的地方，因此要首先设法降低 A 类部件的成本，然后是降低 B 类部件的成本，最后才会考虑 C 类部件。对于卡车这样的产品，根本没有必要考虑削减应用的螺钉数量，而是要专注于大的成本驱动因素和成本杠杆。图 9-23 说明 A 类部件占产品总成本的 70%，B 类部件占 20%，C 类部件的累计成本只占产品总成本的 10%。

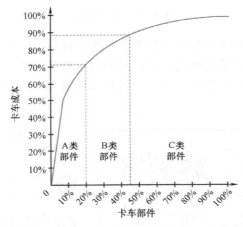

图 9-23 确定主要成本驱动因素的 ABC 分析

步骤五：生成措施

对于如何利用获得的所有信息来解决既定业务的挑战而提出众多想法，需要与最专业的专家组一起举办各种不同的研讨会。实质上，通过将所有利益相关方聚拢成一个跨学科的团队，让我们假设所举办了一系列研讨会，共产生了 395 个想法。然后使用不同的预置过滤器来选出最有成效的想法。我们在咨询项目中通常使用的过滤原理，如图 9-24 所示。这里过滤器的主要标准是实施所需的时间和成本空间。对于实施的可能性需要通过另外的过滤器用最终的过滤。

在筛选之后，根据成本空间和实施时间对剩余的 113 个想法再进行评估。对成本空间和实施时间这两个维度的评估范围都设在 1～4 之间。在这个阶段评估的目的不是为了获得能节省多少成本和需要多大工作量的详细数字。相反，我们的目标是快速确定那些"触手可得果实"和有成效的想法，这些想法将真正地取悦客户并为其带来价值。当与经验丰富的团队成员一起工作时，这个过程通常基于主观的诠释，基于经验和集体智慧。这是完全可以的，因为在这里我们不指望去深入挖掘，和由此导致高额成本或资源的消耗。

一旦确定，我们就可以把有成效的想法和成效甚微的想法分开。对于最有成效的想法（即团队认为执行时间短且假设成本节约潜力高），制定详细的措施方案，并进一步完善这

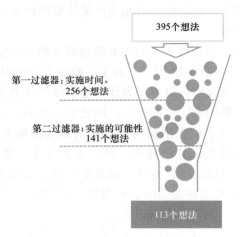

图 9-24　过滤原理

些方案，以便分析真实的削减成本潜力和实际实施的付出。检查有吸引力想法的可行性如图 9-25 所示，图中每个气泡的大小代表了想法的数量和相应的成本总量，这里所谓高成本潜力的想法是那些由团队成员给予了 3~5 分评估的所有想法。如前所述，这些都是被选定的想法。

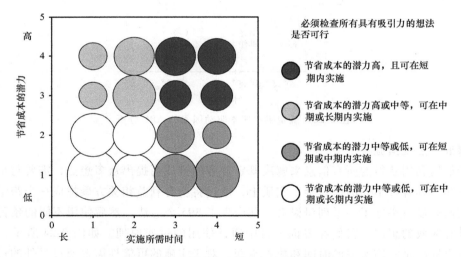

图 9-25　检查有吸引力想法的可行性

请再次注意，有关如何创建详细措施进度表的说明，请参见 11.3.2 节。

客户的关键需求如何在产品架构中得以实现？为实现这些需求以取悦客户的主要手段是什么？主要技术措施及其对产品成本和生命周期成本（包括维护成本和能耗成本）的影响见表 9-4。此外，这些技术措施也提高了客户价值。例如，缩短交付时间意味着客户能够更快地投入运营，从而使客户能够更早地盈利。

现在想象一下，那个卡车公司的最高管理层要求你介绍你们的发现，并且简要归纳一下你们今后如何实现客户价值最大化的想法。利用价值设计的价值比率，我们就可以展示为新卡车概念（概念 5）提出一些想法，如图 9-26 所示。

表 9-4 主要技术措施及其对产品成本和生命周期成本的影响

关键的客户需求	技术概念的主要手段
价格	·减少车桥和车轮的数量 ·更少的线缆,更多的标准部件——增强了对现有解决方案利用和为制造而设计（DFM）
维护成本	·减少车桥和车轮的数量 ·基于状态的维护选项
能耗成本	·减少车桥和车轮的数量 ·空气动力部件的选项 ·驾驶员辅助系统 ·能源管理系统 ·改进的应急特性
可扩展的牵引力	·可选不同的卡车发动机
模块化驾驶舱设备	·模块化内饰选项 ·驾驶员辅助系统的"始终连接"选项 ·信息娱乐选项

功能
- 因模块化设计使得交付时间短
- 可配置不同的发动机以达到灵活的性能
- 完全灵活的驾驶室内部设计
- 驾驶员辅助系统
- 降噪设计
- 模块化概念施用于不同的客户需求

生命周期成本
- 5组车桥而不是8组
- 10个轮子，而不是16个
- 空气动力设计降低能耗
- 驾驶员辅助系统降低能耗
- 模块化设计降低开发成本和生产成本
- 减轻重量从而降低能耗
- 标准化车身降低了材料成本

图 9-26 使用价值等式来归纳你的价值定位

当管理层对你们所确认值得为之付出的新概念做出投资决策时，他们还能够饶有兴趣地看到新产品概念中成本的分解。因此，我们可以通过降低成本和增加功能来增加价值，如图 9-27 所示。图左侧显示了节省成本的瀑布图。图右侧显示出通过引入新的功能和特性而增加的价值。这个价值的增加取决于最终的产品配置，它是客户为自己的使用目的所选择的，而且具有高度的可变性。这里显示了一个总体上平稳的增长。

与第 6 章"价值设计（DTV）"中探讨的增加手表客户价值的例子类似，我们因此可以看到客户的感知价值是如何通过整体成本的降低和新卡车概念功能性的提高而增加的。减少车桥的数量显著降低了产品生命周期成本（LCC），同时增加了功能（比如更快的上市时间）。

总之，新提出的模块化、系统化的产品架构能够实现在步骤一中得出的所有开发目标。

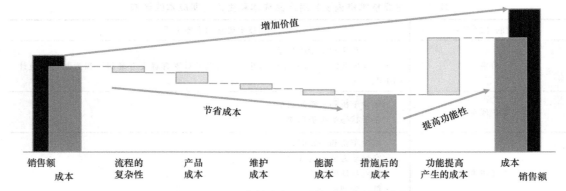

图 9-27　通过降低成本和增加功能来增加价值

因此，你成功地解决了现存的业务问题，并实现了重大的转变。最高管理层将不胜感激，因为你帮助公司开发了一个真正的新产品架构，它受到客户和卡车驾驶员的钟爱。

9.4　模块化

9.4.1　模块化工作框架的主要步骤

基于数十年来由主导大型模块化项目所积累的经验，模块化工作框架的适用性和成功性已在多种业务环境中得到了验证。最终的主要输出是提供一个模块化产品架构，能够完美地响应所确定的市场需求和客户需求。最佳的情况是，最终的模块化概念在当前和未来产品的战略和成功市场布局方面能够快速实现灵活性，并为产品体系增添新的元素。整个模块化工作框架被视为一个高度敏捷和反复迭代的过程，每个步骤之间都具有连续的可交付成果和持续不断地反馈循环。模块化工作框架由六个主要步骤组成，如图 9-28 所示。每个步骤都有自己的目标、活动和产出。和其他章节类似，我们在结尾和框架描述中加入了一个案例分析，其目的是通过保持简洁，以一种烹饪书般的风格做到干脆利落。

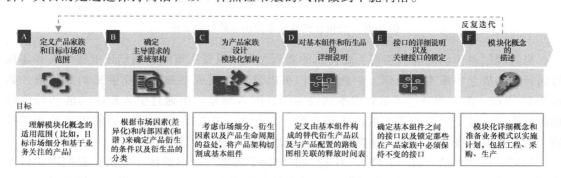

图 9-28　模块化工作框架的六个主要步骤

步骤一：定义产品系列和目标市场的范围

步骤一的目标是定义和确定待开发的模块化概念最合适的范围。步骤一背后的基础来自之前其他工作框架的输入，比如市场细分和价值设计。为了正确界定产品系列和目标市场的范围，必须了解竞争的市场环境和自己的业务战略。为了设定模块化项目的战略目标，必须找出主要的内部痛点。目标可以是速度、灵活性、成本、降低复杂性等。

1）重要活动：
- 分析当前业务战略，考虑愿景和使命。
- 确定优势和弱点。
- 进行市场分析。
- 完成产品体系分析。
- 针对产品特性和成本进行竞争对手分析。
- 制定业务的战略目标。
- 技术趋势。

2）典型输出：
- 业务战略，包括优势和弱点。
- 根据愿景和目标细分市场以及关键购买因素来全面评估当前的产品体系。
- 新的模块化概念开发对应的目标细的首要指标。

3）有用的工具：产品体系分析、态势分析法、市场分析、竞争对手对比分析、技术雷达，不要忘记来自细分市场和价值设计的输入信息。

步骤二：确定那些对架构有主导作用的需求

模块化的总体原则是区分客户的价值，这意味着创建各种客户愿意为之付出的价值选项，并且将客户看不到任何价值的部分实施标准化。本步骤的目标是确定那些会导致最终产品变化的需求。这些需求被称作产品衍生品的驱动因素，因此识别这些对产品架构有重大影响的需求是至关重要的。在确定了这些需求之后，必须区分哪些是内部需求，哪些是外部需求。对于外部市场需求必须根据卡诺模型进一步分类以确定有价值的需求。最后必须确定这些需求的不同范围，以描述不同的细分市场。

1）重要活动和产出：
- 描述细分市场，并确定最具吸引力的细分市场。
- 收集在具有吸引力的细分市场中的各种需求。
- 根据卡诺模型对需求进行分类。
- 根据细分市场（例如利用成对比较）对关键购买因素（根据卡诺模型得出性能需求和兴奋需求）进行排序。
- 评估所有需求在产品架构中的相关性，并缩小到最为相关的那些需求（即对产品架构起到主导作用的需求）。
- 在需求树中将主导产品架构的需求进行可视化。
- 确定体系架构主导的需求，这些需求不会导致产品的变化，并建议将其视为核心平台。
- 根据产品衍生树的枝干来分析市场的分布。
- 尽可能放弃市场容量较低的领域（销量低的产品需求对比于销量高的产品需求）来降低复杂性。

2）典型产出：

- 主导产品架构的需求。
- 仅基于衍生产品驱动因素的驱动因素树。
- 通过削减无用或市场用量低的需求组合来简化衍生产品树。
- 对客户有价值的需求和内部驱动的需求进行分类。

应注意：降低产品的复杂性和简化衍生产品树是一个迭代过程。首先从许多不同的选项开始，最佳方案是根据产品架构的评估选择而来。

3）有用的工具：细分市场（关注那些对产品架构和客户价值重要的标准）、卡诺模型、衍生产品树、成对比较、质量功能展开、设计空间探索、需求的定制化描述。

步骤三：为产品系列开发模块化产品架构

本步骤是模块化项目中难度最大的部分。本步骤的目标是将产品的架构划分为基本组件或模块，同时考虑细分市场、衍生产品的驱动因素和产品生命周期中的收益。本步骤必须由来自专家和利益相关方的各种各样输入数据（包括相关成本、技术等专门知识）来完成。有许多不同的工具可以支持完成本步骤，但无法实现自动化。请注意，本步骤涉及开发和比较不同的概念，因而通常需要多次的迭代。

本步骤有助于回答以下开发新产品或系统架构的一些基本问题：

① 如何将功能分配给衍生品树的枝干上（模块或基本组件）？
② 如何将这些枝干分配到不同的团队？
③ 哪些枝干应该外包？

1）重要活动：

- 功能分配是一个良好的起点，可以运用以下规则将功能分配给部件以创建模块或基本组件。
- 使用上一步中的需求列表，对内部和外部的需求进行分类，并且：a. 尝试将部件分配给对客户有价值的功能；b. 尝试将部件分配给由需求驱动的内部功能。
- 使用不同的工具和方法来探讨不同的选项，以便进行产品架构的裁剪（将功能分配给选项树的枝干）。
- 讨论和评估各种战略，使得产品架构的协同效应和效益在产品系列中得以充分发挥（例如平台、捆绑效应、预制组件、客户定制的排列与组合，而不是比例放大、更新、升级等）
- 定义一个基本组件分解原则，考虑上述输入信息，以及产品生命周期不同的视角和所有相关组织性功能。
- 反复推敲并细化基本组件。

2）典型产出：

模块化的产品架构或平台，包括功能映像到衍生品树、接口（另见 3.4.3 节）、核心平台模块的标识、设计结构矩阵。

3）有用的工具：功能建模、功能映射、模块化功能部署、价值设计、多样化设计、质量功能展开、设计空间探索、设计结构矩阵、洋葱皮模型、形态盒、普氏矩阵（见第 9.3.2 节"价值设计"中的示例）。

步骤四：对基本组件及其衍生的明确说明

本步骤的目标是定义模块或基本组件的衍生模块，通过添加、删除或替换模块或基本组件来实现产品的差异化。在整个产品系列中那些完全相同的模块被视为平台的核心模块。

1）重要活动：
- 命名模块或基本组件并定义其特性或功能。
- 列出每个基本组件的关键参数并使用形态矩阵确定它们的值。
- 描述带有参数值的基本组件的衍生以及区分基本衍生模块和选项。
- 获取基本组件的基本原理并列出利弊。
- 明确基本组件和共享部件的责任。
- 列出基本组件中包含的特性或部件，并且列出两个基本组件之间不涵盖或共享的功能。

2）典型产出：
- 基本组件和衍生模块的明确说明。
- 基本组件的规格表，包括其职责。

3）有用的工具：用衍生产品树、形态盒以描述基本组件。

步骤五：确定接口和锁定关键接口

在本步骤中要定义接口。接口是构建模块化产品的关键。接口建立了基本组件和模块的连接。必要的是在产品生命周期保持接口的稳定性。必须确定接口的类型（无论是机械、电气、信息或数据、能量流），并且必须定义不同基本组件之间的链接。

1）重要活动：
- 映射基本组件之间的相互作用，即利用接口矩阵或设计结构矩阵。
- 确定交互作用（类型、参数、数值等）。
- 确定基本组件在交换时的接口容差。
- 识别出关键接口并讨论选项，以便将其锁定。

2）重要产出：
- 接口规范、接口矩阵。

3）有用的工具：接口矩阵、设计结构矩阵。

步骤六：描述模块化概念

在这最后的步骤中，定义配置规则，并最终从预定义的模块和接口中派生出不同的产品配置。这里一个有用的工具是形态盒，它可以对不同的产品配置进行可视化。根据最终市场细分所对应的产品系列，必须更新和创建业务案例。一份带有更新业务计划的实施方案将最终决定模块化概念的详尽实施。

1）重要活动：
- 配置规则描述了如何通过不同基本组件衍生模块的组合，例如，通过使用形态矩阵，来开发由市场驱动的所需产品。
- 在设计规则中体现模块化概念，以最终确定配置规则。
- 更新业务案例和初始的模块化战略。
- 制订实施计划和粗略的项目时间进度表。

2）典型产出：
- 部分的或完整的描述模块化概念（请注意，部分的描述需要评估和迭代细化，再次全部或部分的通过概念化步骤）。

- 开发配置和指导原则。
- 如果新的信息表明将有所帮助，则可以调整平台策略。
- 为模块化产品系列开发商业案例。
- 为模块化概念制订粗略的项目时间进度表和实施计划。

3）有用的工具：形态盒、商业计划、复杂性成本、生命周期成本、目标成本。

9.4.2 深入研究和案例分析

为了使所有这些知识更具体，并且了解如何在实践中应用它们，我们通过一个割草机器人的案例分析对每一步骤做出说明。为了便于理解，我们就来探讨工作框架的六个主要步骤以及上一节中给出的最重要活动。割草机的例子希望有助于展示我们在每个步骤中的典型问题、任务和产出。虽然割草机是一个相对简单的产品，但其通用的故事情节、过程和解决问题的方法同样可以完全应用于高度复杂的产品和系统。

步骤一：定义产品系列和目标市场的范围

目标：了解模块化概念的范围（即基于业务重点的目标细分市场和产品）。

假设你拥有一家生产割草机的公司。你的公司拥有不同的产品线，既有传统割草机产品，也有新型的割草机器人。割草机器人细分市场的总销售额急剧增长，客户似乎越来越重视这些能在平坦的小地块上割草效果很好的自动机器人。然而竞争是非常激烈的，竞争对手最近推出了不同的新型割草机器人产品，每种产品都能满足不同客户的需求。因此，市场不仅需要一种型号的割草机器人，还需要一种差异化的产品让客户选择最适合自己情况的型号，各种型号的割草机器人如图9-29所示。为了应对日益增长的市场趋势，公司管理层决定扩大割草机器人产品体系。

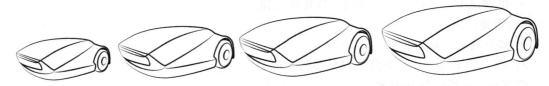

图9-29　各种型号的割草机器人

首先，由一个小型跨学科团队（成员包括销售、产品管理和工程等不同部门的角色）去开发这个新的产品体系。通过听取客户的意见并进行详细的市场分析，结果表明割草机器人细分市场是由大量不同的产品品种决定的。这意味着客户希望完成的工作会有所不同，因为割草机的使用环境条件略有差异。基于这一市场认知和工程经验，我们认为模块化方法是最有成效的，因为它有助于以有效的方式完成创建产品体系（而不是单一产品）的工作。

总结步骤一的产出：基于对市场环境的研究，一个非常强的迹象表明，模块化概念将是解决割草机器人细分市场的最佳方式。

步骤二：确定主导产品架构的需求目标

确定衍生产品的驱动因素，并根据由市场驱使的（旨在差异化）需求和公司内部驱使的（旨在一致化）需求对产品的变化进行分类。

在步骤二中，第一个问题是割草机器人必须满足哪些市场需求。这个团队首先开始广泛收集割草机器人的需求。这里标准的产品规格指的是每台割草机都必须满足的功能，甚至也要满足最低的细分市场（即那些客户希望找到一种廉价装置，能够以某种方式有效地割草）。兴奋型需求指的是那些在卡诺模型中被认为是关键购买因素的需求。这份清单既考虑了标准需求，也考虑了真正独特的、令人愉悦的和奢华的需求。

结果是，由市场驱使的需求得出的割草机器人产品系列的特征是：
- 低噪声；
- 防雨；
- 易于存放；
- 不同场景下的牵引力；
- 不同地区的电池容量；
- 不同地区的割草时间；
- 可调整的割草长度；
- 防盗保护；
- 各种地形的应用；
- 防止伤害的安全措施；
- 基于 GPS 的割草算法；
- ：

什么样的环境情况导致了客户对产品体系需求的差异化？在讨论已建立的需求清单时，开发团队要去回答以下问题：哪些需求在所有型号中都是相同且共享的，哪些需求驱动了产品系列中的产品衍生。团队一致认为目前的清单并没有真正系统化地回答这个问题。为了使产品架构相关的决策能够建立对市场深入理解的基础上，团队决定使用市场细分工具。团队要回答的关键问题是：有哪些不同类型的客户需求，以及客户在寻求什么样的产品设计来满足这些需求？哪些需求是特别附加的，哪些需求是客户真正看重的且没有商量余地的？

公司要求销售人员从一个基于市场观点细分市场开始，去发探索不同的割草机器人的主要应用。几天后，销售部门回来带来了几个不同的细分市场。细分市场显示了使用割草机器人的两个主要场景，其中客户需要的割草机类型取决于：

1) 割草区域的面积。
2) 能够在不同地形（即平坦的花园和野外的环境）下高效工作。

尽管目前已经了解到了两种与决策相关的割草机应用场景，但哪种割草机的产品架构最适合服务哪些细分市场的客户呢？当然，在小型别墅花园中使用的割草机与在大型农场使用的割草机，在设计上一定是有所不同的。这在某种程度上还是基于直觉，要做出割草机架构设计的决策，最佳方法就是再进行一次市场细分。由于最终目标是创建和决定产品架构，因此现在的细分标准必须是对产品架构有主要影响的那些需求（即架构衍生产品的驱动因素，如割草区域的面积）。

在与经验丰富的工程师们讨论之后，地形的陡峭程度和割草区域是很明显影响产品衍生的最主要驱动因素。原因是地面陡峭程度（如通过小山丘）对于电机的功率产生了决定性的影响，而割草区域的面积决定了所需电池的容量。如此一来，根据形式服从功能的原则，割草机的架构设计必须基于那些不断变化的需求，且能够满足不同客户。

在这一点上，架构相关的决策是基于对市场的深入研究和理解，而不仅仅凭直觉。每一台割草机都针对特定的应用地貌而独特设计，这种情况是不现实的，现在对于通用需求的了解也让我们能够在最可能的情况下标准化产品零件，而在有需要的情况下进行定制。总的来说，为了推动产品在不同市场取得成功，只改变电池容量和电机功率这两个因素，要比之前对不确定性的管理更为容易。

下一步是整合不同细分市场的预估市场容量。每个细分市场的市场容量估值是通过市场调研获得的。然后，利用需求树这个有用的图形化工具，来说明细分市场及其每个枝干的市场容量，这就意味着每个枝支最终都是一个细分市场，如图9-30所示。如果你的团队决定开发一个在平坦、小面积区域上工作良好的割草机，那么你的产品所覆盖的市场容量就是24%（80%的平坦地貌×30%的小面积花园）。

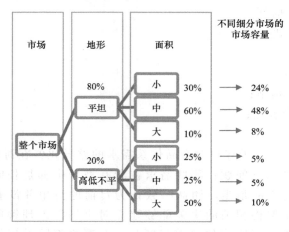

图 9-30　不同细分市场的市场容量

总结步骤二的产出：根据产品衍生的驱动因素（在产品系列内驱动产品架构差异化的需求）进行市场细分。

步骤三：为产品系列开发模块化的产品架构

考虑到细分市场、衍生驱动因素以及产品生命周期中的收益，将产品的架构划分成一些基本组件。

模块化的宝典就是将产品切分成许多小块。然后将不同的切块变为模块或基本组件。总的来说，这就像是将大象这个庞然大物切分成更容易处理的小块。难点在于从哪里下刀，以及最终将创建出哪些切块。不幸的是，对于从哪里下刀的问题没有一个最佳的解决方案。在何处切分产品基本上有无限的可能性，最终的决定通常是在不同的市场（外部）和生产方相关方面（内部）之间达成妥协。然而，切分产品的最重要原则就是切分应该来自并建立在对市场的深刻理解之上。模块化通常只被看作是一个技术话题，工程部门只会根据他们的观点进行切分，并非考虑市场因素。这种做法违反了形式服从功能的法则。实践表明，把模块化项目仅仅作为一个研发主题来实施，而不是从市场视角推导出体产品的架构，失败的可能性会相当高。其后果是严重的，因为偏离了方向，导致模块化项目的失败，使得之前的投资付诸东流。因此，应确保由市场需求驱动产品架构，这对于确保项目的整体成功，以及让形式顺理成章地服从于功能是至关重要的。

对于割草机，差异化的产品架构取决于之前确定的两种衍生驱动因素（割草区域的面积和地形的复杂程度），如图 9-31 所示。

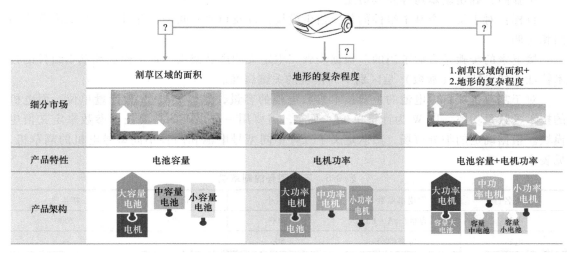

图 9-31　不同的条件需要不同的产品

根据表 9-5 中的这三种场景，很明显，根据细分市场，产品的架构会有所不同。所以是市场推动了产品的架构。因此，公司也不应该去开发他们想象中的顾客会喜欢的产品，他们应该去了解客户要做的工作，然后为他们构建相应的产品。

表 9-5　三种产品相关的场景

场景 1	场景 2	场景 3
要为不同的草坪尺寸提供不同的产品,所有产品采用相同的电机,但电池容量可以变化。因此电机就成了核心平台,电池可根据草坪切割区域的大小进行调配。这意味着割草机必须设计成具有标准接口,可以插入不同类型的电池	对适用于地形复杂程度不同的产品线,电池可以是相同的,但电机可以不同。这里,电池成为核心平台,而电机的功率应根据客户的需求而变化	对服务于不同面积和地形复杂程度的产品线,最好采用 Baukasten 架构方法。通过这个架构,所有相关的组合都是可能的

公司应该首先构建哪种产品架构呢？关于最佳的架构决策最终来自于市场数据，如步骤二中的需求树所示。当相关的决策者聚集在一起来决定开发并投资于哪种产品时；很明显，场景 2（以电池作为核心平台）将不是最佳解决方案。在这种情况下，只能覆盖大约 20% 的市场需求（如图 9-30 所示）。选择场景 1（以电机作为核心平台）可覆盖 80% 的市场需求，而场景 3（即 Baukasten 方法）将解决 100% 的市场需求。根据工程团队的进一步估计，生产场景 3 所需的投入只比场景 1 多一点点。因此，场景 3，即完整的 Baukasten 方法，是本项目的必行之路。

必须强调的是，在现实中，试图实现 100% 的市场覆盖率并不总是可行的，也并非是有益的。而最终的决策则取决于所涉及的诸多市场因素，如相关投入、上市时间、成本和风险等。因此，在我们的例子中，假如完整的 Baukasten 开发要比 80% 市场覆盖率的解决方案多花费两年的时间，那么集中精力解决可覆盖 80% 的市场缺口，并采用以电机为核心平台架构将是更为明智和更好的解决方案。

总结步骤三的产出：确定产品架构、主要架构的切分和主要模块或基本组件。

步骤四：确定基本组件及其衍生

目标：对于每一个基本组件的替代衍生模块，以及释放时间表，并且与产品的配置线路图相协调。

接下来的步骤是直截了当的。根据步骤三中定义的产品架构，定义模块和基本组件的技术特征。技术特征（参数）是区别不同模块的关键属性。

对于割草机项目，电池的主要技术参数电池的容量，是以 mA·h 为计量单位，而电机的技术参数是功率，以 W 为计量单位。通常，需要用一个以上的主要技术参数来定义衍生模块。根据确定的细分市场，团队定义了三种不同型号电池和两种不同型号电机的割草机，见表 9-6。

表 9-6 不同型号的割草机

模块名称	技术参数	衍生小	衍生中	衍生大
电池	容量(mA·h)	3000	5000	7000
电机	功率(W)	50	200	—

这些参数的范围来源于技术分析，并回答了在不同的地形场景下运行所需的电池容量和电机功率等问题，以便它们在不同的地形场景下运行。

总结步骤四的产出：不同模块或基本组件的关键技术参数，以及定义这些关键参数的值。

步骤五：确定接口并锁定关键接口

本步骤的目标是确定基本组件之间的接口和锁定那些在整个产品系列中保持不变的接口。

有不同类型的接口特征，这些接口类型可以依据机械、电气、信息（数据）和能量流进行分类。必须对所有这些类组进行分析，并决定它们是否适用。请注意，接口也可能是组合的，例如机械接口与电气接口。关键点是，一旦定义好接口，保持接口稳定性是至关重要的，否则整个 Baukasten 架构将名存实亡。

使用接口矩阵非常有助于定义接口（见表 9-7）。每个格中描述了从部件（行）到部件（列）之间的接口。在这个例子中，只有机械接口，因此矩阵是对称的。

表 9-7 定义接口

	电池	电机	外壳
电池	—	标准化电缆和标准化插头	尺寸、作为连接附件的螺钉、到充电站的标准化充电插头
电机	标准化电缆和标准化插头	—	尺寸、作为连接附件的螺钉、到电机控制单元的电缆
外壳	尺寸、作为连接附件的螺钉、到充电站的标准化充电插头	尺寸、作为连接附件的螺钉、到电机控制单元的电缆	—

总结步骤五的产出：接口矩阵和接口描述。

步骤六：描述模块化概念

本步骤的目标是最终定义产品配置。这可以借助形态矩阵来完成，目的是定义不同产品的配置选项。

已经确定了电机和电池，根据这项决定，团队决定制造两种不同的外壳（小型和大型），定义产品配置见表9-8。

表 9-8 定义产品配置

	衍生产品 1	衍生产品 2	衍生产品 3
电机	小	大	—
电池	小	中	大
外壳	小	大	—

理论上有12种组合，即2种电机（小、大）、3种电池（小、中、大）和2种外壳（小、大），2×3×2＝12。但并非所有组合都有意义。例如，大外壳与小电机和小电池的组合就没有任何意义。因此，在这一步骤中，定义配置的规则，并相应地配置最终产品。最终结果是6种产品，涵盖6个细分市场。这些产品的配置源自形态盒，如下所示：

电机—电池—外壳

① 小—小—小（小电机结合小电池和小外壳）
② 小—中—小
③ 小—大—大
④ 大—小—小
⑤ 大—中—大
⑥ 大—大—大

外壳的配置取决于电机和电池两者的总尺寸。这样，团队就完成了Baukasten架构，可以配置出6种不同的产品。

总结步骤六的产出：对不同细分市场的产品配置规则。

参考文献

Beck, H. (2016, December 12). Henning Beck: What is a thought? How the brain creates new ideas. *TEDxHHL* [Video file]. Retrieved from https://www.youtube.com/watch? v=oJfFMoAgbv8

Covey, S. R. (2004). *The 7 habits of highly effective people: Restoring the character ethic.* NewYork: Free Press.

Hall, E. (2013). *Just enough research.* New York: A Book Apart.

Kouprie, M., & Visser, F. S. (2009). A framework for empathy in design: Stepping into and out of the user's life. *Journal of Engineering Design*, 20(5), 437-448.

Lencioni, P. (2005). *The five dysfunctions of a team: A leadership fable.* San Francisco: Jossey-Bass A Wiley Imprint.

McKinsey. (2014). *SALSA: The dance of a dialogue* [Powerpoint slides]. Retrieved from http://www.ombudsassociation.org/IOA_Main/media/SiteFiles/docs/Dance-of-a-Dialogue_SALSAPresentation.pdf

第四部分

工具

强有力的工具

10.1 质量功能展开

10.1.1 什么是质量功能展开

概要：将客户的声音转化为工程师的声音。

质量功能展开（Quality Function Deployment，QFD）是产品开发早期阶段的一种方法，常常被错误地视为质量经理的传统质量管理方法。质量功能展开是由赤尾洋二（YōjiAkao）教授1966年在日本引入的。赤尾洋二教授将日本文字翻译成英语，定义了以下一些重要的方面：

品质（HIN SHITSU）：特性（Features）、品质（Qualities）、特点（Characteristics）。

机能（KA NO）：功能（Function）、机械化（Mechanizing）。

开展（TEN KAI）：开发（Development）、计划（Chart）、营销（Distribution）、展开（Deployment）。

因此，表示赤尾洋二教授这个哲学的正确翻译应该是："品质功能展开。"不幸的是，在西方世界，它被翻译成质量（Quality）功能展开，而不是"品质"（Qualities）。这种误导性翻译的结果是许多书籍和许多作者将质量功能展开视为一种传统的质量工具，并经常由质量部门实施。然而，它不是一个传统的质量管理工具。相反，它是一个在产品开发的早期阶段必须使用的工具，参与产品开发设计阶段的每个人都应该非常熟悉它。

质量功能展开的核心是一个相关矩阵，它显示了客户的需求以及最终如何实现能够满足客户需求的产品。参阅"产品架构"一章，质量功能展开的思想体系完美地反映了形式服从功能的法则。质量屋如图10-1所示，其中不同区域必须由跨学科团队填写。

1966年引入了完整的质量功能展开，主要包括4个阶段，每个阶段代表产品开发过程中一个更为具体的方面，如图10-2所示。在这4个阶段中，每一个阶段都会评估一个质量屋。最重要的输出将在下一阶段进行展开。

在产品开发的早期阶段，阶段1和2是最重要的，因为它们为第3和4阶段建立了基础。阶段1基本上涵盖了整个市场和产品策略等方面，而阶段2则涵盖了产品架构。

阶段1：产品规划。产品规划过程定义了一个产品的实际产品战略。为了确定这一战略，必须分析目标细分市场的客户需求，并确定与竞争对手的差异化战略。该阶段包括了确定产品的功能性。

阶段2：产品设计。在这个阶段，要创建产品的概念。通过获取目标产品功能或在阶段

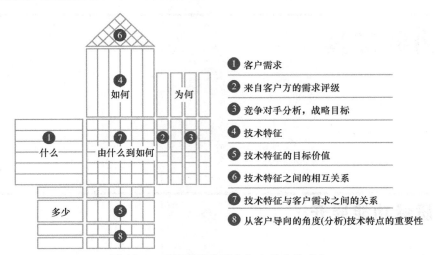

图 10-1　质量屋结合了市场和技术的观点

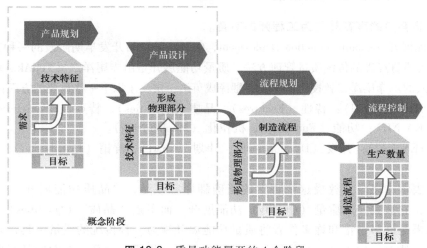

图 10-2　质量功能展开的 4 个阶段

1 中定义的技术特点,导出产品的概念和产品的架构。这是产品架构设计的重要论题,在这里物理的形式被分配给了所需的功能(即形式服从功能)。

阶段 3:流程规划。在定义好产品的架构之后,制定工艺文件,包括生产工艺流程的细节和重要工艺参数。

阶段 4:流程控制。在流程控制阶段将创建各种性能指标用以监控生产过程、维护进度和培训操作人员。

大多数情况下,这 4 个阶段实际上是被缩短了,并没有严格通过所有 4 个阶段,通常只关注产品的初步设计阶段。在产品的初步设计阶段,只完成了阶段 1 和阶段 2 的质量屋。在这个被压缩的过程中,质量屋只关注步始设计阶段中的"什么"和"如何"的问题。在本文中,"什么"是客户的声音,可以是客户的需求,也可以直接转变为设计需求。"如何"在这个质量屋里可以是产品的技术特性,或真实的物理部件和模块。

质量功能展开重要方面的总结

最终,质量功能展开的目标是将客户的主观需求转化为可以被量化和测量的客观标准,得出的结果数据可用于产品的设计与制造。总体上，它是一种在产品开发的过程中确定如何以及何处分配优先级的方法。

- 质量功能展开是将客户需求和期望转化为产品的一种形式化方法。
- 质量功能展开依赖于以目标为导向的跨学科团队合作。
- 影响因素和相干性被系统化地进行优先级排序、量化，并在质量屋中清晰地显示出来。
- 整个质量功能展开的过程是一种迭代方法。利用它，敏捷的准则也可应用于机电一体化和硬件产品开发（见第 8 章）。

10.1.2 为什么使用质量功能展开

为了设计一个有效的产品，设计团队需要知道他们在设计什么，以及最终用户对它的期望是什么。质量功能展开是一种基于密切关注顾客需求的系统化产品设计方法。作为一种系统化的方法，它建立在跨职能、跨学科团队密切合作的基础上，团队具有全部所需的深入理解，以便充分地填写质量屋。

分析和讨论质量屋中不同区域主要有以下几个好处：
① 就团队需要解决的设计问题获得共识。
② 无论从市场的角度还是从技术的角度，要让针对某个议题缺失的信息或不同的理解，在团队中尽早表现出来。
③ 工程师们将会理解客户的心声以及市场的形势。
④ 技术特征和客户需求之间的关系将会被量化和文档化。
⑤ 概念优化和概念决策将在团队中共同完成。

10.1.3 如何进行质量功能展开

启动一个质量功能展开的第一步是建立一个跨学科、跨职能的团队。在规划阶段最重要的团队成员是来自销售、产品管理以及工程的团队的代表。在本章中，重点是精简版的质量功能展开，仅专注在概念阶段。

下列的指令将引导我们走过概念阶段的各个细节。

1. "什么"：客户的声音阶段

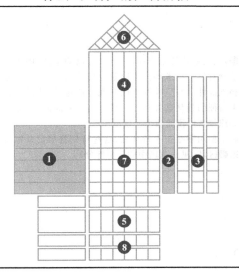

a. 市场细分。第一步是确定设计问题所涉及的细分市场。通过对该细分市场的客户分析必须能够明确客户的重要需求（详见"细分市场"章节）。为了真正了解客户，在本阶段中可以使用相关的工作框架，或者设计思维中的工具，比如同理心图等

b. 卡诺模型。应用卡诺模型来区分基本需求、性能需求和兴奋需求

c. 成对比较。在应用卡诺模型之后,我们得到了性能需求和兴奋需求,并使用这些需求完成成对比较。这些需求也被称为关键购买因素。不要在质量功能展开中使用基本需求,因为它们不会促进产品差异化,也不是关键购买因素

d. 第❶点:将性能需求填入质量屋中,代表客户的声音

e. 第❷点:根据以上的性能需求，客户重要性评估的百分比值将记录在这里的文档中

2. 新产品的竞争对手与目标

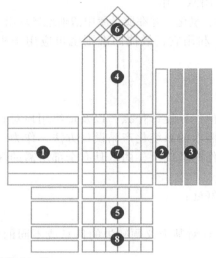

评估值（1~5）：
1→弱
3→平均
5→非常强

了解竞争对手是如何解决的关键购买因素的这个决定性的信息，通常可以帮助公司对自己的产品做出战略性的决策

在质量功能展开的这个阶段，必须回答以下问题：
■ 在相关细分市场中，我们的主要竞争对手是谁？
■ 竞争对手的产品是如何满足关键购买因素的？
■ 竞争对手的战略是什么？
■ 我们希望满足哪些客户需求以区别于竞争对手，以及实现这一目标的计划是什么？

第❸点：在这个区域，填写主要竞争对手的产品。每个竞争对手的产品应使用单独的一列。分析这些产品中的每一个产品，检查每个产品如何满足单个的需求。评估值的范围为 1~5，1 表示弱，5 表示非常强

第❸点的最后一列显示了新产品开发的目标值

在设定目标值时，为了区别于竞争对手，假如将所有目标设定为最高值显然是非常棒的。然而在大多数情况下，这是不现实的。通常，需要做出权衡。为了实现这一点，一般来说，对排名较高的需求设置较高的目标值，而并对排名较低的需求做出适当的妥协

3. 技术特征说明

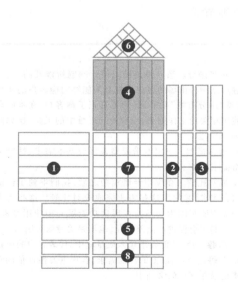

第❹点：技术特征是产品的属性，可以测量，并用于与竞争对手做对比。技术特征可以是专用的设计特性、产品功能或物理部件。基于开发阶段和现有信息，团队需要就这些技术特征的最佳选择达成一致。当有疑问时，最好的选择是完成规划阶段的两个质量屋

在确定使用哪些技术特征后，这些特征将被记录在质量屋的第❹区域（见左边图中的阴影部分）

4. 技术特征的目标值

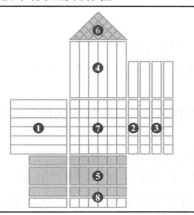

第❺点：在定义技术特征后，要定义技术特征的目标值，并填入质量屋。决定技术特征和最终确定目标值是跨职能团队执行优化过程的一部分。这意味着特性、功能或部件的最终目标通常不是从一开始就确定的。需要迭代优化的过程才能获得最适合市场需求的解决方案。质量屋中的第❻点和第❼点是优化循环过程的一部分。在此步骤中产品架构和敏捷原则是相关的。支持这些步骤的工具是设计空间探索和形态盒

第❻点：在某些情况下，是质量屋的屋顶，可以用来记录不同技术特征之间的设计依赖关系（正面或负面的）

5. 关系矩阵

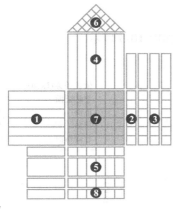

评估值
0→没有影响
1→影响弱
3→影响中等
9→影响强

第❼点：在团队内部就客户需求和技术特征之间的关系进行详细阐述，并最终填入关系矩阵——质量屋的中心

为了确定一个关系的强度，通常使用简单标尺，即弱、中等或强。当使用数值时，将该标尺转换成1、3、9的数值。一些商用工具也使用符号来描述标尺的不同值（另请参考本章末尾的例子）

如上一步所述，整个概念的优化是一个迭代的过程。始终根据客户需求映射不同的概念替代方案，正如在第❼点所做的，确保产品概念致力于真实的客户需求

6. 从客户的视角对技术特征进行评级

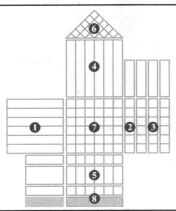

第❽点：最后，计算每一个技术描述的重要性。计算就是关系矩阵中产品的单元值与客户重要性评分的乘积。对所有列中对应于每个技术特征的值求和，将结果显示在第❽点上

这一求和的结果显示了每个技术特性对于满足客户原始需求的重要性

10.1.4 实用技巧和成功因素

- 质量功能展开的过程应该由经验丰富的 QFD 主持人来推动。
- 建立跨职能团队是成功的必经之路。跨职能团队至少应包括销售、产品管理和工程等角色。其他团队成员可能来自采购或制造部门。
- 实践表明,质量功能展开最有价值的部分是在团队内部就市场及其相应的技术达成共识。在许多情况下质量屋的实际结果是次要的。
- 在质量功能展开中应使用性能需求和兴奋需求,不使用基本需求。

质量功能展开的最终目标是开发产品的扼要描述,即区别于竞争对手产品的关键特性。基本需求是无法做差异化的。如果在质量功能展开矩阵中使用基本需求,实际结果将会适得其反。换言之,根据定义,由于基本需求的排名高于性能需求,结果将是性能需求和兴奋需求的排名较低,并且在产品开发过程中可能被忽略。

(资料来源:Crow,2013;Tapke,et al,1997.)

一个完整的质量功能展开的例子,电气装置质量屋如图 10-3 所示。

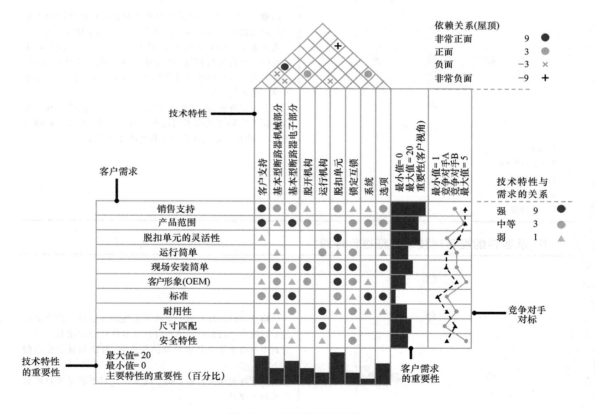

图 10-3　电气装置质量屋

10.2 设计空间探索或基于集合的设计

10.2.1 什么是设计空间探索

概要：设计空间探索（Design Space Exploration，DSE）或称为基于集合的设计（Set-Based Design，SBD），是一种结构化的方法，用于探索多种设计方案并进行迭代直到找出最佳方案。

想象一下国际象棋这类战略游戏。这类战略游戏需要决策树式的思维。这意味着，在移动棋子之前，有经验的棋手不会选择第一个出现在他们脑海中的走法，而是探索和计算多种走棋的选择以便在特定情况下找到最佳的走法。这种决策树式的思维理念可以转化到产品设计中，这种方法被称为设计空间探索或基于集合的设计。

设计空间探索或基于集合的设计（我们认为这两个术语是可互换的）涉及预先探索许多可替代的设计方案以便考虑权衡，这对于具有竞争性需求的集成系统尤其重要。在基于集合的设计中"集合"一词是指一系列的设计方案。基于集合的设计的一个关键原则是将设计决策推迟到设计过程的后期以实现最佳的权衡取舍。这种权衡取舍是可以通过排除劣质的或次优的设计方案的优化过程实现的。设计空间探索可应用于全部的设计阶段，以实现系统化和远见卓识的决策。传统的设计方法与设计空间探索的对比如图 10-4 所示。

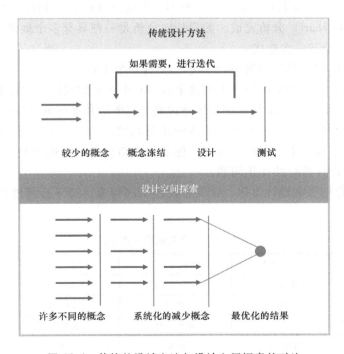

图 10-4 传统的设计方法与设计空间探索的对比

10.2.2 为什么使用设计空间探索

尽管延迟设计决策与直觉相悖,但基于集合的设计在许多方面改进了传统的设计方法(即"点"设计):

1) 扩展并系统化评估解决方案空间,从而得到最佳解决方案。
2) 有助于避免过早地做出决策,比如在没有掌握必要事实的情况下做出决策。
3) 降低了为纠正错误决策而造成的后期和昂贵返工的风险。
4) 帮助在所有利益相关方之间沟通设计上的挑战。
5) 收集利益相关方的建议,最终就最佳设计概念达成共识。
6) 保证并要求产品定义团队与研发团队之间的交互工作顺畅。将计划外的迭代和后期返工的可能性降至最低点。这也会导致整个生命周期的总工作量和成本的减少,同时缩短了上市时间。

10.2.3 如何进行设计空间探索

1) 定义细分市场,并在细分市场内确切表达客户需求。
2) 定义设计目标,并定义评估的尺度或标准。
3) 进行形态矩阵分析以开拓整个设计空间。定义设计变量及其选项或选择。
4) 分析设计空间,排除主导性的概念并选择更受欢迎的概念,细化需求、约束和指标。
5) 为下一次的迭代选择概念。
6) 重新调整需求、约束和评估指标,而不与前面迭代的假设相悖。方案的选择可以通过帕累托图(Pareto chart)分析完成。帕累托图分析是一种具有多个最优准则的优选法。
7) 回到3) 开始下一次迭代。

设计空间探索过程的总结如图10-5所示,共有6个步骤。

通过快餐市场的这个简单的例子说明这个具有6个步骤的设计空间探索过程。

1) 这个细分市场是快餐市场,更具体地说是"三明治和汉堡的细分市场"。
2) 低碳水化合物汉堡和三明治有了新的市场趋势。为了给这个客户群体开发新的产品,进行一次设计空间探索。新产品的设计标准是高蛋白值、低碳水化合物和成本。因此,它是一个具有3个设计指标的优化问题。
3) 为了系统化地探索设计方案,就实施设计空间探索。第3步将使用形态矩阵开拓设计空间,见表10-1。

表10-1 设计空间的形态矩阵

设计变量	技术选择1	技术选择2	技术选择3	技术选择4
面包	标准小麦	高蛋白面包	混合小麦	—
主料	牛肉	鸡肉	金枪鱼	豆腐
奶酪	—	切达干酪	低脂肪	—
佐料	西红柿	黄瓜	色拉	—
酱汁	烧烤酱	芥末	蛋黄酱	—

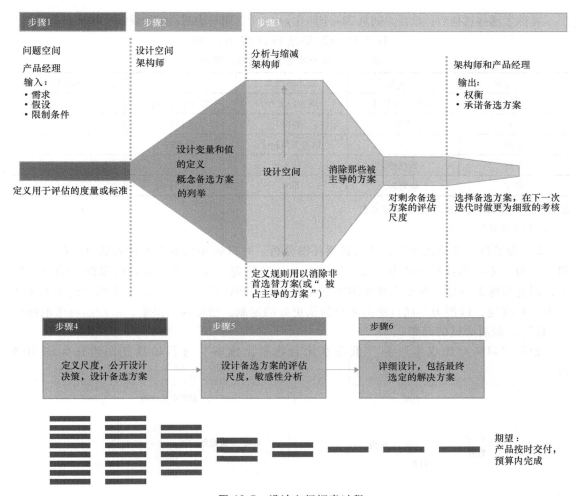

图 10-5　设计空间探索过程

所以不同选项的组合将产生 324 个方案，324 是通过将每一个设计变量所对应的技术选择的个数阶乘得来的。

更清楚地说，面包有 3 种技术选择，主料有 4 种技术选择，奶酪有 3 种等。因此：

$$3\times4\times3\times3\times3=324$$

总共有 324 种不同的选择。

1）通过对设计空间的分析，在进入优化循环之前可以决定 2 种主要的设计选择，并且得到以下结论：

a. 所有进一步的设计选择都是为了做出高蛋白面包的汉堡，因为主要的发展目标是低碳水化合物的产品。换言之，标准小麦面包和混合小麦面包，都含有较高的碳水化合物，在设计空间中不再考虑。

b. 第 2 个主要选择是佐料，因为它们在成本或任何其他设计标准上没有显著差异。

c. 在除了排除主要的设计选择之后，设计问题的第一次迭代已经可以执行额外的优化了。蛋黄酱和切达干酪被排除在外，因为它们对产品的总热量有负面影响，不应被考虑用于这一目标客户群体。

排除了这些选择后,设计空间从 324 个简化为 16 个。第一次迭代后的设计空间见表 10-2。

4(主料)×2(奶酪)×2(酱汁)= 16

表 10-2 第一次迭代后的设计空间

设计变量	技术选择 1	技术选择 2	技术选择 3	技术选择 4
面包	标准小麦【×】	高蛋白面包	混合小麦【×】	—
主料	牛肉	鸡肉	金枪鱼	豆腐
奶酪	—	切达干酪【×】	低脂肪	—
佐料	西红柿	黄瓜	色拉	—
酱汁	烧烤酱	芥末	蛋黄酱【×】	—

注:1. ▭ 不变的设计选择,无需进一步考虑。

2. 【×】选择不再考虑。

2)为了进一步优化方案,进行帕累托图分析。对口味和成本影响最大的是产品的"主料"部分,不过酱汁和奶酪也会影响味道。由于口味是一个非常主观和可以调整的额外标准,因此口味的预估要基于大规模的客户品尝。市场和销售团队最终决定奶酪和酱汁的选择将由客户决定,以便为不同口味的客户提供更好的定制。根据这一决策,新产品将采取哪种"主料"是最后必然的判断。

根据"口味对比成本"和"低碳水化合物对比成本"进行帕累托图优化如图 10-6 所示。

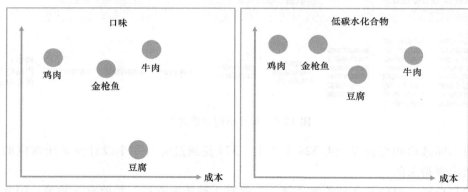

图 10-6 帕累托图优化

帕累托图表明鸡肉的成本最低。就口味而言,牛肉的分值最高,而鸡肉的分值相近。最后,对于"低碳水化合物"选项,所有主料的选项都有相近的分值。

3)现在最终的结果很清楚了。对于新产品,主料选择的最优解决方案是鸡肉,因为它提供了最佳的口味比例、低碳水化合物和低成本。有了这个决策,就不需要更进一步的迭代了。

10.2.4 实用技巧和成功因素

- 应避免在开发的早期阶段冻结方案或产品结构。如有必要,可绕开当前的开发实践。
- 允许设计规范的灵活性。对最重要的规范参数设置一个宽泛的目标,而其余参数不受约束,使用最宽松的约束来创造灵活性。

- 逐步缩小范围。一旦得到有效的信息就逐步地缩小集合。
- 在性能和成本上鼓励使用具有本质改进的创新概念，但也要在每个集合中包括一个低风险成分。
- 在集合中包括低成本的成分。
- 在选择最佳方案时，根据功能或成本对方案进行量化可能会有所帮助。方案之间这种定量的比较可以通过成对比较来完成。

（资料来源：Doerry, 2012; Paredis, et al, 2006; Raudberget, 2010; Ström, et al, 2006.）

10.3 设计结构矩阵

10.3.1 什么是设计结构矩阵

摘要：设计结构矩阵（Design Structure Matrix，DSM）是一种可视化的、用于优化复杂系统部件间依赖关系的方法。

设计结构矩阵是一种模型，用于对任何系统实体之间的依赖关系进行可视化和分析，并为系统的改进或综合提出建议。例如，这种类型的系统可以是一个产品、一个组织或一个工艺流程。

设计结构矩阵由一个 $n×n$ 的矩阵表示，其中左列和顶行的条目表示系统的部件或工艺流程或组织的实体的名称。因此，所有部件都可以通过在矩阵中各自的输入相互链接。在对角线上相同的部件彼此相对。设计结构矩阵如图 10-7 所示。

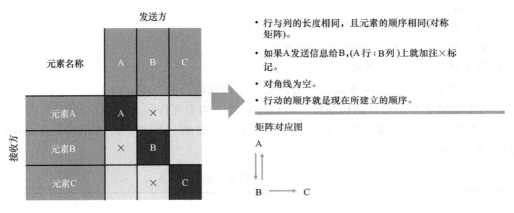

图 10-7 设计结构矩阵

设计结构矩阵存在不同的类型，包括基于静态和基于时间的设计结构矩阵。在基于静态的方法中，行和列的排序反映的是分组，而不是时间流，并且节点通常是部件。在基于时间的方法中，行和列的顺序对应于一种序列或时间流。

设计结构矩阵尚存的其他类型包括以下几种：

① 数字（0~1）显示加权的相关性或可能性。
② 二进制（0 或 1）或（0 或×）。

③ 每个单元格有一个值。
④ 每个单元格有多个值。

在这本书中，我们只考虑最常见的设计结构矩阵类型，即二进制类型。

10.3.2 为什么使用设计结构矩阵

基于设计结构矩阵的方法已经被证明在理解、设计和优化复杂系统方面是非常有价值的，比如产品、组织和工艺流程等。针对产品、系统架构是通过设计结构矩阵基于部件与模块之间的关系进行建模的。

设计结构矩阵用于描述一个部件对另一个部件的依赖关系及其交互作用。通过对高交互的节点分组到一个集中，工程师和管理人员可以更容易地识别和检查集与集之间的接口。此后，集与集之间的相互作用被消除或被减少。设计结构矩阵的结果还可以识别具有多个交互作用的部件，其交互作用适用于将其组合成模块或公共平台。

10.3.3 如何开发设计结构矩阵

1）确定设计结构矩阵的目的和类型。有不同类型设计结构矩阵，最常见的有以下三种：

① 基于部件的设计结构矩阵，用于产品的优化。
② 基于人的设计结构矩阵，用于组织或团队的优化。
③ 基于活动的设计结构矩阵，用于流程的优化。

2）将系统分解为部件，并构建设计结构矩阵（单元格空置）。元素取决于选定的类型。这些元素包括：

① 用于基于部件设计结构矩阵的模块或部件。
② 用于基于人员设计结构矩阵的团队或人员。
③ 用于基于活动设计结构矩阵的活动或工作流。

3）定义在设计结构矩阵中需要映射的交互作用或接口的类型。

a. 对于不同类型的设计结构矩阵，可以应用以下的交互作用：

基于部件的设计结构矩阵，接口可以分为 4 种类型（DeWeck, Simpson & Cameron, 2003），见表 10-3。

表 10-3 接口的类型

接口的类型	描述	示例
空间	表示两个元素之间物理的连接或方位	螺栓、螺钉、焊接
能量流	表示两个元素之间能量的传递/交换	微波、铜线
信息流	表示两个元素之间数据或信号的交换	无线射频、人类、微开关
品质流	表示两个元素之间物质的交换	燃油管路、空气管道、排气管

注：1. 对于每种类型，准备单独的设计结构矩阵（DSM）。
2. 通常，对于能量、物体质量或信息流，也需要物理连接。
3. 其他分类也是可能的。

b. 基于人员的设计结构矩阵，交互作用通常用于显示不同组织实体之间的信息流。可以描述不同形式的信息流，包括：
- 键入，如电子邮件、文档或语音；
- 沟通频率，如每月、每周、每天。

c. 对于基于活动的设计结构矩阵，接口表示在一个工艺流程中不同任务之间的依赖关系。这些任务必须共同完成整个工艺过程的目标。因此，信息交换可以通过工作流程图或设计结构矩阵来表示。

4）映射和记录设计结构矩阵相应单元内元素之间的交互作用和接口。有两种填写和解读设计结构矩阵的方法：

a. 发送方或输入方在第一行，接收方或输出方在第一列（对角线上方是反馈循环）。这种解释贯穿于本书之中。

b. 发送方或输入方在第一列，接收方或输出方在第一行（对角线下方的反馈循环），如图 10-8 所示。

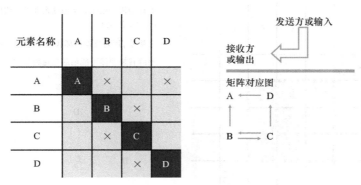

图 10-8　填写和解读设计结构矩阵的方法 b

5）解读设计结构矩阵可以出现 3 种类型的结构：

a. 平行结构，如图 10-9 所示。

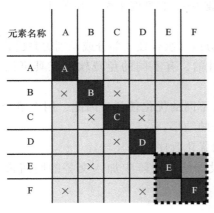

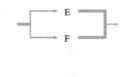

图 10-9　平行结构

b. 顺序结构，如图 10-10 所示。

c. 耦合结构，如图 10-11 所示。

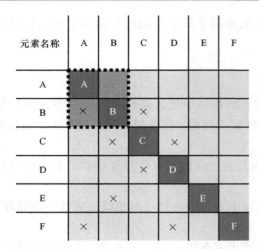

- 行动必须逐一进行(先A,然后B)。
- 欠优化的结构,由于更长的持续时间(需要等待)。
- 无论何处都无法建立并行结构,该结构是最优的。

图 10-10　顺序结构

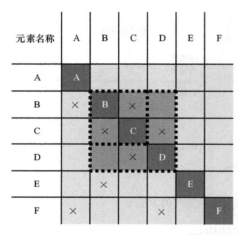

- 循环的相互依赖关系迫使企业已完成的行动返工(见B、C、D)。
- 结构差,因为反馈循环和返工总的持续时间长。
- 矩阵转换要尽可能地避免这种结构。

图 10-11　耦合结构

6）可选：对于数字的设计结构矩阵，根据 0~1 的刻度来衡量相关性。

7）优化一个设计结构矩阵。

应用图聚类算法，通过将高度相关的部分分组、组合独立部分或识别关系模式等方法重新排序矩阵的行和列。这些算法通常是基于软件的，有不同的免费软件工具可以完成这样的优化。

在这本书中，假设一个软件工具正在执行不同的优化任务。因此，用于组合和分类归并的内容不在本书的范畴，下面只描述这一算法的结果：

针对不同的设计结构矩阵类型，有不同的优化程序：

a. 组合，如图 10-12 所示。组合是指在设计结构矩阵中加入交替的明暗带，以显示独立、平行或并发的活动（或系统元素）。

目标：
- 组合可将项目或生产的工作步骤可视化。
- 在每个单一的组合中，其中一项活动是瓶颈。

b. 分类归并，如图 10-13 所示。

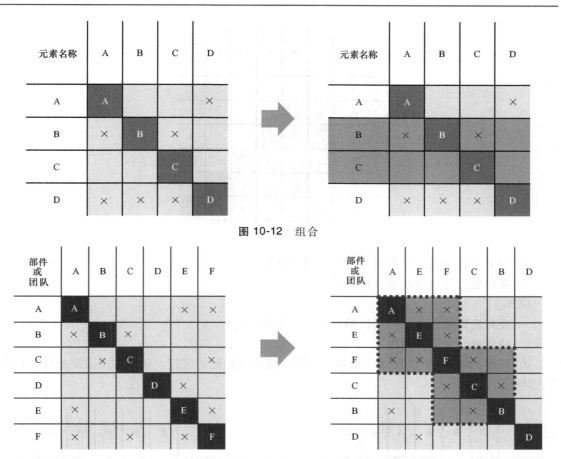

图 10-12 组合

图 10-13 分类归并

如果设计结构矩阵的元素表示设计部件（基于部件的设计结构矩阵），或开发项目中的团队（基于人员的设计结构矩阵），则矩阵优化的目标是确定设计结构矩阵元素的子集，例如集群或模块，它们是 DSM 元素的相互排斥或最小交互的子集。

目标：
- 确定产品开发的独立模块。
- 模块内包含紧耦合。
- 减少模块之间的依赖性。

结果：
- 具有多个部件的模块。
- 减少模块之间的依赖性。

c. 分区，如图 10-14 所示。

分区是对 DSM 行和列的重新排序，使得新的 DSM 排列不包含任何反馈标记，从而将 DSM 转换为下三角形式。对于复杂的工程系统，简单的行和列操作不太可能产生下三角形式。因此，分析师的目的是从消除反馈标记变为尽可能靠近对角线。

目标：
- 改变元素的顺序以得到对角线上方没有×的矩阵（三角化）。

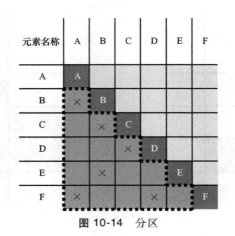

图 10-14 分区

- 一个新的序列，没有或有更少的反馈循环。
- 保留更接近对角线的反馈循环。

结果：
- 没有反馈循环或较短反馈循环的一个序列。
- 持续时间更容易预测。

d. 剪掉，如图 10-15 所示。剪掉是去除一组反馈标记的过程。从矩阵中去除的标记称作"下脚料"。

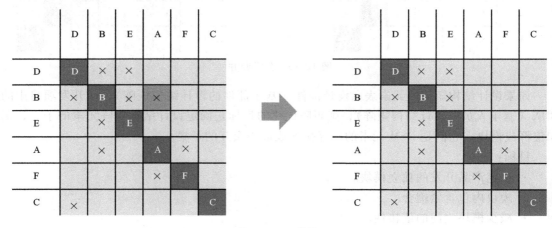

图 10-15 剪掉

目标：
- 在一个已分区的 DSM 中删除存在的反馈循环以进一步优化交货期。
- 模块内包含紧耦合。
- 减少模块之间的依赖性。

结果：
- 一个没有反馈循环的理想的三角化的设计结构矩阵。
- 必要的假设或决定，以进一步降低了技术决策的自由度。

使用剪掉时要相当小心。在 Excel 工作表中删除一个元素很容易，但是在现实生活中，由于实际系统元素之间的相互依赖性,从系统中删除元素会产生巨大的影响。因此,微小的变化可能会对整个系统产生巨大的影响,需要谨慎考虑。

10.3.4 实用技巧和成功因素

- 不能太小:小于 10×10 的设计结构矩阵包含的信息太少。
- 不能太大:大于 60×60 的设计结构矩阵很难处理。要检测的条目数为 N^2(10×10=100 个单元格,60×60=3600 个单元格)。应考虑将一个更大的系统分解成层次结构的设计结构矩阵(De Weck, et al, 2003)。
- 最佳:最佳的设计结构矩阵是在 20×20 到 40×40 的范围内。

在让专家完成设计结构矩阵之前,在他们之间应建立共识。应向专家通报的基本方面的情况包括:

a. 部件:范围之内和之外。
b. 交互:定义接口的类型,应该忽略什么,什么有直接依赖关系,什么有间接依赖关系。
- 不要映射间接依赖项,A→B→C:A→C 是间接的。

(资料来源:Danilovic & Browning, 2017; De Weck, et al, 2013; Eppinger & Browning, 2012; Lindemann、Yassine, 2004。)

参考文献

Crow, K. A. (2013). *Quality function deployment*. Retrieved August, 17.

Danilovic, M., & Browning, T. R. (2017). Managing complex product development projects with design structure matrices and domain mapping matrices. *International Journal of Project Management*, 25(3), 300-314.

De Weck, O., Simpson T. W., & Cameron, B. (2013, July 22-25). *Product platform and product family design: from strategy to implementation*. [Course]. Retrieved from http://profesional.mit.edu/programs/short-programs/product-platform-product-family-design

Doerry, N. (2012, September 11-12). Modelling and simulation tools for set-based design. Navy Sea. [Workshop].

Eppinger, S. D., & Browning, T. R. (2012). *Design structure matrix methods and applications*. Cambridge, MA: MIT Press.

Lindemann. (n. d.). *The design structure matrix (DSM)*. Technische Universität München. Retrieved June 27, 2017, from http://www.dsmweb.org/

Paredis, C., Aughenbaugh, J., Malak, R., & Rekuc, S. (2006). Set-based design: A decision theoretic perspective. In *Proc. frontiers in design & simulation research 2006 workshop* (pp. 1-25).

Raudberget, D. (2010). Practical applications of set-based concurrent engineering in industry. *Journal of Mechanical Engineering*, 56(11), 685-695.

Ström, M., Raudberget, D., & Gustafsson, G. (2006). Instant set-based design, an easy path to set-based design. *Procedia CIRP*, 50, 234-239.

Tapke, J., Muller, A., Johnson, G., & Sieck, J. (1997). *House of quality*. Boston, MA: Harvard Business School Publishing.

Yassine, A. (2004). An introduction to modeling and analyzing complex product development processes using the design structure matrix (DSM) method. *Urbana*, 51(9), 1-17.

必备工具箱

11.1 关注需求

11.1.1 卡诺（Kano）模型

什么是卡诺（Kano）模型？

摘要：卡诺（Kano）模型根据兴奋、性能、基本这三个判断标准对所有选定的需求进行高层次排序。这种需求分类为后续制定是否投资以及如何构建产品的产品战略决策提供指南。

什么特性能让客户感到兴奋呢？产品或服务中有哪些需求是没有讨价还价余地的？在各个细分市场中客户的偏好各不相同，比如收入水平和消费意愿。一个产品或服务中的某些需求是必备的才能实现其核心目标，而其他需求则更像随赠附件，客户对其重要性的评估也是不同的。例如，手机的主要任务是成为可靠的通话设备，其核心功能是帮助人们相互连接。集成在手机上的摄像头是一个与手机通话功能没有直接必要相关性的随赠附件，却是一个非常有用的补充特性，为手机提供了额外价值。那么我们该如何知道哪些特性是必需的，而哪些可以成为有价值的随赠附件呢？

卡诺（Kano）模型的目标就是将客户的需求分成三个不同的类别，包括基本需求、性能需求和兴奋属性。通过划分的过程，产品的技术规格将变得更加具体，且更容易找到对产品战略决策有重大影响的关键需求。最初的卡诺（Kano）模型还包括第四类需求——一般需求。这类需求无论呈现与否，都没有区别。虽然它们对产品的战略决策没有任何意义，但是在降低成本这个问题上通常必须考虑它们。

图11-1描述的卡诺（Kano）模型显示了实现不同类型的需求对客户满意度的影响。

（1）**基本需求（Basic Requirements）** 许多产品的特性对客户来说是不言而喻的。通常，这类特性甚至都不会被提及。基本需求被认为是理所当然应该具备的。缺失这些特性的产品根本没人会考虑购买，或者至少也会导致客户深深的不满。这些特性是必须具备的，因此被认为是基本需求。

（2）**性能需求（Performance Requirements）** 对比起来，这类需求的实现程度越高，越能提高客户的满意度。简单地说，这类需求多多益善。

（3）**兴奋属性（Enthusiasm Attributes）** 也称兴奋因素，这类产品特性并非所预期的，但非常受欢迎，它们明显地超出了预期，因此被称为兴奋属性。对于这个分类，不能使用需

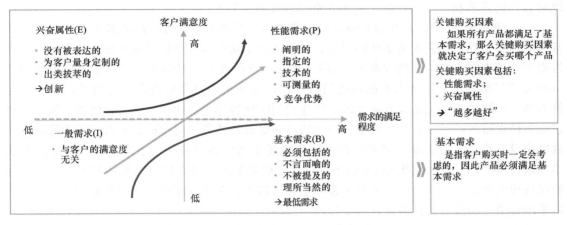

图 11-1 卡诺（Kano）模型

（资料来源：Kano、Tsuji、Seraku、Takerhashi，1984）

求这一术语，因为这类产品属性不是客户要求的，是公司为产品提供的一个独特卖点。这些属性导致非常高的客户满意度。

为什么使用卡诺（Kano）模型？

尽管卡诺模型起初看起来微不足道，但它对于整个产品开发项目中对需求的结构化以及优先级设定是一个决定性的工具。

要开发一个具有竞争力的产品和服务战略就必须考虑这三个需求。为了精准制定战略，也为了做出产品架构的关键决策，至关重要的是要知道哪些需求总是必要的（基本需求）或哪些兴奋属性能让产品独一无二并能在公开市场竞争中脱颖而出。

卡诺（Kano）模型解决哪些关键问题？

卡诺（Kano）模型主要解决以下几个关键问题：

① 基本需求是什么？
② 哪些需求有助于建立与竞争对手的差异化？
③ 不同需求的最小阈值是多少？
④ 哪些产品特性可能具备颠覆性创新的潜质？
⑤ 如何在产品开发项目中设定优先级？
⑥ 必须做出哪些战略性营销决策？

如何应用卡诺（Kano）模型？

为了将需求归为三类，首先必须定义划分基本需求、性能需求、兴奋属性的边界条件。对于每个类别的需求，当前预期的满意度水平是多少？例如，重量这个需求可能有不同的数值。根据定义的阈值，需求可以被定为基本需求、性能需求和兴奋属性。例如，一辆公路竞赛自行车的重量如果在10~12kg就是一个基本需求；如果重量在8~10kg就是性能需求；如果重量<8kg就是一个兴奋属性。

客户当前将什么视为基本需求、性能需求或兴奋因素呢？这个问题最好在跨职能团队中得到解答，各个团队负责根据其对当前市场的理解去讨论和记录那些关键的需求。在记录下这些需求之后，我们将根据三个分类的范畴对这些需求进行分类。如果团队无法就判别标准达成共识，整合真实客户的反馈和意见就变得不仅有用而且必要。这样做会促进团队真正地理解客户的需求和潜在的希望（见第 5 章"设计思维"）。

（1）基本需求（Basic Requirements） 基本需求是指客户认为产品或服务理所当然应该具备的那些特性。作为先决条件的预期，最重要的是这些需求必须得到充分的实现，一旦被发现某些基本需求缺失（即仅部分实现），该产品就出现了质量问题。基本需求可视作阈值或称为"门槛"需求。如果不能跨越门槛，你就出局了。只有你能够跨越门槛，才会被允许参赛。而超出阈值也是没有必要的，除非它们能够转化为性能需求或兴奋属性。例如，通过电话传送过来的话音音质。如果客户无法感知更高音质带来的价值，那么进一步提高音质就完全没有意义。第 2 章"颠覆性创新"中描述了超出客户最低需求的危害。通常由于成本原因，"刚刚好"达到阈值就足够了。过度实现基本需求没有任何额外的好处，尽管这种情况在现实生活中经常发生。关键是客户不会把钱花费在基本需求上，因为他们看不到这些需求的价值，相反这些价值被认为是理所当然的。

注意，在许多其他出版物中，使用术语必须具备的需求而不是基本需求。我们本书中没有使用这个术语，原因是它可能导致把性能需求或兴奋需求作为可选需求的结论。这可能会导致致命的决定，即由于资源、资金、时间等原因，可能导致性能需求和兴奋属性不会在最终的产品中实现。无论怎样，缺失性能需求和兴奋属性的产品将无法在市场中竞争，因为客户很明确要把钱花在性能上，而不会只为基本特性买单。因此，性能特性也是特殊的必须具备的特性。

（2）性能需求（Performance Requirements） 性能需求是指客户在做产品采购决策时明确期盼的需求。提供的性能需求越多，客户就越高兴。正如前面章节中提及的，性能需求也是必须具备的需求。它们有时被称为期望的品质，因为它们代表着从客户角度看到的产品品质。这些特性让产品产生了某种价值，而客户愿意为之付费。因此，对于产品战略决策而言，关注新产品的最有价值的特性是极其重要的。通常，性能特性也被称为关键购买因素（KBF）。在第 6 章"价值设计（DTV）"中明确阐述了这些增值特性。在下一个工具成对比较中，我们将讨论一种加权的技巧，该技巧详细说明了如何确定性能需求的优先级，以便为产品开发做出正确的决策提供参考标准，从而为客户提供产生最高价值的产品。

（3）兴奋需求或愉悦点（Enthusiasm Attributes or Delighters） 兴奋需求是指产品的那些，不仅能为客户带来惊喜，而且用崭新的、独特的、意想不到的方式取悦客户的属性或特性。这些愉悦点是客户在其他产品或竞争对手的产品中不曾看到的，因此这些特性在某一细分市场上是全新的。这些兴奋属性是真正的随赠附件，之所以称为随赠附件是因为它们并没有取代基本需求。反过来，即使缺少了这些奢华、娱乐性或诙谐的随赠附件，产品仍然可以完美运行，并履行其核心功能。由于我们不知道有哪些兴奋属性，导致兴奋属性并未在产品中呈现，客户也不会因此不满或失望，因为他们并没有意识到他们缺失了什么。这可能导致这样的结论：这些愉悦点在产品开发中被认为是不重要的，特别是在面临项目预算紧张或成本增加的情况下。然而，放弃这些特性可能是一个根本性错误，因为随着时间的推移它们可能会变成关键购买因素（KBF）。

随着时间的推移，兴奋属性会进化成性能属性，性能属性会转变为基本属性。因此，我们要持续不断地创新，以促进产品的进化，并且为客户提供更多价值。

卡诺（Kano）模型的应用：设计思维、价值设计（DTV）、模块化、质量功能展开（QFD）、成对比较。

（资料来源：Crow，2013；Kano，et al，1984.）

11.1.2 成对比较

什么是成对比较？

摘要：成对比较使得几个主要设计目标之间进行量化加权成为可能。

在所有的开发项目中，必须根据优先级做出决策。如果开发项目中只有1个、2个或3个设计目标，它们之间的排序通常是一目了然的。设计目标可以是各种主题，比如关键购买因素，不同的技术概念，不同的设计选项，待完成任务的排序等。然而在大多数项目中，在某个阶段都会有多个设计目标。一般典型的目标数量为4~15个。为了在这些选项之间得到一个客观的排序和权重，成对比较是一个高效且易于使用的工具。它为不同设计目标之间提供了量化加权的百分比，作为进一步做出决策和战略的基础。

表11-1显示了一个机动车电动后视镜的主要特性的成对比较。

表11-1 汽车后视镜主要特性的成对比较示例

需求的成对比较	大视野	无盲区	调整方便	设计	低噪声	无震动	耐用	防雾	防眩板	百分比（%）	排名
大视野	1	1	2	2	3	3	3	2	2	18.6	9
无盲区	1	1	3		3	3	3	2	2	19.6	10
调整方便	1/2	1/3	1	2		1/2	2	1	2	10.3	5
设计	1/2	1/2	1/2		2	2	3	1	2	9.6	5
低噪声	1/3	1/3	1/2	1/2	1	2	4	2	3	11.0	6
无震动	1/3	1/3	2		1/2	1	2	2		11.0	6
耐用	1/3	1/3	1/2	1/3	1/4	1/4	1	2	3	6.9	4
防雾	1/2	1/2	1		1/2	1/2	1/2		2	6.9	4
防眩板	1/2	1/2	1/2		1/3	1/2	1/3	1	1	6.2	3
列项求和	5.00	4.83	11.00	10.83	12.58	11.75	20.83	14.00	17.00	100	

为什么要进行成对比较？

在复杂的开发项目中，不同的人员和团队必须就优先级以及优先级产生的后果达成共识。成对比较为设计目标提供了可靠的评估结果。它还记录下设计优先级，以便事后追溯。

成对比较解决的关键问题

- 关键购买因素是什么？
- 不同的关键购买因素对客户的价值是什么？
- 哪些产品特性应被用于区别于竞争对手？
- 哪种技术概念可以最好地实现客户的特定需求？
- 如何在产品开发项目中设定优先级？
- 必须做出哪些战略营销决策？

如何进行成对比较

- 为了实施成对比较，第一步是确定设计目标。目标是否为一系列需求、技术概念或待完成的任务。

- 根据设计目标，必须组建一个团队。理想情况下，团队的人数应该在 4~10 名。因为要讨论需求或技术概念，所以团队应该是跨职能的。对于这类问题，在客户和市场需求与技术选项和限制条件之间达成共识至关重要。这只有在一个跨职能的团队中才能实现，该团队能够参与并从多个视角应对面临的挑战。
- 为了对需求进行排序，在进入成对比较之前必须使用卡诺模型。首先我们必须使用卡诺模型识别出性能需求和兴奋需求，然后再对这些需求进行成对比较。不建议使用基本需求进行比较，因为根据定义它们是强制性的、不容质疑的。
- 在做成对比较时，建议不要包括产品的价格。产品价格的处理方式通常与特定细分市场的基本需求相同。
- 要进行成对比较见表 11-1，将每个设计目标放在左列和顶行，然后定义用于排序的标尺，见表 11-2。实践证明标尺的标定值在 1 到 5 之间效果很好。这样的标定值可以使各个目标得到一个等级评分。只有定性的标定值（比如较好、相等、较差）是无法进行等级评的。

表 11-2 比较相对重要性的标尺

比较行与列	行与列的比较
2:行比列重要一点	1/2:行比列的重要性差一点
3:行比列重要得多	1/3:行比列的重要性差得多
4:行比列重要得很多	1/4:行比列的重要性差很多
5:行比列重要很多很多	1/5:行比列的重要性差很多很多
1:表示行与列的重要性相同	

a) 对每一行，比较行目标与列目标，并用上面给出的分值进行评分。
b) 矩阵的对角线始终为 1，因为行和列的目标相同。
c) 只有矩阵对角线上部是必须填写的；对角线下部的数值是与对角线对称上部数值的倒数。
d) 填写完整个矩阵后，计算每行的总和。行总和值越高，其目标的优先级就越高。
e) 最后，可以按百分比进行缩放，从而对设计目标进行加权。

实用建议： 即使在团队内部讨论时没有就数值达成共识，比如 3 还是 4，这通常不是决定性的。这对最终结果的影响是微不足道的。但是，如果团队未经达成共识而得到的数值，譬如 3 或 1/3，则必须更广泛地讨论该主题。团队必须就不同的评估参数相互理解，并就下一步的工作得出结论。这类讨论特别重要，因此，成对比较工具为项目提供了巨大的价值。

成对比较的应用：
- 设计思维、价值设计、模块化、质量功能展开、卡诺模型。

11.1.3 需求管理

什么是需求管理？

摘要：需求管理的目的是在客户和项目开发之间建立共识。

需求管理涉及为了产品和系统的开发，捕获、分析、磋商、结构化、优先排序、归档和验证需求及特性。卡诺模型和成对比较侧重对客户价值和产品战略方面有很大影响的需求，而需求管理则解决了对于所有外部和内部产品需求问题的系统化描述和管理。这是正确地开发产品所必需的。这意味着卡诺模型和成对比较只包含较少的需求,而需求管理则包括数百到数千个需求。

了解客户的问题是开发正确产品的关键。为此我们试图通过了解重要的产品需求来培养问题意识,反复询问"为什么"以了解核心用户的需求,如图 11-2 所示。

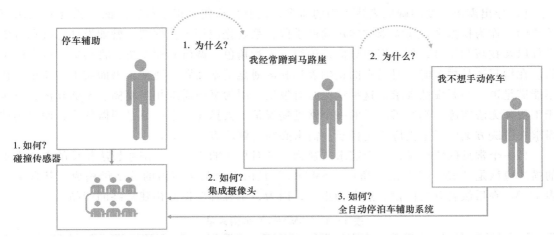

图 11-2　反复询问"为什么"以了解核心用户的需求

为什么要实施需求管理?

需求管理解决产品开发有两个重要方面,一是开发"正确的产品"(决策),二是把正确的产品"做对"(实施)。从根本上讲,这两个方面都取决于对客户的了解,并将客户对特性和成本的需求映射到正确的解决方案上。需求管理是产品开发和不同类型项目成功的关键因素。衡量成功与否的一个主要标准是系统达到预期目的的程度,例如是否满足客户需求。

通常,在产品开发的后期修复错误,会造成产品成本的大幅上升。在开发阶段的后期发现或出现错误,要比在产品生命周期的早期产生错误所产生的成本会高很多。这是因为在前些阶段产生的缺陷已被深深地根植于产品的架构中。这一点非常重要,因为最初的微小变化,可能在后期的发展阶段产生巨大的影响。因此,尽早要明确哪些需求会保持稳定,哪些需求可能会发生改变,以便相应地规划所有工作,例如战略、产品体系管理、产品架构和平台决策等。

需求管理解决的关键问题:

1) 开发正确的产品(决策)。
- 是否理解了所有需求?
- 利益相关方是否对需求有相同的理解?
- 是否选择了正确的需求?
- 是否按照卡诺模型进行需求分类?
- 是否定义了针对细分市场的价值特性?

2) 正确地开发产品(实施)。
- 是否提供所有相关信息?
- 是否包括所有需求?

- 是否按照规定实现了这些需求？
- 是否正确地处理了变更请求？
- 是否有合适的成本性能比？

如何进行需求管理：

1）导出需求。要明确地表达正确的需求，没有什么比真正了解客户的（潜在）需求更重要的。作为挖掘和理解需求的实用辅助手段，系统化应用工作框架，譬如设计思维和价值设计以及技巧和工具，例如客户导向访谈组、人物角色、调研和原型机，将会提供巨大的价值。在编写产品规范时，对需求的正确表达和沟通是基本话题。通常，书面需求的质量往往不能满足进一步开发的要求。这种情况时有发生，因为书面需求相当模糊、不够具体，以至于工程师无法实施。编写需求时的一个常见错误是不去描述一个产品必须做什么，而是阐述需求在解决方案中看上去应该是样子。需求必须与解决方案无关。

另一个常见的错误是，一个需求被视为一种对想法的描述。与阐述想法相反的是，需求的描述应该是"SMART"的。所谓"SMART"是由五个英文短语的首字母构成，其含义见表 11-3。在后续各开发阶段这点尤为重要，因为，工程师要据此构建最终的产品。

表 11-3　"SMART"的需求描述

想法			需求
模糊的	S	Specific for the product	对该产品是具体的
没有明确表达的	M	Market expectation/-value	市场预期或价值
范围宽泛的	A	Attributes	属性（根据模板见图 11-4）
不具体的	R	Realizable, feasible	可实现的、可实行的
…	T	Traceable, testable	可追踪的、可测试的

自动停车场这个产品的想法示例如图 11-3 所示，完善的书面产品需求见表 11-4。

"我的车要是能够自动泊车，那可真是太好了"

图 11-3　产品想法的示例

表 11-4　完善书面产品需求

标题	自动停车场
标识码	Req1025
需求描述	汽车应将自己停在停车范围内，既不碰触相邻的车辆，也不压上人行道，假设停车位比车辆至少长 50cm。停车过程不应超过 10s，并不受天气或视线条件的限制。如果停车位太小，应提前提醒驾驶员
产品	S-系列
时间	2007 年 1 月

（续）

标题	自动停车场
作者	R. Brown（产品经理）
选项	有
可行性	前侧和后侧必须安装额外的传感器，方向盘需要自动操作
测试	…
⋮	⋮

在与驾驶员多次讨论后，产品团队确定了一个真实的用户需求，并基于希望建造自动泊车的想法，将这个具体的需求按标准格式明确表述出来。

综上所述，需求要有一个标题，一个可跟踪的识别码，一个具体的描述，以及在后续开发步骤中会进一步详细说明的一些属性。这种完善的书面需求报告确保了需求的描述是明确的，使所有利益相关方对需求有一致的理解。正是通过如此简洁而切中要害的描述，确保了需求能够在从想法转化为构建具体、真实的产品时得以正确实现。

正确制定需求的模板如图 11-4 所示。

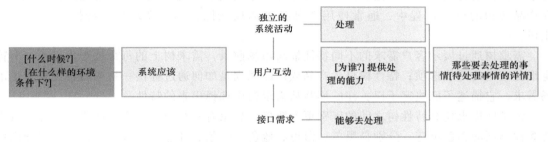

图 11-4　正确制定需求的模板

2）整合需求。在获取需求后，必须将所有需求整合并写入一个需求文档。如前所述，此处的主题是关于管理成百上千个项需求。因此，写下需求并予以排序是至关重要的。

- 确保所有的需求及其变更都能得到完整、清晰地记录在案，并且可以被所有利益相关方重现。
- 从收集到的市场数据和信息中定义连贯、清晰、一致、可测量和可追溯的需求。如有必要，一定要获得所有缺失的必要信息。一个市场信息可以产生多个需求，一个需求也可以来自多项市场信息。
- 过滤掉明显无法实现的需求。检查和解决冗余的需求和需求的不一致性。
- 确定对成本、进度、功能和风险有重大影响的关键需求。
- 建立检查需求的质量标准（如强制性属性等）。
- 根据产品和产品体系战略（如时间进度、预算、市场潜力、营业额、客户、客户价值等）建立适当的标准来评估需求的优先级别。基于这些评估标准，对不同的需求定义优先级别。
- 如果提出了大量需求，而且显然并非所有的需求都可以实现，就必须创建一个优先级清单。必须实现基本需求（根据卡诺模型）。优先级别是根据有关性能和兴奋属性的产品策略完成的。

・与其使用微软的 Word 文档或 Excel 表格记录成百上千的需求，不如选择一个可以支持这个流程的商业化的需求工程工具。一个商业化的需求工程工具为所有需求提供了一个单一的数据库。在这个数据库中，需求的进展和变化都得到集中处理。

在整合需求后，则开始创建产品的架构，如第 3 章所述。

通常何时何地需要进行需求管理：

・设计思维、价值设计、模块化、敏捷、质量功能展开、卡诺模型、成对比较。

11.1.4 树状图

什么是树状图？

摘要：树状图是说明产品或市场变化的图形化工具。

可视化技术是一种强有力的方法，能让复杂的发现变得简单易懂。我们可以轻松地创建具有 1 个或 2 个维度的可视化绘图。想一想要是有 3 个维度将会更加难以应付。树状图是一种可视化技术，已被证明在绘制多维度信息时非常有用。在产品开发中，此类多维度的问题通常发生在进行细分市场时，见第 4 章，还有在管理产品以及产品体系的复杂性时。为市场需求和产品的种类绘制树状图有助于可视化外部市场的多样化和或内部产品衍生的复杂性。在产品架构的设计过程中，通常使用 3 种类型的树状图，称为需求树、特性树和产品衍生树。

需求树通过展示客户需求的不同特征描绘市场前景，需求树上的每个枝干代表了一个特定细分市场的可能选项；特性树显示产品或产品系列是如何通过提供一系列的特性来满足市场需求，它描述了已决定予以关注的那些从需求树中选择出来的特性。

为了使需求树和特性树之间的区别更为明确，想象有一个产品，市场调研表明客户希望有 5 种不同的颜色可选，分别是黑色、白色、蓝色、绿色、红色。需求树上将显示细分市场希望的所有 5 个选项。现在生产该产品的公司发现绿色和蓝色产品的市场容量很小。因此决定只提供白色、黑色和红色的产品，因为绿色和蓝色将会增加很多复杂性，对总的产品体系没有多大好处。因此，提供的特性树将只显示 3 个选项。需求树和特性树都说明了外部市场需求的观点，它并不关注产品自身。

而产品衍生树则是利用图形来表示产品各种可能的配置。虽然特性树用于确定和可视化外部产品的变化，但产品衍生树则用于确定并可视化产品内部的复杂性。再次参照上面的示例，产品衍生树将显示具有 3 种不同颜色选项的最终产品。

为什么要用特性树或需求树？

使用树状图有助于可视化外部和内部市场，以及已投放到在这些市场中的产品的复杂性。根据树状图，很容易了解细分市场销量的高低，或可以提供给客户哪些产品的配置。基于这一认知，可以通过排除低销量的细分市场，并专注于更重要的细分市场来降低复杂性。降低产品架构的复杂性通常是成功的关键因素之一（另请参照第 7 章"模块化"）。

特性树或需求树解决的关键问题：

・针对已经确定的客户需求，其中哪些是最关键的需求？
・那些推动产品架构设计的关键特性是什么？
・哪些需求或特性会导致产品架构的变化？
・市场容量高或低的细分市场是什么？

- 怎样才能通过减少外部的变化来降低产品的复杂性？
- 产品或产品系列在总可用市场中所占的份额有多少？
- 产品中有哪些模块？如何将不同的模块配置成最终产品？

如何生成树状图：

1) 对于特性树或需求树。
- 定义市场需求并将其写在表格的第一列。
- 定义每个需求的值或特征，并将它们写在每项需求相应的行中。
- 创建一个需求和特征的汇总表。

2) 对于产品衍生树。
- 定义模块或部件并将它们写入表的第一列
- 定义每个模块和部件的规格（值）
- 创建一个需求和特征的汇总表

显示产品特征及其规格的表格见表 11-5，理论上有 12 种产品组合。将表中每个特征对应需求的个数相乘就可以轻松地计算出组合的数量。在给定的例子中，加工区域最多具有 2 个值、主轴最大扭矩最多有 2 个值、主轴最快转速有 3 个值。因此组合的数量为：

$$2 \times 2 \times 3 = 12$$

实际上，通常不需要设计所有的组合，因为有些组合在市场中并不存在。创建树图时应考虑到此类不切实际的情况，从而在一开始就排除掉此类情况。在表 11-5 的例子中，假设分析表明市场只需要 6 种组合。最终的产品衍生树，包括那些排除的选项，如图 11-5 所示。

表 11-5 显示产品特征及其规格的表格

产品特征	值 1	值 2	值 3
加工区域（X,Y,Z）/mm	800×800×800	1050×800×1150	—
主轴最大扭矩/(N·m)	370	968	—
主轴最高转速/(r/min)	8000	10000	12000

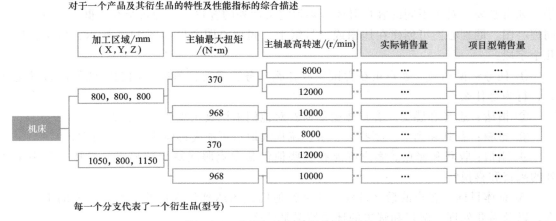

图 11-5 产品衍生树的最终树状图

树状图的应用：细分市场、价值设计、模块化、产品架构、质量功能展开。

11.1.5 同理心图

什么是同理心图？

摘要：同理心图是一个简单工具，鼓励在设计过程中以人为本。

产品开发和产品战略的目的是解决问题，以满足客户的真实需求。同理心图十分有助于阐明企业需要解决哪些实际问题。同理心图在设计过程开始阶段最有用，因此在编写实际产品需求之前必须使用。不过，在产品开发过程中也可以使用同理心图，主要可以不断地迭代反馈，并更好地理解不同的设计选项及其对客户的影响。在第5章"设计思维"中详细描述了培养潜在客户的同理心的重要性。

即使是为一个特定的人（包括姓名、年龄、职业等）创建一个同理心图，但它描述的也不仅仅是一个单个的人。相反它可以代表一个客户群、用户或利益相关方，他们的问题最有可能通过那个实现概念来解决。在开发的早期阶段，同理心图用来于识别用户需求和需要解决的正确问题。在开发后期阶段，它是创建细分市场的另一种方式。总体而言，构建同理心图有助于开发团队站在客户的立场上考虑问题。

为什么使用同理心图？

同理心图类似于创建和使用人物角色或客户之旅。它非常适合团队研讨会，也有助于更好地了解客户真正重视的问题。同理心图有助于设计团队解决用户的实际问题，而不是从开发人员的视角创建解决方案，或者创建开发人员自己认为客户会喜欢的产品。

同理心图解决的关键问题有以下几个：

- 客户或用户要去完成的工作是什么？
- 客户对试图解决的问题有何感受或想法？
- 谁或什么会对客户产生影响？
- 客户的痛点是什么，喜悦的时刻是什么？
- 是什么在激励客户和驱使客户的行为？

如何创建同理心图：要创建同理心图，首先必须定义和制定目标。

必须定义典型客户。如上所述，哪个客户代表了一个典型的客户群体，即一个细分市场。如有必要，对于不同的客户群体，必须定义额外的客户，并为每个客户群体开发单独的同理心图。同理心图可创建在挂图或大号纸上，同理心图示例如图11-6所示，应包含以下几个字段：

① 任务：说和做。客户正在尝试完成什么任务？需要回答哪些问题？他们的行动是什么，行为是什么？

② 情绪：思考和感受。客户体验如何？对他们来说真正重要的是什么？

③ 影响：看到和到听。哪些人、事、流程或地点可能会影响客户的行为方式？

④ 剧情：收获和痛点。客户可能有哪些他们希望克服或减少的痛点？是什么带来了意外的兴奋和喜悦？

⑤ 总体目标。客户的最终目标是什么？他们试图达到什么目的？需要完成的工作是什么，以及需要处理、解释和解决的环境情况是什么？

同理心图应该是在客户自身环境中对客户深度倾听和观察的补充，见第9章第9.2节

"设计思维"。实际上,同理心图可用于研讨会,以便探索各种元素来收集初始数据。

同理心图的应用:设计思维、细分市场、价值设计、质量功能展开、需求管理。

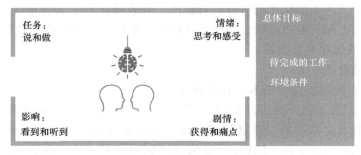

图 11-6 同理心图示例

11.2 关注概念

11.2.1 功能建模

什么是功能建模?

摘要:功能建模专注于识别主要功能和子功能,以描述产品为满足客户需求所必须执行的功能。

每个产品或系统都是为了特定的目的所构建的。目的是提供满足客户需求的特定功能(例如存储、保护、供应、激励等)。功能性是通过产品各个部件所执行的功能而实现的。如第 3 章中描述的,产品的架构就是将形式赋予功能的载体。功能建模是构建产品或系统功能表征的工具。

功能由主动动词和主动名词定义:它描述了产品或部件必须做些什么才能完成特定的工作和目的。最终产品或部件表明了功能最终是如何实现的。一个功能应该与解决方案无关,这意味着一个产品的功能是不变的,而部件和技术可以改变以便满足原始的功能。

为什么使用功能建模?

根据在第 3 章中探讨的形式服从功能的基本原则,功能建模为产品架构奠定了基础。功能建模回答了"产品的目的是什么",而不是"产品如何实现"的问题。因此,它就是基础,用以深入了解客户的需求,以及设计一个完全满足需求的产品。功能建模是面向价值设计、产品架构和模块化的基本课题。

功能建模解决的关键问题:

- 产品必须实现哪些主要功能?
- 子功能是什么?
- 需要多少层子功能?
- 产品部件的功能是什么?
- 如何将产品部件分配给功能,反之亦然?

选项：
- 有用的功能是什么，有害功能是什么？

有用功能被定义为系统功能的所有有益输出。有害功能被定义为系统功能的有害输出，包括成本、占用的空间、发出的噪音、消耗的能量、维护系统所需的资源等。

- 如何消除或优化有害功能？

如何进行功能建模：

- 创建一个系统功能模型基本上有两种方法。

1) 自上而下。自上而下的方法如图 11-7 所示。自上而下的方法从系统的整体功能开始。它回答了"什么是系统的主要目的？"。从主要功能开始构建，向下分解出一些次要的子功能。分解的结果回答了这个问题："必须完成哪些任务才能实现整体功能？"分解子功能可能需要几个层次结构。自上而下的方法与解决方案无关，这意味着它不基于各种技术和技术部件。这是为开发新产品所推荐的方法。

图 11-7　自上而下的方法

2) 自下而上。自下而上的方法如图 11-8 所示，它通常开始于产品的分解，这意味着产品被拆解成其技术的主子集和部件。

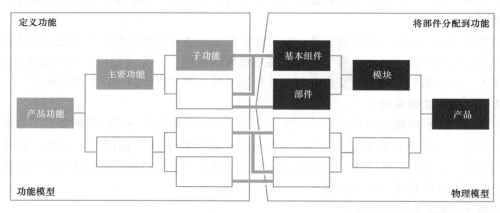

图 11-8　自下而上的方法

拆解后，必须回答以下问题：
- 某一部件如何有助于实现一个子功能？
- 有多少个部件有助于实现一个子功能？
- 不同的子功能如何共同完成系统的主要功能？

因为拆解是基于当前产品的各种技术和部件,所以产品的拆解与解决方案相关,然而功能模型必须与解决方案无关。功能模型一经导出,就可以通过开放解决方案空间开始进行各种优化。可以通过询问如何以不同的方式在现有解决方案中实现或改进功能来扩展解决方案的空间。下一节中的形态盒详细介绍了这个过程。将优化循环反馈到物理模型中,以便优化或更改技术部件和各种技术。

- 这两种方法都生成一个功能树,表示系统的功能分解。
- 功能树考虑的是产品必须满足什么,而不是如何实现它。
- 在功能树中,每个功能都有一个盒子,内有一个动作动词(例如制作、拉动、提升),和动词作用的对象。

示例:咖啡机的简单功能树,一级层次结构,如图11-9所示。

图11-9 咖啡机的简单功能树,一级层次结构

- 通常在功能树图框的连接线上可以添加材料流、能量流和信息流。

功能建模的应用:产品架构、价值设计、设计成本、模块化、质量功能展开、设计空间探索。

(资料来源:De Weck,Simpson & Cameron,2003;Ball,et al,2012;Abdulaziz,2012;Van Eck,McAdams & Vermaas,2007.)

11.2.2 形态矩阵/形态盒

什么是形态矩阵/形态盒?

摘要:形态矩阵/形态盒探讨了许多设计可选方案以实现最佳权衡决策。

形态矩阵/形态盒由F. Zwicky(1989)开发,是一种显示分解产品子功能或子部件的方案。它为产品的设计或产品的优化过程系统地开放了整个解决方案空间。它涉及探索许多设计备选方案以便权衡决策。形态盒可应用于所有设计阶段,以做出系统化的和明智的决策。

为什么使用形态矩阵/形态盒?

形态盒有助于避免过早地做出决策,例如当手头尚无必要的事实情况下。由于系统性拓宽了解决方案的空间,可以在不同设计可选方案之间做细致的权衡。

形态矩阵/形态盒解决的关键问题:

- 选定系统的主要子功能或子部件是什么?
- 对于每个子部件可能的设计选项是什么?
- 对于问题的优化标准是什么?
- 子部件中可能的技术组合是什么?
- 最有前途的解决方案是什么?

如何创建形态矩阵/形态盒？

一个形态矩阵/形态盒示例如图 11-10 所示。

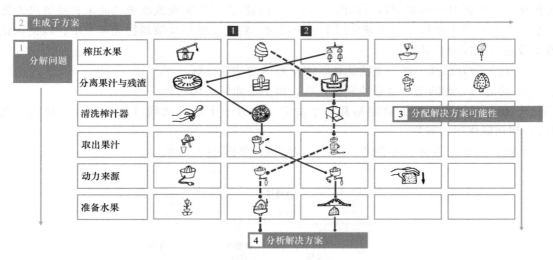

图 11-10　形态矩阵/形态盒的示例

1）分解问题。将问题分解为独立的子功能。这些子功能自上而下标记在第一列中（如图 11-10 所示，步骤1）。

2）生成子方案。将不同的可能解决方案赋予其特定相邻区域的子功能，这有助于实施进一步的技术创新（步骤2）。选择相关的优化标准，例如成本、空间、重量等。如果使用其他优化标准，就要依据这些标准分别开展分析。

3）分配解决方案可能性。根据选定的标准分析解决方案。这里的主要问题是判定哪个子解决方案与另一个相兼容。可视化所有可能的解决方案肯定会使决策过程更加容易（步骤3）。

4）分析解决方案。将子解决方案组合在一起，各子解决方案组合在一起必须能够实现完整的解决方案。所有子功能中每个子功能概念的组合组合在一起（例如，通过锯齿线）就表示了产品配置（步骤4）。

5）选择最佳解决方案。这是关键的一步，如果没有成功，则需要回到分解问题（步骤1），从头一步一步地迭代。

建议：

· 重要提示：实践表明，在形态矩阵/形态盒中某一列经常被错误地理解为产品的配置。因此每一列都代表一个产品的配置。在形态矩阵/形态盒内，情况并非如此。相反，配置的组合是由锯齿线构建的，如图 11-10 所示。

· 为了维护清晰性，最多使用 10 个彼此独立的参数和 10 种可能的解决方案。或者进一步将问题分解为更多的子系统或子功能。

· 增加创造性的方法或系统性的变化，以生成不同解决方案的可能性，例如使用奥斯本清单。

形态矩阵/形态盒的应用：设计思维、价值设计、成本设计、模块化、质量功能展开、卡诺模型。

（资料来源：Zwicky，1989.）

11.2.3 模块化功能部署

什么是模块化功能部署？

摘要：模块化功能部署（Modular Function Deployment，MFD）有助于基于所谓"模块化驱动因素"来识别那些模块。

在定义模块化平台时，最苛刻的步骤是决定如何"切割产品"以实现模块或基本组件。正如第7章"模块化"所述，最重要的步骤是基于对细分市场的理解来确定产品的架构。在模块化和接口识别的过程中，会进行不同的迭代以识别经过权衡的选择，并最终得出最适合当前任务的解决方案。该优化过程受到了许多文献和当前研究的影响。然而，不幸的是尚无一个完美的解决方案。当然，要找到最佳解决方案，需要在给定的环境状况下，将各种不同的方法进行最有效组合。

模块化功能部署是实用、直观且易于掌握的方法之一。它基于所谓的模块驱动因素。模块驱动因素是基于对经验的研究分析，目的是确定那些在模块化产品开发中对创建模块起到驱动作用的因素。模块驱动因素涵盖了产品的整个生命周期，定义如下（Erixon，1998）：

- 继承性：产品的一部分可以从早期产品中重复利用。
- 技术推动：由于客户的需求会发生根本变化，部分或某个子系统可能会在其生命周期内经历技术转变。
- 产品规划：在特定时间更改产品路线图。
- 不同的规格：将产品的变更分配给产品的一个或几个零件，而不让变化遍布整个产品。
- 款式：在不引起破坏产品完整性的情况下改变产品款式的可能性。
- 通用单元：通常包含基本功能的部件（通常是核心平台）。
- 流程或组织：相似类型的运营可以放置在同一团队工作区域中。
- 独立测试：一个模块，在提供给主流程之前，可以进行模块测试，以便得到有关品质的即时反馈。
- 黑盒子工程：购买完整标准模块的可能性，而非单个零部件。这减少了采购工作从而减少物流（例如更少的运输材料）和IT的费用（即用相同的计算机系统做技术规范）。
- 维修和维护：可以快速更换损坏的模块，实现快速服务。
- 升级：增强现有产品，或为其他目而重建的产品。这有助于销售团队迅速地提供合适的价格。
- 回收利用：可以限制不同材料的数量，并且把环境有害材料保存在同一模块中。

为什么使用模块化功能部署？

模块化功能部署提供了一种直观的且有非常广泛应用的方法，可在模块化平台开发项目中讨论候选模块。模块化驱动因素使人们全方位地识别模块，有助于做出产品战略决策。

模块化功能部署解决的关键问题：
- 系统中有什么样的功能？
- 不同的模块驱动因素对这些功能有什么影响？
- 模块可能的功能性组合是什么？

如何进行模块化功能部署：

基本上，模块化功能部署与传统的质量功能展开类似，但在模块化功能部署中，模块化驱动因素是针对功能的，而不是像质量功能展开是针对需求的。因此，作为第一步，需要进行功能分解才能得到系统的主要功能（见第11.2.1节，"功能建模"）。关于讨论功能和模块化驱动因素之间映射的示范问卷见表11-7。在将功能和模块化驱动因素填充到表格中后，必须对表11-7中列出的每个问题逐一讨论，并且映射到相应的模块驱动因素上。然后将每次讨论的结果填写到矩阵中。在图11-11中给出的示例中，该产品被分解为9个主要功能。用0~9的标定值对以下每个功能与模块驱动因素进行映射和排序标定值，见表11-6。

表 11-6 标定值

评分	描述	评分	描述
9	高度影响	1	低度影响
3	中度影响	0	没有影响

表 11-7 关于讨论功能和模块化驱动因素之间映射的示范问卷

产品的设计和开发	继承性 是否有	[ ]很强的 [ ]中等的 [ ]较少的	理由，说明这个技术解决方案应该作为一个独立的模块传承到将要出现的下一代产品中？
	技术推动 是否存在	[ ]巨大 [ ]中等 [ ]一些	风险，这个部分在其产品生命周期中将会发生技术变革？
	计划变更 是否有	[ ]很强的 [ ]中等的 [ ]较少的	理由，说明这部分应该是一个独立模块，因为其承载的属性将根据产品规划而改变？
产品的变化	技术规范 这个部分是否在	[ ]很大 [ ]相当 [ ]一般	程度上受到需求变化的影响？
	产品设计 这个部分是否在	[ ]很大 [ ]中等 [ ]较小	程度上受趋势和时尚的影响，需要改变形式和/或颜色？或者应该与某个商标挂钩？

(续)

	共性			
产品的制造	这个功能是否在	[ ]所有 [ ]大部分 [ ]少部分		产品种类上都具有相同的物理形式？
	工艺			
	是否有	[ ]很强的 [ ]中等的 [ ]较弱的		理由,说明为什么这一部分应该是一个独立的模块？例如： • 它需要一个特定或专门的流程 • 它的团队需要一个适合的工作内容 • 需要构建教学汇编 • 其交货时间会有很多差异
产品的质量	独立测试			
	是否有	[ ]很强的 [ ]中等的 [ ]较弱的		理由,说明这部分应该是一个独立的模块？因为它的功能可以被单独测试
部件的购买	采购项			
	是否有	[ ]很强的 [ ]中等的 [ ]较弱的		理由,说明这部分应该是一个独立的模块？例如： • 专业技术可以通过黑匣子的形式提供 • 物流成本可以降低 • 可以平衡产能和开发能力
售后服务	服务及维护			
	产品	[ ]全部的 [ ]大部分的 [ ]少部分的		维修服务会因为这个部分是易于拆卸的而变得更容易吗？
	升级			
	产品	[ ]全部的 [ ]大部分的 [ ]少部分的		未来的升级是否会因为这个部分易于变换而变得更简化？
	回收			
	是否能够将	[ ]全部 [ ]大部分 [ ]少部分		高污染的材料或易于回收的材料(材料纯度)保持在这个部分中？

(资料来源：改编自 Erixon, 1998.)

产品分解和针对每个功能的模块化驱动程序的排序如图 11-11 所示。

步骤一：生成模块指示矩阵。在原始的模块化功能部署中，模块化驱动因素之间是没有排序的。但是，实践表明，可以根据项目的优先级，利用成对比较对各个模块化驱动因素进行排序。此外，模块化驱动因素被视为是通用的，但需辅之以公司具体的驱动因素，诸如战略、财务局限性或法律约束等。

现在让我们讨论一下对候选模块的功能分组，如图 11-12 所示。

列值最高的功能表示其复杂性的水平高，并且需要考虑许多相互依赖性。因此这些功能被视作独立的候选模块或与其他功能集成的基础。另一方面，那些列值较低的功能表示可能

项目	功能1	功能2	功能3	功能4	功能5	功能6	功能7	功能8	功能9	
继承性	3			1						4
技术推动		3	9		3			9		24
计划变更		1	3				3	9		16
技术规范	1				3					4
产品设计		3		9		9		1		22
共性	9	3					9			21
工艺	3	1			3					7
独立测试	3		3					1	9	16
采购项									9	9
服务及维护			9		7					18
升级			1		3			1		5
回收				3					3	6
	19	17	19	13	21	12	9	21	21	

图 11-11 产品分解和针对每个功能的模块化驱动程序的排序

项目	功能1	功能2	功能3	功能4	功能5	功能6	功能7	功能8	功能9	
继承性	3			1						4
技术推动		3	9		3			9		24
计划变更		1	3				3	9		16
技术规范	1				3					4
产品设计		3		9		9		1		22
共性	9	3					9			21
工艺	3	1			3					7
独立测试	3		3					1	9	16
采购项									9	9
服务及维护			9		7					18
升级			1		3			1		5
回收				3					3	6
	19	17	19	13	21	12	9	21	21	

图 11-12 候选模块的功能分组

易于集成到考虑中的子功能，或能与其他子功能组合在一起。

步骤二：确认主模块驱动因素（行）及主导性功能（排名高的列）。本步骤的过程如图 11-13 所示。应首先考虑那些不属于候选模块的功能用于分组。如果矩阵中的标记在水平方向排列，则可以发现哪些分组框中具有相同的或不矛盾的模块驱动因素。这种水平方向上的评估可以为功能组合到新的模块提供基础。有关候选模块的讨论，可以揭示出分组或集成通常在技术上是不可行的，并且由物理限制所决定。

重要的是要理解，这是并且应该只是讨论分组候选模块的起点。

步骤三：根据具有相似模块化驱动因素的功能组来识别候选模块。在本例中确定的五个候选模块见表 11-8：

表 11-8 识别候选模块

模块	集成功能	模块	集成功能
模块 1	功能 1+功能 7	模块 4	功能 3+功能 8
模块 2	功能 2+功能 5	模块 5	功能 9
模块 3	功能 4+功能 6		

	功能1	功能7	功能2	功能5	功能4	功能6	功能3	功能8	功能9	
继承性	3				1					4
技术推动			3	3			9	9		24
计划变更			1			3	3	9		16
技术规范	1			3						4
产品设计			3		9	9		1		22
共性	9	9					3			21
工艺	3		1							7
独立测试	3						3	1	9	16
采购项									9	9
服务及维护			9	9						18
升级				3			1	1		5
回收					3				3	6
	19	9	17	21	13	12	19	21	21	

图 11-13 确认主模块驱动因素及主导功能

表 11-7 显示的是在讨论功能和模块化驱动因素之间映射关系时使用的调查问卷。
模块化功能部署的应用：模块化、价值设计、产品架构。
(资料来源：Erixon，1998；Höltta-Otto，2005；Lange&Imsdahl 2014.)

11.2.4 洋葱皮模型

什么是洋葱皮模型？

摘要：洋葱皮模型是一个图形化的壳层模型，用以说明产品或系统架构中灵活性的基本规则。

洋葱皮模型用于将模块化平台的模块和部件划分为不同的层次。有三个层次，每一层由特定的规则来定义，如图 11-14 所示。

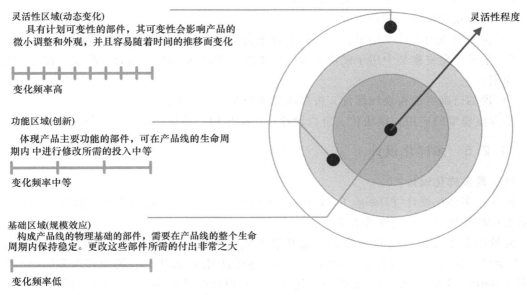

图 11-14 洋葱皮模型

(1) 内核：基本区域（规模效应）
- 这些部件和标准从根本上构建了产品物理基础，并且需要在产品系列的生命周期内保持稳定。对这些部件的更改需要非常大的工作量。

(2) 中间层：功能区域（创新）
- 这些部件和标准反映产品的主要功能，并且可以在产品系列的生命周期内做更改所需的工作量中等。

(3) 外层：灵活区域（动态变化）
- 这些部件和标准影响产品的外观，并且随着时间的推移很容易改变。

为什么使用模块化洋葱皮模型？

模块化架构使得公司能够将来自市场的挑战转化为机遇，将速度和灵活性视为成功的核心因素。为了应对当今来自动荡市场的挑战，模块化架构必须解决一个两难的问题。一方面，模块化架构必须具有高度的灵活性以应对市场的变化和不确定性。另一方面，模块化架构的基本概念必须稳定，以尽量减少内部的复杂性和成本。洋葱皮模型有助于解决此类与灵活性和通用性相关的问题，并用图形层级的形式将这些问题可视化。如果处理得当，模型可以很容易地推导出规则和流程，以及角色和责任，以确保模块化平台的可持续性和效率性。

模块化洋葱皮模型解决的关键问题：
- 构成核心平台的模块或部件是什么？
- 哪里是灵活性的区域？
- 技术的变化是什么？
- 哪些客户的需求会保持稳定，而哪些容易频繁变化？

如何制作洋葱皮模型：

1）讨论客户的需求，识别那些容易频繁变化的需求，以及保持稳定的需求（例如使用多样化设计和模块化功能部署）。

2）定义基本产品或系统的概念和架构。

3）确定相关模块和部件。

4）讨论模块内的技术趋势，哪些技术将来会发生变化，哪些技术是稳定的。

5）定义洋葱皮模型中用于模块和部件分类的具体评估标准（例如，改变工作量或变更开发周期）。

6）评估已确定的模块和部件，按照洋葱皮模型进行分类。

洋葱皮模型的应用：模块化、价值设计、产品架构、质量功能展开、细分市场。

11.2.5 多样化设计

什么是多样化设计？

摘要：多样化设计（Design for Variety，DFV）是一种在产品或平台架构开发过程中解决未来市场变化和不确定性的方法。

大量的个性化和市场的不确定性是开创市场多样性（外部变化）和产品体系多样性（内部变化）的关键驱动因素。多样化设计是一种结构化的方法，有助于管理多样化产生的影响（Martin、Ishii，2002）。根据多样化设计，在设计产品架构时，应考虑两种类型的多样性：即当前产品线内的多样性和后续几代产品的多样性。为了管理当前和未来的产品变化，引入了所谓的代际多样化指数（Generation Variety Index，GVI）。代际多样化指数（GVI）是一个指标，表明哪些部件将来可能会发生改变，为了满足未来的客户需求需要重新设计。

为什么使用多样化设计？

由于外部市场趋势对产品体系多样化增加所造成的影响，譬如产品大规模的个性化和市场的高度不确定性，产品的复杂性持续增长，导致需要越来越多产品的衍生品和部件的衍生品。

这种情况导致一个两难的境地。一方面，增加外部的复杂性（产品体系的多样性）似乎对增加市场份额和营收是必要的。另一方面，降低内部的复杂性（产品和部件衍生品的数量）对于降低复杂性成本和提高利润率是必要的。由于市场的不确定性，公司很难根据未来的需求来规划其产品体系。为了掌控这种不确定性，关键是开发应对未来的市场趋势具有灵活性和鲁棒性的产品系列。更多细节请参考第 7 章"模块化"。

多样化设计完全解决了如何更为有效地管理外部和内部的复杂性，以便适应未来市场的发展。市场复杂性和内部复杂性之间的平衡最终使公司比竞争对手更具竞争优势。

多样化设计解决的关键问题：

- 组成核心平台的模块或部件是什么？
- 灵活性的领域在哪儿？
- 相关的技术和技术的演化是什么？
- 哪些客户的需求会保持稳定，而哪些客户的需求会频繁变化？
- 如何解决内部成本压力与外部产品多样化之间出现的两难局面？
- 如何保持效率且促进多样性？
- 如何削减成本以保持全球竞争力，同时通过更短的产品周期提供更多的产品多样化？

如何进行多样化设计：

多样化设计基本上是一种改进的质量功能展开。

传统的质量功能展开回答了以下问题：目标细分市场的关键购买因素是什么，以及我们的产品是如何解决这些关键购买因素的？其结果是具有这些关键购买因素的产品战略可以成功地战胜竞争对手（见第 10.1 节"质量功能展开"）。

在多样化设计中，问题不再是关键购买因素。相反，它关注的是需求和外部驱动因素可能会随着时间的推移而产生的改变，以及这些变化是如何影响产品架构的。因此，与在质量功能展开中定义关键购买因素不同，团队必须定义架构需求，并且评估这些需求是否会在产品的生命周期内发生变化。

一旦定义好产品架构的需求并计算出其功能或物理分解，就可以讨论代际多样化指数矩阵（变更的质量屋）。必须根据相应的需求对每个功能或物理元素进行逐一讨论。利用工程专业知识评估不断变化的市场需求如何影响不同的功能元素。

填写矩阵后，将代际多样化指数矩阵的列求和来计算代际多样化指数（GVI）。表 11-9 中显示了利用填写代际多样化指数矩阵的评估方案：

表 11-9 评估方案

评分	描述
9	需要对部件做重大重新设计（大于初始重新设计成本的 50%）
6	需要对部件做部分重新设计（<50%）

评分	描述
3	需要做多项简单的更改（<30%）
1	需要做很少的小变化（<15%）
0	无需更改

在图 11-15 中，仪表盘（GVI=24）、储水箱（GVI=19）、底盘（GVI=15）都需要进行大量的重新设计以满足未来市场需求的变化。随着时间发生变化市场需要更高的多样性，因此将上述部件作为核心平台元素并不是一个好主意。相反，这些部件应该模块化，以便可以重新设计和作为产品选项来满足未来需求的变化，而不会对核心平台或其他模块产生太大影响。对于平台只应考虑在产品的生命周期中保持稳定的部件。

架构需求	主要部件								
	风扇	散热片	热电冷却器	电源	底盘	管路系统	蓄水箱	绝缘	仪表盘
冷却时间	3	6	3	1			6	1	6
水温									
冷水量							9		
能耗	1		3	3					
宽					6				6
高									
深					6				6
流量						9	1		
成本		1		1	3		3		6
代际多样化指数GVI	4	7	6	5	15	9	19	1	24

图 11-15 根据架构需求对部件进行评分

（资料来源：改编自 Martin and Ishii, *Water Cooler Example*, 2002.）

结果总结：

代际多样化指数值高的部件在未来市场中最有可能需要重新设计。为了保持产品的内部架构在未来变化较少，不应将具有较高代际多样化指数值的部件作为核心平台部件（见第 7.3 节）。相反，它们应该模块化，以便允许未来单独修改。代际多样化指数值低的部件可被视为合适于核心平台的候选者，因为未来的市场变化对此类部件的影响较小。这意味着核心平台未来将保持稳定。

将多样化设计与洋葱皮模型相结合的结果如图 11-16 所示。

多样化设计补充了其他方法，譬如质量功能展开、模块化功能配置、洋葱皮模型和产品架构。因此，多样化设计不应被视为一个独立的工具。

多样化设计的应用：

- 模块化、价值设计、产品架构、质量功能展开、细分市场。

（资料来源：Martin and Ishii, 2002; Simpson, et al, 2012; Kipp & Krause, 2008; De Weck, et al, 2003.）

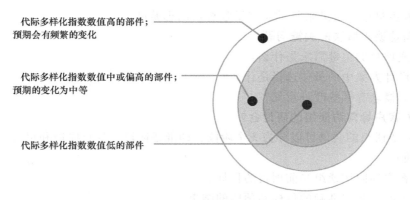

图 11-16　通过洋葱皮模型得到的结果说明

11.2.6　客户导向访谈组

什么是客户导向访谈组？

摘要：客户导向访谈组是与客户进行有主持的讨论，以便在产品开发过程中获得早期的反馈。

客户导向访谈组是一个有主持的讨论，由 6~10 名参与者组成的。其目的和目标是从真正的客户得到问题的早期反馈，从而更加地接近最终的解决方案。在项目的早期阶段，设定的问题可能是宽泛的；在后期阶段，问题通常更加精炼。早期原型或典型用例场景可以被集成到此类客户导向访谈组中。注意，客户导向访谈组不会忽视客户观察的重要性。

在客户导向访谈组的会议期间可能解决的典型目标是

- 评估现有想法或概念的优点和缺陷。
- 关于多个设计选项的反馈。
- 让目标客户来评估我们认为的客户利益和竞争优势（USP）。

客户导向访谈组（CFG）：

由中立和经验丰富的主持人主持。主持人必须引导讨论并鼓励与会者参与讨论，并能够掌握小组动态变化，而且不会对讨论过程产生太大的影响。参与者被要求提供反馈和进一步的改进意见。

通常讨论要录制音频，有时是视频。通常会举行多场讨论，以消除在单次会议中由强势小组产生的不必要影响。这意味着举行多轮讨论将确保最终结果具有统计学上的代表性。

为什么采用客户导向访谈组？

客户导向访谈组使真实的客户反馈能够尽早地集成到产品开发中。客户导向访谈组为开发项目产生有价值的反馈循环。这样的迭代和早期反馈是设计成功的基础，这里列出了一些好处：

- 客户导向访谈组确保产品满足客户的需求。
- 客户导向访谈组通过提高总体效率和有效性，来降低成本、减少开发失误的数量、缩短开发时间。
- 客户导向访谈组改善产品管理和开发团队之间的沟通。
- 客户导向访谈组通过让客户能够感到"我们感到荣幸，某某公司来征求我们的意见。

我们很希望能更早地参与进来"的思路增强客户的忠诚度。

客户导向访谈组解决的关键问题：
- 产品或项目的关键需求是什么？
- 不同设计方案中的最佳选择是什么？
- 对产品概念有哪些改进意见？

如何举办客户导向访谈组的研讨会？

客户导向访谈组的会议可以分为3个阶段，即准备阶段、执行阶段和报告阶段。

准备阶段：
- 定义客户导向访谈组当前项目的目标。
- 明确主题，制定准确的目标和预期的结果。
- 确定目标细分市场。
- 生成一个概念介绍。概念介绍通常由项目或产品经理在客户导向访谈组中给出。介绍的时间应在15~20min。
- 制定一份主持大纲。主持大纲是一套由主持人向参与者展示的调查问卷。调查问卷中的问题必须非常精确。如有必要，创建用例场景或原型，并将其包含在主持大纲中。主持人需要一份关于这个话题非常详细的概要。他们必须对主题有透彻的理解，以便跟踪和掌控参与者的讨论。由于主持人要在会议期间激发更多的问题，主持人必须对主题有确切的理解。
- 选择参与者。要考虑应该邀请哪些公司以及需要哪些跨职能、跨学科的角色参与，才能从所有相关视角来回答目标问题。

准备阶段的实用技巧：
- 每次研讨会的参与者应来自同一细分市场。
- 一个研讨会应有6~10名参与者。
- 针对参与者的选择，仅考虑参与者所在的公司是不够的；相反定义参与者的角色是非常重要的。角色取决于要讨论的目标。例如，角色可以包括工程、服务和应用支持。
- 可能需要与参与者达成一个保密协议，这取决于目标的保密性。
- 不同的细分市场应由其他参与者在不同的研讨会上讨论。
- 考虑提前邀请参与者。通常应提前6~8周的时间通知并邀请参与者，并确定研讨会的日期。

执行或实施：

举行会议的实用技巧：
- 通常由项目经理或产品经理进行产品或概念的介绍。
- 产品或概念的介绍不得是公司或产品的广告，它必须是中立的。目的是获得诚实和公开的反馈，以确定某个开发主题，而不是销售的产品。
- 不对产品进行辩解或解释理由。
- 在回答或澄清问题后，产品经理离开房间，主持人接手。如果产品经理留在会议室里，在主持讨论期间会有很大的风险，参与者和产品经理的讨论没可能会偏离项目的实际目标。此外，如果产品经理留在会议室，可能会影响参与者的反馈。

报告：
- 分析研讨会的成果。

- 生成最终报告，包括产品经理、管理层和其他利益相关方的反馈。
- 向参与者提供反馈，比如一封写包括下步计划的感谢信，或者一些可以与参与者分享的信息。

客户导向访谈组讨论会的典型议程见表 11-10。

表 11-10 客户导向访谈组研讨会的典型议程

时长	主题	主导,备注
10min	介绍方法、目标及介绍参与者	主持人和客户
30min	市场上现有解决方案的优势和弱点（自己产品或竞争对手的解决方案）	主持人与客户不带偏见的讨论
30min	介绍新产品的概念或想法	产品经理,没有销售用演示文稿（1）
10min	第一印象	主持人,对新概念的好感
15min	茶歇	
75min	涉及客户价值的详细问题和在产品方案概念或想法中的潜在弱点	主持人,基于主持大纲进行讨论
10min	反馈卡（3~5张）	主持人,客户填写红卡或绿卡
10min	进一步的建议或最终的备注	主持人
5min	反馈和最终结论	进一步处理,或放弃

客户导向访谈组的应用：设计思维、价值设计、模块化、产品架构、质量功能展开、细分市场。

11.2.7 奥斯本检查清单

什么是奥斯本检查清单？

摘要：奥斯本检查清单（Osborne Checklist）是指通过应用一系列激励性问题在创建概念阶段激发创造性。

奥斯本检查清单是一个简单的工具，通过应用一系列简单的问题和关键词在概念构建过程中激发创意，它可以与形态盒完美结合。

为什么使用奥斯本检查清单？

奥斯本检查清单是一种激励生成想法和发散性思维的创造性技能。它可以很容易地与其他创新方法相结合，可以成为一个在价值设计和成本设计项目中有用的工具。

奥斯本检查清单解决的关键问题：

- 概念或部件可能的设计选项是什么？
- 根据不同的标准，如成本、尺寸和重量，可以修改什么来优化系统？
- 是否有更新更好的想法来实现功能、产品或模块？

用于专一焦点的奥斯本检查清单见表 11-11。

表 11-11 用于专一焦点的奥斯本检查清单

项目	内容
其他用途？	· 新的使用方式？ · 修改后的其他用途？

（续）

项目	内容
适应性？	· 还有什么是这样的？ · 还意味着什么的其他想法？ · 从过去吸取的教训是什么？ · 可以复制什么？ · 可以效仿谁？
修改？	· 新花样？ · 改变含义、颜色、运动、气味、味道、形式或形状？ · 其他改变？
增强？	· 要增加什么？更多时间？ · 更高的频率？ · 更强？ · 更高？ · 更大？ · 更长？ · 更厚？ · 更重？ · 额外价值？ · 其他成分？ · 复制？ · 倍增？ · 扩大？
缩减？	· 减少什么？ · 更小？ · 浓缩？ · 最小化或减少选择，还是只选择一个？ · 更低？ · 更短？ · 更窄？ · 更轻？ · 省略？ · 流线型？ · 拆分？ · 淡化？ · 降低频率？
替代？	· 还有谁可以替代？ · 还有什么可以替代？ · 其他成分？ · 其他材料？ · 其他流程？ · 其他动力源？ · 其他地点？ · 其他方法？ · 其他音调？ · 其他时间？
重新排列？	· 部件互换？ · 其他模式？ · 其他布局？ · 其他顺序？ · 转换因果关系？ · 更换地点？ · 改变计划？ · 提前？ · 推后？

（续）

项目	内容
相反？	・正负颠倒？ ・对调？ ・后转？ ・倒置？ ・内翻？ ・角色转换？ ・扭转？
组合？	・融合？ ・合金？ ・混合？ ・整合？ ・合并单元？ ・合并目标？ ・合并需求？ ・合并想法？

如何填写奥斯本检查清单？

奥斯本检查清单中的问题需要重点关注。重点就是要实现的总体设计目标。这些目标可以是成本降低、优化重量、优化尺寸，甚至是更具颠覆性的想法。这些目标必须通过优化现有的解决方案，或通过对已确认的设计问题创建新的概念来实现。为了探索解决问题的新方法和途径，同时有足够的时间进行反思，表 11-11 中的问题应一次一个地解决。

11.3 成本控制

11.3.1 目标成本法

什么是目标成本法？

摘要：目标成本法是一种市场驱动的方法，通过将成本意识提前到产品开发的早期阶段，在产品的各项成本被锁定在已确定的产品架构之前来降低成本。

目标成本法是一种市场驱动的成本管理方法，它将成本意识转移到产品开发的早期阶段，而不是在概念开发结束后，再关注成本，因为概念开发结束后再降低成本的难度非常高。虽然这种方法似乎是显而易见的，但实践表明，许多项目往往没有意识到目标成本法的理念。

传统的成本累加定价法仍然出现研发项目中。这种方法遵循成本加利润率决定最终市场价格的概念。而目标成本法，市场价格是由该产品所涉及的细分市场给出和确定的。产品允许的成本是按市场价格减去目标利润计算得出的。这两种方法的示意图如图 11-17 所示。

来自外部市场的价格压力，以及来自公司内部成本状况形成的成本压力，使得产品的利润空间缩水。一旦内部成本超过外部市场价格，情况可能是非常严重的。

正如第 3 章"产品架构"中所描述的，最大的成本杠杆（包括生命周期成本）发生在产品开发的早期阶段。如果在设计阶段结束时才开始考虑成本，那时在成本构成中可以改善

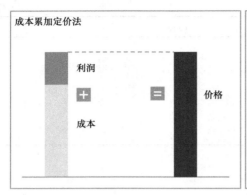 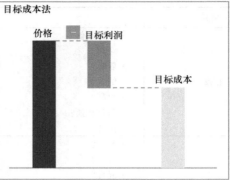

图 11-17　成本累加定价法和目标成本法示意图

的空间往往是微不足道的。因此，我们主张将成本意识转移到概念开发的早期阶段，早期考虑降低成本更有效力，如图 11-18 所示。目标成本始终是产品概念必须满足的关键决策标准。

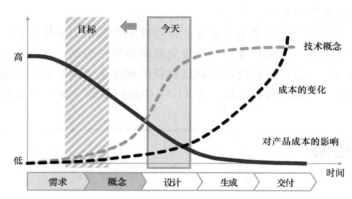

图 11-18　早期考虑降低成本更有效力

在确定了产品的目标成本后，自然会产生这样一个问题：产品的子系统、模块和部件的目标成本是多少？目标成本既可以分解到各个物理部件层面，也可以集中在与功能无关的解决方案上。一旦产品的概念被固定了，则成本结构也随之固定，并且预期成本效益很小。反之，实用的方法是将成本映射到功能上，预留更多的自由度，用以寻求更好的替代方案，一旦可能就应成为首选方法。请注意，如果有用，通过功能建模（设计空间探索或形态盒）扩展解决方案的空间就可以开辟全新的降低成本的空间。

为什么使用目标成本法？

在产品开发的早期阶段转变成本意识是实现目标成本的关键特性之一。因此，目标成本法的主要理念是在产品的系统架构不可逆转地锁定成本之前降低成本。

只有在产品开发的早期阶段才可能有最大限度的自由，最终创建就功能和成本而言都能够完全符合市场需求的产品架构。因此要强调将成本意识转移到产品开发的早期阶段的重要性。

目标成本法解决的关键问题：

- 涉及的细分市场是什么？

- 这个细分市场的关键购买因素是什么？
- 计划产品的目标市场价格是多少？
- 从市场价格得出的产品目标成本是多少？
- 子部件、子功能、子模块的目标成本是多少？
- 如何通过功能建模来扩展解决方案空间？
- 需要哪些功能特征来满足客户的需要？
- 还有什么其他可以帮助降低成本的想法？
- 我们如何创建实现目标成本的措施？

如何进行目标成本核算？

1) 定义和描述目标细分市场。
- 描述关键购买因素。
- 确定需求的优先级。
- 确定市场价格。

2) 定义目标成本。
- 定义利润率。
- 定义间接成本。
- 计算目标成本（市场价格减去间接成本-利润率）。

3) 定义基线产品。基线产品是一种具备目标细分市场所需功能的产品。此基线产品可能是现有产品体系中需要改进的产品。如果该产品不存在于自己的产品体系中，则必须定义一个虚拟产品。这个虚拟产品提供了需要的功能。计划新产品中所有降低成本措施，之后可以根据这一基线进行衡量。

4) 根据基线按百分比定义成本差距。
- 一个降低产品目标成本的例子：与基线相比新产品的成本降低30%。

5) 创建功能成本模型。
- 创建功能模型，自下而上或自上而下，如第11.2.1节所述。
- 为这个功能结构创建成本模型。为了构建这个模型，将基线产品的物理部件分配给相应的功能，并汇总成本（自下而上的功能成本计算）。这就是功能模型的基线。

6) 将成本降低目标向下分解到子功能。
- 在降低成本项目开始时，最实用的方法是将同一个产品的目标成本拆分到所有子功能上。
- 经过多次迭代后，可以调整子功能的成本目标。调整的原因可能是新的市场见解、新技术、比对信息、新的部件到模块的分类归并等。

7) 定义降低成本的想法。
- 拓展解决方案空间，建议使用基于功能结构的形态盒。
- 创建想法并确定优先级。
- 创建措施。

8) 缩小成本差距。
- 制定措施，并使用实施程度（DI）系统化地缩小成本差距，如第11.3.2节所述。

目标成本法的应用：成本设计、功能模型、细分市场、价值设计、质量功能展开、措施进度表。

（资料来源：Coenenberg，Fischer & Günther，2012.）

11.3.2 措施进度表

什么是措施进度表？

摘要：措施进度表是一个简单的报表，显示了已确定措施各自的实施程度（Degree of Implementation，DI）。

措施进度表是一种简单工具，用于标示项目中所设置确切目标的完成程度。本书中，措施进度表主要用于相关的成本设计或价值设计活动。这里措施进度表的主要目的是显示特定想法的实施程度（DI）。该实施程度由实施进度表系统化进行度量。不同的 DI 级别代表一个项目里不同节点上的一种特别类型。它们显示了计划的效果（如计划的节省）与最终实现结果的接近程度。从这个意义上说，措施进度表显示了一个活动的当前状态以及最后实现最终目标的主要步骤。报告中涵盖了财务影响，包括节余和实施的工作量，以及实现目标的重要活动。

为什么使用措施进度表？

措施进度表是一个清晰的报表，显示某些想法实施的程度（DI）。它有助于项目团队快速了解某些措施和行动的状态，通常还可以作为汇报工具，让管理层了解最新的状态。

措施进度表解决的关键问题

- 问题的根本起因是什么？
- 建议解决这个问题的措施是什么？
- 推动措施的责任人是谁？
- 为最终达到措施的既定目标必须做的重要活动是什么？
- 该措施的完成情况如何？
- 措施预期的节余和工作量是什么？

如何创建措施进度表？

- 进行目标设定。
- 完成想法的选择。那些最有希望的想法将变为措施，每个措施都有自己的措施进度表。
- 必须确定实现措施的责任和行动。
- 根据模板完成状态报告。这个模板是作为一个例子给出的，包含了最相关的各个方面。通常，对项目的迭代调整必须持续执行。

措施进度（DI）等级的定义见表 11-12，措施进度表示例如图 11-19 所示。

表 11-12 实施进度（DI）等级的定义

实施进度 1	目标定义	·确定目标； ·描述想法
实施进度 2	预期效益的略估	·根据措施进度表制定想法； ·粗略评估措施的效益； ·确定措施的责任人； ·实施进度 3 的目标日期

			(续)
实施进度 3	澄清措施	· 规划实现措施的所有主要行动； · 明确活动的责任； · 计算财务影响（节余和工作量）； · 相关利益相关方签署措施和全部主要活动； · 实施进度 4 的目标日期	
实施进度 4	实施措施	· 实现所有活动和细节； · 更新和量化财务影响（节余和工作量）； · 实施进度 5 的目标日期	
实施进度 5	措施登记	· 措施登记	

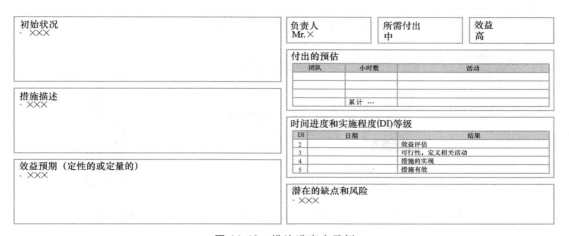

图 11-19 措施进度表示例

措施进度表的应用：成本设计、价值设计、目标成本。

11.3.3 生命周期成本模型

什么是生命周期成本模型？

摘要：生命周期成本模型得出在整个生命周期中产品的主要成本驱动因素。

生命周期成本模型是一种用于呈现产品整个生命周期中主要成本驱动因素的方法。不只是要考虑投资成本，在生命周期成本模型中也考虑拥有成本，另见第 6.3 节。

为了优化生命周期成本，首先必须了解一个产品在其整个生命周期以及每个阶段需执行的活动，产品整个生命周期的累计成本如图 11-20 所示。确定成本驱动因素，评估和优化生命周期成本，同时满足特定需求是很重要的。这些需求可能具有不同的性质，例如性能、安全性、可靠性、可维护性和环境可持续性。如第 6 章所详细讨论的，整个生命周期的总成本由以下公式计算：

$$生命周期成本 = 获得成本 + 拥有成本 + 处置成本$$

产品生命周期成本概况如图 11-21 所示。

为什么使用生命周期成本模型？

生命周期成本模型为产品设计和收购的决策过程提供了重要的输入。通过了解产品生命周期成本的主要驱动因素，公司可以通过对不同的商业环境评估，来更好地优化或选择产品。例如，图 11-22 说明了场景情况：

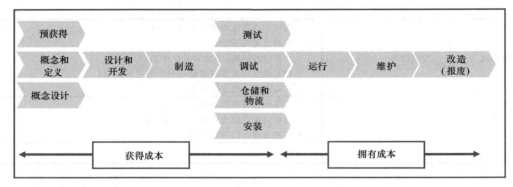

图 11-20　产品整个生命周期的累计成本

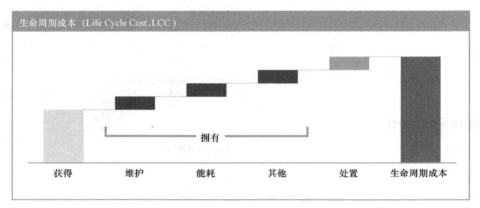

图 11-21　生命周期成本概况

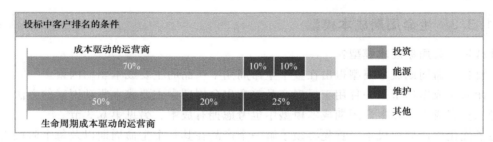

图 11-22　客户为每个标准定义不同的价值级别

第一个情况显示的是一个主要由降低投资成本驱动的潜在客户（即运营商）。第二个情况显示了一个由生命周期成本驱动的运营商，因此重点是降低整个生命周期中产生的总体成本。

产品的供应商现在必须根据市场数据决定产品需要解决哪一种情况，以及随之而来的产品优化。市场也有可能要求这两种场景都需要处理。在这种情况下，模块化平台可能是最适合的方法，就像创建产品的差异化，可能是投资成本的优化或整个生命周期成本的优化。

生命周期成本模型解决的关键问题：
- 在整个生命周期中需要考虑哪些主要阶段？
- 产品生命周期的各个阶段中需要做什么事情？

- 需要做的事情会产生的相关成本是多少?
- 需要考虑哪些不同的情况,例如仅针对投资成本优化产品还是针对整个生命周期成本来优化产品?
- 在产品设计和产品收购之间如何做到最佳权衡?

如何建立生命周期成本模型:

- 为了系统地分析整个产品的生命周期成本,使用以下步骤指导你完成生命周期成本分析。

1) 创建产品分解结构(产品分解)如下:
- 主模块中部件 1
- 主模块中部件 2
- ⋮

2) 成本分类。分析适用于每个主要模块或部件的不同成本类别。通常,最常见的成本类别有投资、能源、预测性维护、纠错式维护、人员、材料、储存、处置、运输、融资、保险、税费、海关、公共性收费、质保、佣金、补充和罚款等。

3) 定义在生命周期成本模型中要考虑和优化的主要成本类别。

4) 分析主要模块的生命周期成本。检查主要模块或部件的不同生命周期阶段,并将成本映射到定义、设计、制造、运营和处置的相应阶段。

生命周期模型和成本分类如图 11-23 所示。

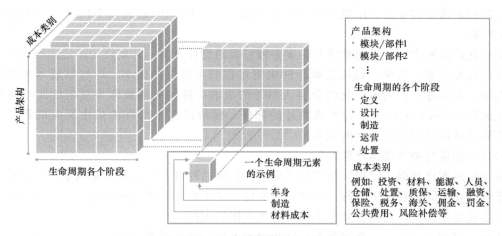

图 11-23 生命周期模型和成本分类

(资料来源:改编自 IEC 60300-3-3 ed. 3.0,版权所有 © 2017 IEC 日内瓦,瑞士 . www.iec.ch)

生命周期模型是一个三维的模型。在图形上,由生命周期立方体来表示,其中单个小立方体代表一个生命周期元素,该元素特别标注了主要部件、成本类别和相应的生命周期阶段。例如,在图 11-23 中的示例中,主要部件是"车身",生命周期阶段是"制造",而成本类别是"材料成本"。

5) 开发整个产品的成本模型。
- 计算每个主要模块的生命周期成本。
- 把所有成本累加起来。

6）确定优化生命周期成本的潜力，譬如节能、缩短维护周期和降低产品成本。

生命周期成本模型的应用：成本设计、价值设计、功能模型、度量表、模块化。

资料来源：国际标准 IEC 60300-3-3：2004。"可靠性管理"，第 3-3 部分：应用指南-生命周期成本核算。

致谢：感谢国际电工委员会（IEC）允许从国际标准中复制信息。所有摘录的版权属于 IEC 瑞士日内瓦 IEC 版权所有。有关 IEC 的更多信息，请访问 www.iec.ch。IEC 对作者复制摘录和内容的位置和上下文不承担任何责任，也不对其中的其他内容或准确性承担任何责任。

11.3.4 针对产品系列的复杂性成本计算

什么是产品系列的复杂性成本计算？

摘要：产品系列的复杂性成本计算是一项基于流程成本模型的工作，用于分析产品体系中生成产品多样化的成本效应。

背景：许多公司不得不在产品生命周期的不同阶段应对复杂性的挑战。复杂性有两个基本维度：高度动态变化的市场带来的外部复杂性，以及公司自身产品体系日益多样化带来的内部复杂性。

这导致了进退两难的局面。一方面，不断增加的市场份额和收入及必须扩充的产品体系；另一方面，必须降低内部成本以保持竞争力。模块化产品系列和平台策略是可能的解决方案，用以解决如何在最大限度上提供产品外部多样化的同时达到最小内部复杂性的问题（见第 7 章）。

模块化产品概念的开发通常涉及探索多种可能的设计方案，并最终为给定的设计问题找到最佳的权衡方案。通常，模块化概念的决策过程只考虑生产成本，即材料成本和制造成本。然而，在创建产品的多样化时会引入另外的成本。这些成本被称为复杂性成本（针对多样化而言），例子里包含了为生成额外的部件、模块或基本组件的衍生所需的设计、测试、资质认证以及归档等产生的成本。

为什么使用复杂性成本计算？

复杂性成本计算确定了模块化产品系列增加衍生品种时所产生的真实成本。复杂性成本的估算可以在不同的层次上进行，例如在新部件、基本组件、模块或产品上。复杂性成本计算的主要优势是为决定和创建新衍生产品的提供决策支持。

然而，复杂性成本有一个现象是，这些成本一旦出现就很难降低它们。究其原因就是这类成本大部分是固定成本。Hichert（1986）曾描述过这种效应，并称其为复杂性带来的不可去除的成本（Remanence of Complexity Costs），如图 11-24 所示。因此，复杂性成本计算模型的主要优点是有助于决定是否应该引入新的衍生品种，而不是作为一个成本模型，用于为削减业已形成的复杂性成本。

复杂性成本计算模型解决的关键问题：

- 在不同的流程步骤中产生复杂性成本的主要活动是什么？
- 创建新的衍生产品所产生的实际成本是多少，包括生产成本和复杂性成本吗？

如何进行复杂性成本计算？

为了获得除生产成本之外的复杂性成本透明度，现在我们引入了一种基于活动的计算模

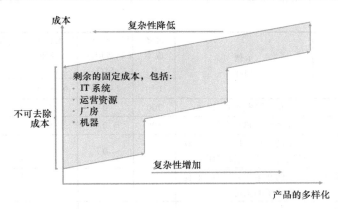

图 11-24 复杂性成本计算模型

型。这种成本模型是基于活动进行分析的。它有助于研究整个价值链,并确定由产品多样化或与产品相关复杂性而产生的所有资源消耗和成本。

基于活动的复杂性成本计算模型适用于所有受复杂性影响的流程,并提供了计算在不同评估场景下的灵活性。这些不同的评估场景可以是,例如,两个不同部件相对于一个集成部件的成本,任何额外配置的特定成本,或者简单零件相对于复杂零件的成本。开始前,请考虑以下几点:

- 定义要考虑的场景。例如,"创建新零件""创建新产品衍生品""更改供应商"。
- 分析价值链中受此用例影响的流程,如销售、采购、研发、物流、生产、装配和质量保证。
- 定义每个流程步骤中的主要活动,并区分生成和实现新的衍生型号的一次性影响(准备成本)和在实施新的衍生型号后的重复性影响(运行成本)。
- 通过与相关利益相关者交流将工作量(以 h 为单位)分配给每项活动。
- 通过以下方法开发计算模型:
a)每个过程步骤工作量的总和;
b)不同流程步骤的总和;
c)将具有代表性产品的复杂性成本显示为功能的流程步骤和产品的多样性。
- 确定优化复杂性成本和产品多样性的潜力。

以下示例显示了为简单部件引入新零件(主材)所产生的复杂性成本。表 11-13 显示了工程部门第 1 年和随后 19 年的活动,代表了简单部件的整个生命周期。表 11-14 总结了所有子过程的最终结果。

表 11-13 整个价值链的复杂性成本示例

活动 (A)	示例 (B)	准备成本 (C)	年工程成本 (制造期间) (D)	年工程成本 (服务期间) (E)	总生命周期成本 (F) $F = C + 4 \times D + 14 \times E$	来源或备注
		1 年	2~5 年	6~19 年	1~19 年	
零件的搜索时间	查找有效数据库,材料清单,联系人	100	20	0	180	Mr. xy
设备准备	收集规范、边界条件和其他先决条件	0	0	0	0	Mr. xy

(续)

活动 (A)	示例 (B)	准备成本 (C) 1年	年工程成本 (制造期间) (D) 2~5年	年工程成本 (服务期间) (E) 6~19年	总生命周期成本 (F) F=C+4×D+14×E 1~19年	来源或备注
实际设计	分析、绘图、审查、发布	700	0	0	700	Mr. xy
设计文档	在系统中建立主材	100	0	0	100	Mr. Zyz
故障率分析	主动评估故障率,如失效模式与效应分析(FMEA)	0	0	0	0	
交付零件的维护和变更管理	采购和生产对零件,工程变更请求的支持	0	0	0	0	
零件相关技术支持的成本	不符合性成本	0	0	0	0	
重复工作量和零件相关的空闲时间	由几个人完成的重叠活动、重复、等待时间	100	0	0	100	Mr. Zyz
其他可能的活动					0	
其他可能的活动					0	
总计		1000	20	0	1080	

注:示例1:简单零件中所有成本单位为美元,按100/h美元计费。

表 11-14 工程部的复杂性成本示范　　　　　　　　　(单位:美元)

示例 (B)	准备成本 (C) 1年	年工程成本 (制造期间) (D) 2~5年	年工程成本 (服务期间) (E) 6~19年	总生命周期成本 (F) F=C+4×D×14×E 1~19年	来源或备注
工程和设计	1000	20	0	1080	
质量	3400	0	0	3400	
采购	600	0	0	600	
生产	0	0	0	0	
库存	280	180	180	3700	
服务	600	120	120	2880	
总计	5880	320	300	11660	

作为结论,简单零件的引入在20年的产品生命周期中产生了大约11000美元的总体复杂性成本。乍看上去,这个零件成本似乎很小,但在实际项目中会生产数百个这样的简单部件。因此,如果不从一开始就避免,复杂性成本很容易变成公司的灾难。为了用有效的方法处理这个问题,应将不同的部件标准化,以备未来的发展。

复杂性成本的应用成本设计、价值设计、商业案例、模块化。

(资料来源:通过零件管理降低项目成本,2006;Wilson & Perumal, 2010;Götzfried, 2013;Blees, 2011;Ripperda & Krause, 2017.)

11.3.5 商业计划书

什么是商业计划书?

摘要:商业计划书是进行投资或撤资的决策工具。

商业计划书是指一份书面文件,描述了有关产品设想、服务、IT解决方案和其他类型概念的商业提案。它主要用于获得对于新设想的财务投资，但也可以用于做出撤资的决策。

商业计划书还描述了支持概念提案应采取的措施。它记录了公司或项目的设想和环境状况，从而代表着投资或撤资的决策基础，以及相关风险与机会。

在实践中，一份商业计划书往往被误解为只显示财务数字，其实它远不止如此。商业计划书中包含不同的章节，每个章节都描述了提案的重要方面和要素典型商业计划书的内容如图 11-25 所示，以便给读者（如潜在投资者）提供足够的深度和广度的信息，使他们在未来对拟议的尝试做出明智的决定。

图 11-25　典型商业计划书的内容

为什么要制订商业计划书？

总的来说，商业计划书应该就所提交商业理念的相关方面给每个读者一个清晰的概述。沿着这些思路我们可以说，一份认真、诚恳、有说服力的商业计划书能够促进对所有有关的短期和长期的业务和决策进行严谨的思考。在商业计划书的帮助下，一个看起来如此辉煌的创意可能突然变得十分的平凡。仔细地思考细节和数字往往能更清楚地说明概念的本质。

如何编制商业计划书

商业计划书没有真正的标准。然而，从许多项目中，推荐以下章节和相应的主题。典型商业计划书的内容和问题如图 11-26 所示。

1. **执行摘要**

执行摘要是对提案的简短概述。通常作为一种引人注目的信息来唤起潜在投资者、客户或战略合作伙伴的兴趣。

2. **产品或服务的描述**

   - 概念的客户/目标群体是谁？
   - 哪种解决方案提供了创新的想法？
   - 创新想法中的独特卖点是什么？
   - 应用需要哪些技术？

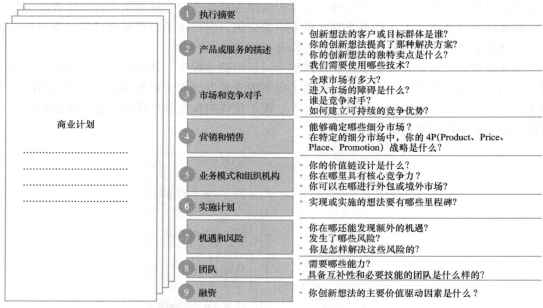

图 11-26 典型商业计划书的内容和问题

3. **市场与竞争对手**
   - 假定的全球市场有多大？
   - 进入市场的障碍是什么？
   - 谁是竞争对手？
   - 如何建立可持续的竞争优势？
4. **营销与销售**
   - 可以确定有哪些细分市场？
   - 特定细分市场中产品、价格、地点和促销的策略是什么？
5. **商业模式和组织机构**
   - 价值链的设计是什么？
   - 核心竞争力在哪里？
   - 在哪里进行外包或境外生产？
6. **实施计划**
   - 实现或实施想法的有哪些里程碑？
7. **机遇和风险**
   - 在哪里可以发现额外的机会？
   - 可能发生什么风险？
   - 如何应对这些风险？
8. **团队**
   - 需要哪些能力？
   - 具备互补性和必要技能的团队是什么样的？
9. **融资**
   - 创新想法的主要价值驱动因素是什么？

10. 实用技巧和成功因素
- 不要写长篇大论，要切中要害，言简意赅。
- 以最佳状态展示商业理念。
- 开诚布公，实事求是。
- 1份商业计划书需要100个好的理由才能被批准，但只需1个理由就可能被拒绝！

参考文献

Abdulaziz M. E. (2012). *Product function decomposition:A structured method*[Slides]. Industrial Engineering Department, King Saud University.

Ball, L. et al., (2012). *TRIZ power tools:Working with functions*. Retrieved from http://www.opensourcetriz.com/images/1_OpenSourceTRIZ_Pictures/2_Working_With_Functions_Pictures/Working_with_Functions. pdf.

Blees, C. (2011). *Eine Methode zur Entwicklung modularer Produktfamilien*. Technische Universität Hamburg.

Coenenberg, A. G., Fischer, T. M., & Günther, T. (2012). *Kostenrechnung und Kostenanalyse* (8th ed.). Stuttgart: Schäffer-Poeschel.

Crow, K. A. (2013). *Quality function deployment*. Retrieved August, 17.

De Weck, O., Simpson T. W., & Cameron, B. (2003, July, 22-25). *Product platform and productfamily design: From strategy to implementation* [Course]. See at http://professional.mit.edu/programs/short-programs/product-platform-product-family-design.

Erixon, G. (1998). *Modular function deployment: a method for product modularisation* (pp. 50-57). Royal Inst. of Technology, Department of Manufacturing Systems, Assembly Systems Division.

Götzfried, M. (2013). *Managing complexity induced by product variety in manufacturing companies: Complexity evaluation and integration in decision-making*. Diss. University of St. Gallen.

Hölttä-Otto, K. (2005). *Modular product platform design*. Espoo: Helsinki University of Technology.

International Standard. IEC 60300-3-3 ed. 3.0, Copyright©2017 IEC Geneva, Switzerland. www.iec.ch.

Kano, N., Tsuji, S., Seraku, N., & Takerhashi, F. (1984). Miryokuteki Hinshitsu to Atarimae Hinshitsu. "Attractive quality and must-be quality". *Quality*, JSQC, 14 (2), 147-156.

Kipp, T., & Krause, D. (2008). Design for variety-efficient support for design engineers. In *DS 48: Proceedings Design 2008, the 10th international design conference*, Dubrovnik, Croatia.

Lange, M. W., & Imsdahl, A. (2014). Modular function deployment: using module drivers to impartstrategies to a product architecture. In *Advances in product family and product platform design* (pp. 91-118). New York, NY: Springer.

Martin, M. V., & Ishii, K. (2002). Design for variety: developing standardized and modularized product platform architectures. *Research in Engineering Design*, 13 (4), 213-235.

Reduce Program Costs through Parts Management. (2006). The parts standardization and management committee. Retrieved from http://www.dsp.dla.mil/Portals/26/Documents/Programs/PartsManagement/070524-Report-ReduceCostThroughPSCMBusinessCasePartsManagement.pdf?ver=2016-09-12-151349-237.

Ripperda, S., & Krause, D. (2017). Cost effects of modular product family structures: Methods and quantification of impacts to support decision making. *Journal of Mechanical Design*, 139 (2), 021103.

Simpson, T. W., Bobuk, A., Slingerland, L. A., Brennan, S., Logan, D., & Reichard, K. (2012). From user requirements to commonality specifications: an integrated approach to product family design. *Research in Engineering Design*, *23* (2), 141-153.

van Eck, D., McAdams, D. A., & Vermaas, P. E. (2007, January). Functional decomposition in engineering: A survey. In *ASME 2007 International design engineering technical conferences and computers and information in engineering conference* (pp. 227-236). American Society of Mechanical Engineers.

Wilson, S. A., & Perumal, A. (2010). *Waging war on complexity costs: Reshape your cost structure, free up cash flows, and boost productivity by attacking process, product, and organizational complexity*. New York: McGraw-Hill.

Zwicky, F. (1989). *Morphologische Forschung*. Neuauflage, Baeschlin.

作者和贡献者

作者

克里斯托弗·福克斯博士（Dr. Christoph Fuchs）是西门子公司在产品生命周期管理领域最高水平的专家。目前就职于西门子公司企业发展咨询部，是高级首席专家。作为思想领袖及践行者，他的项目都专注于传授并推动有影响力的体系架构开发，用于最为复杂的产品和系统。他具有良好业绩。谦逊地说，他主持的相关项目均已获得了全球的认可和成功，并已被各个行业使用。

他解决问题的方法和思维方式深受职业生涯早期经历的影响。他的事业起始于1996年，在英飞凌科技公司（Infineon Tech）电信部门担任产品经理，此后他亲身经历了西门子公司通信部门被颠覆的过程。从这些经历中，他认识到并实现了专注于整体产品开发的重要性，强调不断适应全球趋势，并将灵活性整合到产品中，使其能够随着市场变化而增长。

他毕业于卡尔斯鲁厄技术大学，获电气工程博士学位。2004年，他加入了西门子公司研究院的创新管理咨询部。他将这本书视为一种分享方式，通过分享那些能够帮助他将创新想法转变为有形且真实产品的过程，来传授创造成功产品的知识和经验。

弗朗西斯卡·J. 戈伦霍芬（Franziska J. Golenhofen）目前是西门子公司企业发展咨询部的顾问。她整合了来自不同领域和视角的见解，帮助促进了个人和公司的发展。她也热衷于写作以增强影响和理解，她曾在不列颠哥伦比亚大学 E. Dunn 博士著名实验室协助研究，并在牛津大学发表了自己的研究成果。

她曾在阿姆斯特丹的 THNK 创意领导学院工作。作为项目经理，她负责并顺利地实施了首届国际足联女性领导力发展项目。她激情饱满，通过创新、企业家精神和领导力构建解决方案概念的有效杠杆，以应对当今世界中系统性与复杂的社会挑战。

她2015年毕业，获得阿姆斯特丹大学荣誉学士学位，具有很强的跨学科能力，重点关注可持续发展。她将这本书视为一种媒介，使业界领军人物的知识变得有形、容易获取，并适用于更广泛的公众。

贡献者

马克·卜拉默博士（Dr. Marko Brammer）是西门子公司企业发展咨询部模块化产品概念的高级顾问，主要负责指导产品和产品体系的定义和开发，特别是在技术、业务和组织之间令人欣喜若狂的接口上。他在技术方面通过应用系统架构设计方法，在业务方面通过确保产品满足市场需求，并在整个生命周期内生成积极的商业案例，都做出了贡献。此外，他通过促进团队内的并行化和跨功能敏捷协作来支持组织的发展，并扩展到整个组织机构中。

此前，他在 Festo AG 领导"未来概念技术"团队，为过程自动化解决方案开发模块化平台。

　　托比亚斯·韦迪格（Tobias Wedig）是西门子公司企业发展咨询部的项目经理。他承担企业范围内的任务，专注于产品定义、产品体系管理、业务发展和战略，在能源、电子和物联网（IoT）领域拥有深厚的行业专业知识。在产品生命周期管理及研发、创新和战略的咨询实践中，他领导了西门子公司的方法论小组"市场理解及细分"。

　　他拥有信息管理执行硕士、工程管理硕士和欧洲商业学士（荣誉）。

词汇表

Activity Based Classification:ABC 分类法。ABC 分类法是由意大利经济学家维尔弗雷多·帕累托首创的。ABC 分类法是储存管理中常用的分析方法,也是经济工作中一种基本工作和认识方法。

all-in-one:一体式,一个包罗万象的产品。

one-size-fits all:一码通,只有一个尺码去适应所有需求。

Backlog:待完成任务的排序。

Baseline product:产品基线。

Building Block:基本组件/积木块。

B2B(Business to Business):企业对企业的业务。

B2C(Business to Consumer):企业对消费者的业务。

Benefit-cost diagram:收益—成本图。

Business case/Use case:销售策略,商业案例或用例。

Benchmarking:对比分析。

CFG(Customer Focus Group):客户导向访谈组。

Cost down bridge:成本瀑布图。

Cost Remanence:不可消除成本;Remanence 是指剩磁,一旦出现就消除不掉。

De Bono Hats:德·博诺思考帽即六顶思考帽子,是法国学者 Edward deBono 博士开发的一种思考训练模式。它提供了"平性思维"的工具,避免将时间浪费在相互争执上。强调"能够成为什么"而非"本身是什么",寻求一条向前发展的道路,而不是争论孰对孰错。

DI(Degree of Implementation):实施程度。

DFM(Design for Manufacturing):生产设计表示设计的产品应易于生产。

DFV(Design for Variety):多样化设计。

DTC(Design to Cost):成本设计,即优化产品的成本,追求产品成本的最低化。

DTF(Design to Function):功能设计,即增加或优化产品的功能性。

DTV(Design to Value):价值设计,目标是产品价值的最大化。

DSE(Design Space Exploration):设计空间探索。

DSM(Design Structure Matrix):设计结构矩阵。

Design thinking:设计思维。

Empathy:同理心、共情。

Empathy map:同理心图。

FMEA(Failure Mode and Effects Analysis):失效模式与效应分析。

Form Follows Function:形式服从功能。

Gantt Chart:甘特图,用于项目计划。

GVI(Generational Variety Index):代际多样化指数。

IoT(Internet of Things):物联网。

Jobs to be done：要完成的工作。

Circumstances：环境状况。

Lean：精益。

Lean manufacturing：精益制造。

Holacracy：全体共治，或无主管的团队，合弄制是由角色来承担工作的管理系统。一项工作被看作一个"角色"，同一个人可以选择承担不同角色，和其他人配合完成工作，按照角色分配权力。合弄制（holacracy，也译为"全体共治"）被认为是一种"无领导管理方式"，它将公司组织架构去中心化，将由人定义工作角色转变为围绕工作来定义，并且经常更新。（资料来源：https：//baike.baidu.com/item/%E5%90%88%E5%BC%84%E5%88%B6/20147890？fr=aladdin）

KBF（Key Buying Factor）：关键购买因素。

Kanban：精益管理工具，用于需求管理"看板"。

LCC（Life Cycle Costs）：生命周期成本。

Lifecycle cost model：生命周期成本模型。

Morphological box：形态盒。

MFD（Modular Function Deployment）：模块化功能部署。

MVP（Minimum Viable Product）：最小可用产品。

Modularity drivers：模块化驱动因素。

Obeya room：指挥室。

Osborne checklist：奥斯本检查清单。

Performance requirement：性能需求。

Enthusiasm Requirement：兴奋/魅力需求。

Perceived customer value：客户感知价值。

Pair-wise Comparison：成对比较。

PLM（Product Lifecycle Management）：产品生命周期管理。

Portfolio：投资组合，或产品体系。即一个公司根据其业务战略为其各种不同的产品投资，目的是以达到最佳的收益。比如，一个汽车公司的产品体系，包括了轿车、运货卡车、客车等。其中轿车是其产品体系总的一个产品系列（Product Line）或产品家族（Product Family）。

Pugh Matrix：普氏矩阵，或称为决策矩阵。决策矩阵常用于企业的战略经营管理中，它是表示决策方案与有关因素之间相互关系的矩阵表式。常用来进行定量决策分析。

QFD（Quality Function Deployment）：质量功能展开。

Stakeholder：利益相关方，或利益相关者，具有完全不同的职能、目标和汇报线。

Scrum：敏捷项目团队"争球队形"。

Sprint：敏捷开发中的冲刺项目。

SBD（Set-Based Design）：基于集合的设计是指考虑一系列可能的设计概念，然后利用通过设计权衡分析、建模和仿真、测试数据建立起的深入了解，对所有可选概念筛选收敛最终得到一个最佳的设计。

SIL（Software In the Loop）：软件在环测试。

HIL（Hardware In the Loop）：硬件在环测试。

SWOT（Strength Weakness Opportunity Threat）：态势分析法/模型。（SWOT *Analysis*：SWOT 分析法，也称 TOWS 分析法、道斯矩阵）。

SAM（Served Available Market）：服务可用市场。

SOM（Share of Market）：市场份额。

TAM（Total Available Market）：总可用市场。

TIPS（Theory of Inventive Problem Solving）：创造性问题解决理论。

TRIZ："创造性问题解决理论"的俄语缩写（是由前苏联发明家阿奇舒勒在1946年创立的，因而阿奇舒勒被尊称为 TRIZ 理论之父。TRIZ 理论被公认为是使人聪明的理论。TRIZ 有9大组成部分，核心是技术进化原理。按这一原理，技术系统一直处于进化之中，解决矛盾是其进化的推动力。

Tree diagrams：树状图。

Product Variant Tree：产品衍生树；Requirements tree 需求树；Feature tree：特性树；Variant Driver Tree：衍生品驱动因素树。

Variance：多样化、差异、变化。

Variation：变化、变体、变异（数量、水平等变异、变种、变体、变奏）。

Variant：衍生品；变体、变量、变异（变体型变量）。

Variant Driver：衍生产品/型号的驱动因素。

Zig-zag lines：之字形线。

VUCA time：乌卡时代，是指充满复杂性（Complexity）、模糊性（Ambiguity）、不确定性（Uncertainty）、波动性（Volatility）的时代。